马克思主义与当代思想 palgrave macmillan

[美] 保罗·伯克特 著
张云龙 滕洋洋 周家欣 译

CARL MARX AND NATURE

马克思与自然——一个红与绿的视角

First published in English under the title
Marx and Nature: A Red and Green Perspective
by P. Burkett, edition: 1

陕西省版权合同登记号:25 - 2021 - 152

图书在版编目(CIP)数据

马克思与自然:一个红与绿的视角 / (美)保罗·伯克特(Paul Burkett)著;张云龙,滕洋洋,周家欣译. — 西安 :西安交通大学出版社, 2024. 11.
ISBN 978-7-5693-3777-8
Ⅰ. A811. 693
中国国家版本馆 CIP 数据核字第 20244NM473 号

	MAKESI YU ZIRAN:YI GE HONG YU LÜ DE SHIJIAO
书　　名	马克思与自然:一个红与绿的视角
著　　者	保罗·伯克特
译　　者	张云龙　滕洋洋　周家欣
责任编辑	王斌会
责任校对	庞钧颖
校　　译	张可欣
封面设计	董　琪

出版发行	西安交通大学出版社
	(西安市兴庆南路 1 号　邮政编码 710048)
网　　址	http://www. xjtupress. com
电　　话	(029)82668357　82667874(市场营销中心)
	(029)82668315(总编办)
传　　真	(029)82668280
印　　刷	西安五星印刷有限公司

开　　本	710mm × 1000mm　1/16　**印张**　19　**字数**　291 千字
版次印次	2024 年 11 月第 1 版　2024 年 11 月第 1 次印刷
书　　号	ISBN 978-7-5693-3777-8
定　　价	89. 00 元

如发现印装质量问题,请与本社市场营销中心联系。
订购热线:(029)82665248　(029)82667874
投稿热线:(029)82668525

前言和致谢

在资本主义和共产主义语境中重构马克思的自然观（approach to nature）时，本书回应了学界或研究者对马克思的三种常见批评。

（1）马克思沦为“工业主义者”（productivist）或“普罗米修斯式的”（Promethean）观点的牺牲品，其支撑观点为：（a）资本主义生产力的发展，使人类生产完全克服自然限制；（b）共产主义被认为是资本主义走向人类对自然的完全统治的延伸和合理化；（c）资本主义和共产主义都证明了人类与自然之间不可避免的对立。

（2）马克思对资本主义的分析排除或贬低了自然对生产的贡献。这一点在其劳动价值论中尤其突出。

（3）马克思对资本主义矛盾的批判，既不涉及自然，也不涉及生产的自然条件。

本书的主要动机是以系统的、文本化的和政治上有用的方式来阐述这三个主张及其最常见的推论。我认为，马克思对自然的研究方法具有内在的逻辑性、连贯性和明晰性，即使是生态马克思主义者也尚未认识到这一点。

几年来，当被问及这项工作的主题时，我的回答通常是：“绿与红。”在某种程度上，这种回应总结了我的知识债务。我第一次对环境问题感兴趣是1977 年我在卡拉马祖学院（Kalamazoo College）读本科的时候，当时写了一篇题为“环境经济学家的有机革命案例”的毕业论文。我要感谢鲍勃 · 布朗利（Bob Brownlee）和已故的路易斯 · 容克（Louis Junker）当时的灵感和鼓励，他们对目前的工作播下了绿色的种子。

在锡拉丘兹大学（Syracuse University）攻读经济学研究生学位时，我开始认真学习马克思主义。最能激发这种兴趣的是已故的杰西·伯克黑德（Jesse Burkhead），他是一位杰出的经济思想史导师，是许多锡拉丘兹研究生思想开放的指路明灯。

鉴于我早期的兴趣，我永远不会把马克思主义视为环境主义的替代品，而是当作一种特殊的环境主义，一种从阶级关系和人类解放要求的角度考虑人与自然关系的环境主义。然而，由于个人、政治和专业方面的原因，直到最近我才能够以学术的方式研究这一思维方式。约翰·贝拉米·福斯特（John Bellamy Foster）认真地阅读了本书的粗略注释并提供了建议，这对我从红色返回绿色提供了极大帮助。约翰是我工作中持续不断的灵感和鼓励的源泉。我感谢印第安纳州立大学（Indiana State University）的同事们给了我假期，让我有充裕的时间。我还要感谢我的家人对我写作本书的支持。谢谢你们：苏珊娜（Suzanne）、肖恩（Shaun）、帕特里克（Patrick）和莫莉（Molly）。

虽然许多工作归功于上面提及的人，但本书中的任何错误或不足之处均由我自己承担。

有些章节中的部分内容已经发表于学术期刊。感谢这些出版者，他们允许在书中转载这些内容，具体如次：《科学与社会》（*Science & Society*），1996年秋季（第七章）；《自然、社会与思想》（*Nature, Society, and Thought*），印刷中（第九章），《每月评论》（*Monthly Review*），（第十二章）；《资本主义、自然和社会主义》（*Capitalism, Nature, Socialism*），1995年12月（第十三章）；以及《组织与环境》（*Organization & Environment*），1997年6月（第十三章）。

最后是文体说明。本书引用的许多段落都包含强调性的单词和短语。为避免过多的修饰词扰乱表述，在此简单指出，除非另有说明，否则所有强调词均为原文所加。

于印第安纳州特雷霍特

1998年10月

目　录

第三部分　自然与共产主义

导　论

本书重建了马克思对自然、社会和环境危机的看法。对环境问题的关注 1
几乎不需要任何理由。关于社会的环境影响对人类生存构成的威胁，可能仍然存在分歧，但没有人怀疑，个人的生态系统和全球生物圈都越来越多地受到人类生产和消费的影响（Vitousek, etal., 1997）。鉴于自然条件在数量上的局限性，如果不从根本上将新的社会监管形式应用于人类对自然资源的侵占，人类社会发展的质量将不可避免地受到损害（Schnaiberg and Gould, 1994）。简而言之，环境问题不仅仅是人类生存与灭绝的简单问题（这并不是要否认后一种可能性）。它主要涉及社会和自然共同进化的替代形式，这些形式在人类发展的可能性和它们产生的限制方面有所不同（Altvater, 1990, 26 – 8; Gowdy, 1994a and 1994b）。

读者可能会对马克思关于环境问题的一些有用的见解感到困惑。然而，本书的基本假设是，马克思对待自然条件具有内在的逻辑性、连贯性和明晰性，这一点即使在生态学马克思主义（或“eco-Marxist”）文献中也没有得到承认。马克思的方法的力量首先源于它在社会形式和物质内容的相互构成方面对人类生产的一贯态度。尽管马克思认识到，生产是生产者之间，以及剩余产品的生产者和占有者之间历史地发展起来的关系。但他也坚持认为，生产作为一种社会和物质过程，受到自然条件的影响和制约，当然也包括人类身体存在的天赋条件。例如，马克思认为资本主义社会人与自然的关系是劳
资关系的必要形式，反之亦然；这两者被视为一个具有阶级矛盾的物质和社 2
会整体中相互组成的部分。

马克思自然观的第二个关键特征是他对特定人类生产方式的历史必然性和局限性的辩证观点。因此，在指出资本主义为人类发展创造新的可能性的同时，马克思还解释了资本主义关系如何阻止这些可能性的实现。这种观点之所以辩证，是因为它认识到，只要生产是在资本主义关系的影响下发展的，那么资本主义的人性属性实际上就恶化了。马克思不仅把这种方法应用于劳资关系和资本家之间的竞争关系，而且应用于人类与自然的关系，只要这些关系是由资本主义的剥削和竞争形成并支持的。这样，马克思的方法就引出了对资本主义环境危机的历史分析。

马克思用来分析社会与自然历史共同进化的方法的潜力没有得到广泛的认同。如上所述，我认为这主要是因为对马克思关于自然环境的各种论述的总体逻辑把握不够。冒着以后才提出完全辩护的风险，我现在将初步证明，许多生态评论家确实否认了马克思自然观在方法论上的完整性。

对马克思的方法的几种常见(片面的)解读

马克思从未发展出一种连贯的自然观，这一观点有许多伪装。最明显的表现是，将马克思关于自然条件的论述视为与其历史世界观或资本主义分析无关的孤立观察。例如，著名的马克思主义学者麦克尔·勒威（Michael Löwy）认为，“在《资本论》中，人们可以到处看到资本对自然的消耗”，但“马克思没有完整的生态观点” （1997，34）。同样，乔尔·科威尔（Joel Kovel）提到“马克思著作中一些关于资本的生态关系的惊人的先见之明”，显然与马克思对价值和资本积累的主要分析相分离（1997，14）。遗留下来的没有回答的问题是，为什么马克思认为有必要进行这样的观察（表明它们的经验相关性），但在资本主义生产的基本范畴中却没有阐释它们的重要性。对于任何熟悉《资本论》的系统、逻辑发展和分析范畴的经验描述的人来说，
3 这样的做法似乎让人完全难以理解（参见 Rosdolsky，1977；Fine and Harris，1979；Smith，1990）。

生态批评家没有解决这个问题，也没有试图重建自然条件在马克思的政治经济学批判中实际扮演的角色，而是经常兜售一种负面的言论，即马克思的生态正确性是通过他直接讨论当代生态相关性的各种现象的大量材料来

衡量的（例如，参见 O'Connor，1994，57－58）。在这方面，霍华德·帕森斯（Howard Parsons）的《马克思和恩格斯论生态》（*Marx and Engels on Ecology*）（1977），是马克思和恩格斯最引人注目的环保主义作品的代表性汇编，实际上非常有用，不幸的是，与帕森斯的初衷相反，它强化了将这些作品和其他作品划分为“独立见解”（isolated insights）的范畴。余下的许多生态理论家也发现，在将马克思的著作抛诸脑后之前，对帕森斯（Parsons，1977）的著作做一个限定性的引用就足够了，或者，更糟糕的是，只对其进行批判，而不对其进行系统的研究。[1]

因此，在那些对马克思提出具体生态批评的人中，把马克思的自然观解释为方法论上的偏狭或片面往往更加含蓄。想一想詹姆斯·奥康纳（James O'Connor）的说法：“马克思倾向于抽象他对社会劳动的讨论……从文化和自然的角度来说都是如此。”马克思的“生产力概念也淡化或忽略了这样一个事实，即这些力量在性质上既是自然的，也是社会的”（1991b，9）。显然，“在他决心证明物质生活也是社会生活的时候，马克思往往忽略了社会生活也是物质生活这一个相反的、同样重要的事实”（10）。这些论断归因于马克思对物质生活和社会生活的一种非辩证的二分法。正如马克思所言，如果社会生活和物质生活是一个阶级矛盾整体的相互构成的方面，那么用简单的对立统一来描述它们的相互作用就是没有意义的。例如，如果物质实际上是社会的，反之亦然，那么，正如奥康纳指出的那样，两者之间似乎不存在系统性紧张的可能性。在这个意义上，人为地将物质和社会二分化是它们非辩证公约化的另一面。奥康纳认为资本主义有两个独立的基本矛盾，一个来自资本对劳动力的剥削，另一个来自资本对自然和社会条件的剥削，这显然并非术语上的吹毛求疵。的确，奥康纳认为，资本会强化对劳动力的剥削和生产过
剩危机，这一趋势“与生产条件无关”（1991a，107）。（我将在第十二章回 4
到这个主题。）

马克思的生态批评家也倾向于淡化历史规范在马克思的人类生产方式中的作用。例如，恩里克·莱夫（Enrique Leff）认为，“传统经济学和历史唯物主义都将自然边缘化，因此在面对环境问题时，面临着理论问题”（1992，109）。这里隐含的假设是，传统经济学和马克思都将“自然”和“环境问

题”视为纯粹的经验给定，而无需参考历史上特定的生产关系。莱夫的解释还认为，只有当“环境问题”直接与马克思主义“对峙”时，自然才具有相关性。问题恰恰在于，历史唯物主义何时、如何将其边缘化，以及这种边缘化是否代表了马克思的唯物主义和基于阶级方法的逻辑发展或扭曲，这种对抗的性质及其在近代的明显局限性悬而未解。

同样，这些历史规范问题不仅仅涉及方法论上的挑剔。它们的实际重要性从泰德·本顿（Ted Benton）有影响力的论点可以清楚地看出，即需要重建马克思主义，以更有效地记录“人口或相对于自然的人类变革力量的最终自然极限”（1989，59）。在本顿看来，由于政治上的方便，马克思和恩格斯故意降低了这种限制的重要性。正如我在其他地方所讨论的那样，这种解释从来没有系统地解决马克思认为自然条件和生产限制具有阶级关系属性的观点。结果，本顿的重建（可能超出了他的预期）将马克思主义推入非历史的马尔萨斯式的分析和政治模式之中（Burkett，1998a and 1998b）。

对于马克思分析范畴的历史特殊性的含蓄贬低，对社会主义与环境主义之间的关系产生了消极影响。例如，毫无疑问，红色和绿色之间的紧张关系的重要根源在于，马克思的劳动价值理论贬低了自然对人类生产和发展的重要性（Leff，1993，46－48；Deléage，1994，48）。实际上，马克思在确定资本主义如何用抽象劳动时间这一特定社会形式代表财富时，被认为在生态上是不正确的。马克思被指责没有完成不可能完成的任务：没有对价值进行批判性的分析，同时引导社会与自然实现比资本主义条件下更生态可持续和更健
5 康的共同进化（Skirbekk，1994；Carpenter，1997）。[2] 关于马克思价值分析的生态谴责常常无视或贬低马克思的主张：（1）自然与劳动对财富生产的共同贡献（劳动本身被界定为自然和社会力量），但是财富的价值形式却无视自然的贡献；（2）价值的历史局限，恰恰源于它没有充分体现自然和社会化劳动对人类生产和发展的贡献（见第七章和第十二章）。

简而言之，《资本论》价值分析的生态批评者经常贬低的不仅是马克思对历史特殊性的主张，还常常包含马克思的历史辩证法，在这种方法下，特定社会生产方式的局限性从对其独特特征的分析中显现出来，这与以前的和未来可预期的社会形态形成了鲜明的对比（见 Ollman，1993）。两种非历史主

义的形态毫无疑问地隐含在马克思最有影响力的生态批评之中，即他所谓的“普罗米修斯式的”工业主义观点——人类进步与人类对自然的更好的统治和控制相对应。在这种解释中，马克思认为，在资本主义和共产主义的条件下，人类的发展必须以自然为代价（Benton，1989，76－77；McLaughlin，1990，95；Mingione，1993，86）。例如，勒威主张：

> 马克思有一种倾向性（在马克思之后的马克思主义者中表现出来），认为生产力的发展是进步的主要载体，对工业文明，特别是它对自然的破坏性采取完全不加批判的态度……他乐观地认为，一旦资本主义生产关系的局限性被消除，生产力就会无限发展，这种“普罗米修斯式”的观念在今天是站不住脚的……尤其是从资本的生产主义逻辑所代表的威胁地球生态平衡的角度来看。（1997，33－34）

勒威极具代表性解释的准确性将在后面的章节中讨论。就我目前的目的而言，其意义源于它的假设，即马克思认为资本主义和共产主义的生产力的性质是相同的。这种假设贬低了生产力（物质）和特定历史的生产关系（社会）的相互构成，而这种相互构成是马克思的方法不容置疑的基础（见第二章）。对历史特殊性的贬低再次伴随着物质和社会的二分法；两者都是马克思
基本上未加批判的观念——自然生产力和人类劳动共同构成资本主义物质发 6
展的组成部分。

总之，从自然环境作用的立场来看，对于马克思迥然有别的生态批评的任何评价，都必须立足于对马克思关于人类生产和发展的整体性方法的先行研究。与他的许多批评者不同的是，我认为马克思确实有一种连贯的方法来处理超历史的和资本主义的自然环境，而且，这种方法肯定会影响马克思的共产主义方案。我还认为，马克思的方法对资本主义环境危机的根源、生态斗争与阶级斗争的关系、人类与自然健康而持续的共同发展的需求，提供了独到而有益的洞见。

主题和方法

这本书聚焦于马克思对自然的社会科学方法。也就是说，马克思主要将自然视为人类社会生产和发展的条件。[3] 马克思认为人类的进化主要是由不断发展的社会生产方式形成的，但他认为这些社会方式本身是由依赖于自然环境的物质生产过程所重塑的。[4] 此外，马克思将社会关系视为物质生产力（见第二章）。因此，在马克思看来，生产的物质内容和社会方式都隐含着特定的社会关系，从这个意义上说，甚至生产的自然环境也具有历史特殊性。当然，有些自然环境（如可呼吸的空气）对所有人类生产具有普遍性，但即使如此，人们也在谈论一系列特定社会生产方式的自然条件。[5]

马克思的方法自然而然地认识到，所有“生态”和“生态危机”的概念都是人类社会的建构，不可避免地打上了特定社会生产方式的烙印（见第一章）。对马克思来说，目标不是在对社会和自然的“价值中立”概念的误导性探索中回避这一历史特殊性，而是进行有意识的和批判性的活动，以帮助过渡到一个对人作为自然和社会存在的发展限制较少的非剥削性社会。尽管马克思关注历史的特定性，然而，其方法从未忽视这样一个事实，即人类的发展是在自然中发生并且贯穿于其中，无论这种发展在多大程度上是由社会结
7 构决定的。在这个意义上，马克思的方法仍然忠于生态学的“原初意义”，即“对包括人类在内的生物与外部世界的关系的研究”（Patel，1997，2388）。

例如，马克思强调特定社会关系的作用并没有导致错误的社会建构主义，根据这一理论，人类科技进步超越了与人类以外的自然保持平衡的需要，从而将社会和自然的共同进化简化为纯粹的社会驱动过程。相反，马克思的方法使我们能够看到社会生产方式如何为生态过程赋予历史特定性，而人类在生态过程中日益成为决定性因素。这是理解特定生产系统在生态上维持人类生活以任何给定质量发展的能力（或缺乏这种能力）的重要的第一步。马克思的观点虽然更多是从社会科学的角度来发展的，但符合蕾切尔·卡森（Rachel Carson）对那些“将自然平衡视为早期更简单世界中普遍存在的一种状态”的回应的精神：

> 今天的自然平衡与更新世时期（Pleistocene times）不同，但它仍然存在：生物之间复杂、精确、高度整合的关系系统不能被淡然无视，就像一个栖息在悬崖边缘的人不能不受惩罚地无视重力定律一样。大自然的平衡不是一种现状；它是流动的，不断变化的，处于不断调整的状态。人类也是这种平衡的一部分。有时候这种平衡对他有利；有时——而且经常是通过他自己的活动——则对他不利。(Carson，1962，246；参见 Dasmann，1968，9 – 11)[6]

接下来的章节将反复回到马克思对待自然观中的主题，即唯物主义和阶级关系分析的独特综合。这种综合为从生态社会主义角度看待当代资本主义和环境保护主义者当前面临的政治问题提供了有益的基础。尽管如此，本书的重点是重建马克思的方法，而不是其应用。

对相关文本系统和全面的调查为目前的重建提供了信息。这项研究是系统的，因为它是由基于对文本（尤其是《资本论》）的初步阅读的尝试性假设所指导的，即马克思的人类生产方法以这种方式结合了唯物主义和社会关系因素，从而提供了独特而政治信息丰富的生态见解。在我的工作中，一个额外的指导力量是根据我的文本研究（见 Burkett，1996a and 1996b）对马克思最常见的生态批评的评价。研究是全面的，因为它的导言包含了马克思和 8
恩格斯著作及通信中所有从唯物主义和社会科学角度处理环境问题的重要篇章——至少在这些篇章有英文版本的情况下。几乎所有这些篇章都出现在这本书或最近的两篇论文中（Burkett，1998a and 1998b）。此外，马克思和恩格斯的环境论述必须根据历史唯物主义范畴的体系来解释，这些范畴不可避免地与之交织在一起，因此需要对后一类范畴进行许多新的研究，从而对主要文本进行大量的辅助研究。在不可避免的篇幅限制之内，这个辅助工作也在这里有充分的记载；因此，接下来的章节包含了许多支持性的材料，虽然不直接涉及生态问题，但却是理解马克思的自然观所必需的。[7]

因为我的目标是建立马克思的自然观的连贯性和有效性，这本书仍然是一部解释和分析的作品，而不仅仅是阐述。虽然我不希望它仅仅因为大量记录了马克思和恩格斯关于自然的论述而为人所知，但我的分析可以被归为

“马克思主义”（Marxological），因为它是以马克思和恩格斯关于自然的全面而公开的陈述为基础的。从这个意义上说，它仿照了哈尔·德拉博（Hal Draper）（1977－90）对马克思和恩格斯的革命政治方法的丰碑式的重建方式，当然我从来没有想过复现德拉博作品的影响力。即使对那些不同意本书对马克思自然观的解释的人来说，本书的文献也大有裨益。本书的写作旨在为读者提供足够的信息，使他们可以就所讨论的问题下定决心，尽管这可能还需要征服作者的观点。简而言之，这本书不仅仅是一本汇编，而且还是一部关于马克思与自然的分析性参考著作。我必须补充一点，那些对文献不太关注的读者可以跳过这些注释而不会失去论点的要旨。

目前这部作品的“马克思主义”特征不可避免地引起了有关主要文本一致性的问题。在这里，两个最重要的问题涉及“青年”和“成熟”马克思之间及马克思和恩格斯之间的可能差异。关于第一个问题，我同意帕雷什·查托帕德海伊（Paresh Chattopadhyay）的意见，即“马克思在19世纪40年代提出的通过劳动人民的自我解放（自我去异化）来实现人类解放的基本思想，在其晚年的作品中一以贯之，尽管他表达它们的方式和所使用的词汇并不总
9 是相同的”（1992，105）。尽管如此，马克思思想上某些跨越时代的进步确实影响了我在本书中使用的调查和文献检索方法。最重要的是，从1845年起，马克思似乎使用了更一致的关于人的本质与人类劳动的历史和社会关系概念，而不是1844年巴黎手稿的某些段落中展示的有些抽象的、一般的“类存在”（species-being）概念。在这方面的关键转折点似乎可见于《关于费尔巴哈的提纲》和《德意志意识形态》（Marx，1976c；Marx and Engels，1976；参见Mandel，1971）。此外，尽管巴黎手稿中包含了许多关于工资劳动和商品交换的有用分析，但毫无疑问，马克思对商品和资本的分析是在19世纪50年代，尤其是《政治经济学批判大纲》（Marx，1973）中才得到充分发展的。[8] 因此，本书只提到了马克思（和恩格斯）早期著作中那些与马克思关于人的本质和人类劳动的成熟概念不相抵触的段落，而所有与价值分析有关的问题，均主要参考了马克思在《政治经济学批判大纲》及其之后对政治经济学的成熟批判。[9]

至于马克思和恩格斯之间的实质性差异，我认为这个问题常常被高估

了——有时是严重的。[10]此外，这方面的潜在困难已尽量减少，因为我把重点放在马克思的唯物主义和社会科学的自然观上，而不是自然科学的问题上，而恩格斯对后者的研究为那些将马克思和恩格斯决然区分开来的人提供了最坚实的证据。[11]在我的工作过程中，马克思和恩格斯各自关于自然环境的唯物主义和阶级关系讨论，我找不到任何明显的区别，这一点至关重要。此外，与德拉博对马克思革命政治的重建一样，马克思的自然观也是“如果不包括恩格斯的贡献，就不可能透彻地阐述马克思的观点”的领域之一（Draper，1977－90，Ⅰ，26）。

概　述

本书分为三个部分：（1）自然与历史唯物主义；（2）自然与资本主义；（3）自然与共产主义。这种划分有双重逻辑。从历史唯物主义到马克思对资本主义的分析的运动反映了我的信念，即后者是前者的一致应用（特别是就
马克思对资本主义的研究形成了他对历史的总体方法而言）。从资本主义到共 10
产主义的运动，与马克思勾画出的未来社会总体设想——源于资本主义创造的社会矛盾和人类解放的可能性——的实践并行不悖（Rosdolsky，1977，28；Ollman，1993，141－45）。总体而言，这本书的顺序和内容遵循这一原则，即马克思对人类解放的压倒一切的关注，促使他从唯物史观、社会学和批判政治经济学的角度对待自然。[12]

许多生态批评家谴责马克思关于自然的人－社会观点过于“以人类为中心”，因而是反生态的（例如，参见 Clarke，1989）。此外，对社会和经济方法的拥护本身并没有将马克思与许多主流环保主义者（包括 Al Gore）区分开来，后者喋喋不休地强调需要改变生产、消费和人口动态，以使我们的文明在环境上更可持续。因此，本书探讨了马克思的人类发展观的生态内涵，以及马克思的历史和阶级观念有别于主流的社会－自然关系观念的具体特征。第一章首先提出了判断社会生态分析充分性的四个标准：物质和社会规范、关系整体论、定性和定量分析，以及教学潜力，而后，概述了马克思对待历史、资本主义和共产主义的方法是如何满足这些标准的。

第一部分剩下的三章概述了马克思关于自然和人类发展的历史方法，集

中讨论了那些不局限于任何社会生产制度的因素。第二章详细阐述了马克思关于自然对财富生产或使用价值有贡献的概念。这一章还回应了常见的观点，即马克思高估了人类劳动的自主能力，从而低估了自然对生产的重要性。接下来的两章有更具体的主题。在确立了马克思关于资本主义和所有其他生产方式下剩余产品的自然基础的一般观点之后，第三章回应了本顿（Benton，1989）的主张，即《资本论》中的劳动过程分析低估了自然环境的作用，特别是在受生态制约的生产方式中。第四章概述了马克思关于人的劳动和劳动力既是自然力量又是社会力量的概念。这一概念具有内在的进化性和生态性，这与马克思将生产看作是物质和社会相结合的过程的历史观点密切相关。

11 第二部分聚焦于自然与资本主义，从第五章开始概述马克思的资本主义概念，即通过竞争性企业组织和运营以获取利润而雇佣的有偿劳动进行商品生产。在马克思看来，由于直接的生产者或劳动者在社会上与必要的自然生产条件相分离，这种制度的阶级关系在人与自然的关系上打上了自己的印记。资本主义生产要求将劳动和自然双双纳入资本之下，解除了以前特定自然环境对生产的限制，从而将生产的自然极限扩大到全球水平。因此，马克思的观点揭示了资本主义史无前例的生态危机趋势。

第六章至第八章考察马克思价值分析的生态意蕴。有人认为，马克思的价值分析不是反映了反生态偏见，而是更清晰地把握了财富的真正来源（自然和社会劳动的结合）和资本主义将财富表示为抽象劳动时间之间的紧张关系。在这一主题下，第六章将马克思的自然环境概念视为送给资本的“无偿礼物”（free gifts）。《资本论》中提到的对自然的无偿占有被认为是马克思对自然资源的机会成本打折、忽视生产的自然极限的证据（例如，参见Carpenter，1997，147）。然而，更深入的研究表明，对马克思来说，无偿占有只是指向这样一个事实，即许多对人类有用的自然和社会条件的生产不需要任何雇佣劳动时间。无偿占有范畴是马克思认识到社会和自然对生产的贡献没有充分体现为价值的一种方式，它有助于解释资本主义是如何将自然生产力归因于资本本身的。事实上，马克思认为无偿占有是资本主义将生产者的自然－社会条件异化的重要方式。

第七章在揭示资本主义生产关系中价值与自然矛盾的根源之后，考察了这一矛盾的具体表现形式。价值和资本将财富视为同质的、可分割的和数量上无限的，从而与自然界的多样性、生态的互联性和数量的限制性相矛盾。我的论点还表明，价值和资本的反生态特征不能通过市场租金来补救，无论这些租金是私人产生的，还是通过政府的税收/补贴计划产生的。在这里，无论是物质上还是社会上，都证明马克思的租金分析对有限的自然生产条件的重要性具有独特的敏感性。第八章指出，对马克思价值分析最常见的生态批 12
评未能把握马克思对价值、交换价值和使用价值的基本划分。准确地说，相比于那些不加批判地将“价值”归因于自然的、本质上非历史的方法，马克思的分析对资本主义环境问题提供了更敏锐的洞察。

总的来说，马克思的价值分析可将其归于越来越多的生态理论家的阵营中，这些理论家质疑货币和基于市场的计算是否有能力充分代表人类生产和发展的自然条件。[13]其分析支持通过对自然利用的公共审议和民主协商来取代市场计算，这在第九章和第十章中变得更加清楚，这两章重建了马克思处理资本主义环境危机的方法。第九章表明，马克思分析了资本主义条件下两种截然不同但相互关联的环境危机：（1）由于材料供应中断，资本主义生产和积累周期性地出现危机；（2）由于工业城市和农业农村地区的分离所产生的不健康的物质循环，出现人类发展质量长期恶化的危机。正如第六章和第七章所阐述的那样，两种形式的危机都隐含着价值和资本的反生态特征。第九章还考虑了马克思的环境危机分析在多大程度上可以轻松地扩展到非生物降解的合成物及全球问题，例如能源产量增加导致的大气变暖。马克思敏锐地意识到资本主义倾向于过度扩张其自然极限，这一点在第十章中得到了进一步的证明，在这一章中，《资本论》的工作日分析被解释为环境危机的模型。马克思将资本对劳动力中的各种自然力量的掠夺与其自然条件进行了类比。对马克思来说，这种对（人和非人）自然的双重掠夺证明了资本主义物质和社会关系的阶级剥削性质，以及对社会劳动和生产的合作民主规划的需要。

在马克思看来，共产主义是由工人及其社会团体对资本主义创造的社会化生产条件进行集体占有和改造而形成的社会。这场革命是必要的，因为资本主义产生了对人类发展的限制，如果没有由工人及社会团体控制的合作生产来竞争废除雇佣劳动和竞争，这些限制是无法克服的。第三部分考察了环境问题在马克思关于资本主义的历史必然性和局限性的视野中，以及在所设想的共产主义转型中的地位。许多批评家认为，正是在对待资本主义创造共
13 产主义的必要条件时，马克思才沦为具有明显反生态含义的普罗米修斯式的工业主义者观点的牺牲品。作为回应，第十一章提出，马克思实际上根据资本主义为自然－社会人的较少受限制的发展所创造的潜力，定义了资本主义发展的进步性。马克思的人的发展概念并没有内在的反生态性，而是一种更为普遍和多样化的人－自然关系。这种构想不能如马克思的批评家所认为的那样，被从资本主义继承而来的反生态生产方法的进一步发展所支持的大规模消费狂欢所取代。在这方面，生态批评家淡化了资本主义生产和消费的阶级剥削和异化的特征，同时也淡化了马克思的推论，即向共产主义的过渡涉及生产和消费的质变，包括物质的和社会的。

接下来的两章讨论了马克思没有直接理论化的两个问题，即自然条件和环境危机在资本主义作为人类生产方式的历史局限性中所扮演的角色，以及在阶级斗争中塑造源于资本主义的共产主义发展的作用。尽管马克思和恩格斯的确分析了资本主义的环境危机，以及共产主义下自然条件的持续重要性，但他们在讨论资本主义的历史危机，以及随之而来的工人和社会团体为实现生产的民主社会化而进行的斗争时，没有系统地把自然条件纳入其中。这就导致一些批评家认为，马克思对资本主义危机和阶级斗争的分析缺乏社会生态学见解，甚至是彻头彻尾反生态的，因为它们以经济学和工业主义的方式对待危机和斗争（Weisskopf，1991；Mingione，1993）。

作为回应，第十二章首先指出，马克思并没有减少资本主义对积累危机的历史限制。马克思反而把资本主义的历史危机看作为牟利而生产与为人类需求而生产之间的根本矛盾的更普遍的高潮。简而言之，马克思认为，资本的发展和生产的社会化创造的需求无法满足，人类发展的潜力无法实现，社会问题在私人占有和竞争的资本主义关系中无法解决。马克思的历史危机理论在逻辑上将资本主义的环境危机趋势包括在内。此外，与詹姆斯·奥康纳（James O'Connor，1988，1991a，1998）提出的“两个矛盾”框架不同的
14 是，在资本剥削劳动力和生产过剩危机与资本掠夺自然和社会条件造成的再生产危机之间，马克思的方法并没有划上任何人为的二分法。然后，第十三

章考虑了环境危机和冲突在马克思关于工人－社会团体为共同生产或联合生产而斗争的愿景中的位置。虽然马克思和恩格斯著作中的某些篇章似乎支持有可疑生态内涵的工业家革命愿景，但我认为马克思和恩格斯也发展了更广泛的社会视野，认为共产主义革命与环境主题更加一致。这种更广泛的革命构想对于当代环境斗争的意义在于，它强调劳动力和资本相对于使用价值和竞争的结构性的对立地位——可以说，资本对生产的剥削社会化加剧了这种对立。

第十四章从生态的角度重新审视马克思的共产主义社会构想。马克思认为，共产主义生产是生产者和社会团体的民主计划，不再从社会上脱离生产的必要条件，包括自然条件。在这些条件下，生产者与生产条件的这种新的联盟将通过一种新形式（或多种形式）的公共财产得到社会的认可。马克思呼吁建立一个不受市场关系调节的直接社会化的劳动制度，这是从第二部分概述的价值形式的生态缺陷中合乎逻辑地得出的结论。此外，马克思和恩格斯关于共产主义生产和计划的评论，经常将对社会利用自然——特别是土地——的适当管理置于高度重视的地位，从而削弱了生态批评家们普遍存在的普罗米修斯式的工业主义解释。在马克思强调的自然局限中，有时间本身强加的限制。马克思非常强调共产主义的"时间经济"——而且不仅仅是为了减少工作时间，或者为了更好地享受消费。相反，马克思强调更多的空闲时间对于发展生产者的物质和社会能力的重要性，包括他们科学地掌握生产，这是一个融入自然的社会过程。加上他多次呼吁更合理的（即生态可持续的）工农业结合，这表明马克思的共产主义构想比人们通常认为的更具生态潜力。

第一部分　自然与历史唯物主义

第一章

社会生态学的基本要求

17 通过确立一些基础的分析标准，本章将阐述马克思历史唯物主义对历史、资本主义和共产主义的生态效用。社会生态学的四个要求提供了一个结构，从中可以大致介绍马克思的方法的一些关键要素，作为随后章节的概述。[1]第二章至第四章对马克思唯物主义的自然和社会特征做了更为正式的概述，这在他对资本主义的分析中起了非常重要的作用。

物质和社会规范

社会生态学的第一个要求是它始终是社会的和唯物主义的。一方面，它应该以历史特定的方式，将人与自然的关系视为社会中介，避免粗俗的唯物主义——无论是技术决定论还是自然主义——对社会现实进行自然预设的概念。另一方面，不应陷入一种社会建构主义观，片面强调社会形态在人类历史形成中的作用，从而忽视这些形态被人类生产和进化的自然条件限制的物质内容。[2]

社会生态学必须认识到：“人类意识和目的”是通过社会并在社会中发展

的，“它引入了一种复杂性，……这在自然界中是找不到的”（Leacock，1978，66）。尤其是，它必须意识到所有的生态价值都是人类价值和社会价值，而且避免将拟人主体性或目的性归功于自然，因为自然并不具备这种性质。自然的经济、文化和审美价值必须始终联系其生产的具体社会关系加以 18
分析。与此同时，人类对自然的估价是基于物质的社会结构；他们受到自然世界的启发，这个世界的对象、力量和生命形态都是受客观的、不变的规律支配的。虽然生态价值是社会形成的，但是“自然提供了一个丰富、多样且持久的候选人，供人们进入普世而永恒的殿堂，为人类活动提供信息，并且为短暂而破碎的生命赋予意义”（Harvey，1933，10）。[3]

要避免主流环境主义提出的那种技术和伦理二元论，就必须将人与自然关系的物质和社会概念相结合。在主流观点中，“可持续发展”可以通过技术方式（例如“绿色”税收和补贴计划）、改变个人价值观和行为（促进再循环，同时消费更符合生态要求的产品）来实现，而不改变人与生产条件之间的社会关系。这里的假设是，生态破坏是资本主义占主导地位的社会关系的一种无关紧要的“外部效应”。通过认识到人与自然互动中社会形式和物质内容之间的相互构成关系，技术和个人行为的视角不足以让社会对其与自然的关系进行真正的自我批判和自我转变，这已经很明显了。相反，社会也必须对其特有的社会关系进行自我批判和自我改造。[4]

马克思的历史观以剩余产品的生产和占有为中心，满足了社会生态学的第一个要求。剩余产品是指生产超出维持当前生产水平所需的生产量，这可以归结为劳动力再生产和当前任何生产所需生产资料的生产。马克思根据如下几个方面分析了这种过剩的生产和利用：（1）生产者与占有者之间的阶级关系；（2）生产所必需的物质和社会条件；（3）阶级斗争中所激活和表现出来的（1）与（2）之间的互动关系。这种方法促使马克思从物质和社会的角度来看待社会生产力和阶级关系的发展，即人与自然以及人与人的关系。考虑到生态危机涉及人类的过度生产和对自然超出极限的占有，考虑到剩余产品的生产和利用在决定生产的发展水平和人类生产方式方面的关键作用，对社会生态学而言，马克思的唯物论和阶级分析方法的潜在作用是显而易见的。 19
例如，在绘制“［前资本主义］附属国社会的生态”中，福斯特能够将其

“生态崩溃……从土壤的破坏”追踪到“人为的干预旨在获取更多剩余产品”（1994，36－37；参见 Gowdy，1995）。

马克思对资本主义的价值分析遵循了社会生态学的第一要求，将资本主义的生产方式（如商品、货币、资本和雇佣劳动）作为特定历史的物质和社会的统一。在马克思的观念中，资本主义对自然有一种特殊的敌对情绪，这种敌对表现为对自然环境的某种特定的低估，这种低估是使用价值和交换价值之间矛盾的基本形式。因此，马克思主义认为，争取一个没有生态危机的生产制度的斗争，在很大程度上必须是一场战胜资本主义剥削和劳动－自然产品商品化的斗争。

关系整体论

社会生态学还应该对人类生产采用一种整体的、有差异的、有关系的方法。尽管需要用整体论来解释整个物质生产系统的自然条件和自然限制，但是差异性对于掌握社会与自然之间相互转换的动力（时间和空间）是很有必要的。这些动力是由进化中的（人和人之外的）自然的演化和不同群体与自然条件的特殊关系所形成的，其基础是他们在生产的社会组织系统中的特定位置。简而言之，不同的人与自然的关系以及社会群体之间的所有冲突，在人类生产结构中涉及不同的社会和物质地位，而不仅仅是由自然本身的物质多样性所决定的。

为了避免把环境问题过于笼统地归咎于生态不正确文化中的所有参与者，有必要认识到人类生产中的内部差异和不平等。在现实中，社会与自然的界限、社会关系的物质内容，因社会地位的不同而不同。对整个文明进行片面的生态谴责，有可能会把责任推到受害者身上，从而疏远为人类生产而斗
20 争的潜在力量，这种生产不依赖于对人类和非人类本性的密集开发。通过淡化人与自然的不同特征，过于极权的方式绕过了有效重新整合人类发展及其自然条件所需的社会关系的转变。[5]

避免不适当关系的极权主义不需要也不应该完全拒绝这种整体主义本身。归根结底，人类对社会和自然的可行的、人类进步的共同进化的要求，决定了一种整体的和相互关系的方法。只有人们根据某些特定的需要，合作地占

有、利用和发展他们生产的社会和物质条件，才能实现社会与自然再生产之间的更大的和谐。人们必须把他们的生产作为一个复杂的社会和物质的整体来把握。这种个人和集体的能力不仅是自然科学的娴熟问题（理论和实践两者），尽管它确实涉及这一点。它还涉及人们对人类生产决策结构的发展进行自觉的合作民主控制（Burkett，1987）。打破自然科学和社会科学、所有科学和社会底层人员之间的人为障碍的整体性观点，对于这样的发展是绝对必要的。

马克思遵循关系整体论的原则，从历史特定的阶级区别关系和人与人类生产必要条件的关系来处理社会和自然。虽然剩余产品的生产者和占有者之间的关系是基于对社会生产必要条件的不同控制，但是它们作为一种阶级划分的整体，是人类生产的多种形式。与这些基本阶级关系有关的全部社会生产方式也是如此。例如，只有资本主义在必要的生产条件下对直接生产者进行极端的社会分离，并且这种分离在整个生产的自然极限上都打上了自己的烙印，商品、价值和资本才能成为人类生产的主要形式。与此同时，物质社会的自然和社会多样性决定了资本主义社会经济形态（例如，商品使用价值、固定资本和租金的不同形态）的分化。马克思认识到，这些社会形态仍然是人类生产和需求满足的自然的物质过程的形式。这种认识可以延伸到马克思在共产主义条件下发展起来的新生产力的构想（见第十四章）。

马克思的关系整体论是一个关键因素，使他能够将人类生产的物质和社 21
会特征视作相互构成的。卢西奥·科莱蒂（Lucio Colletti）对自然与社会的综合辩证概念作了有用的总结：

> 我们现在可以理解，马克思的经济学和社会学、自然和历史的统一，并不意味着这两个术语之间的同一性。它既不涉及自然对社会的还原，也不涉及社会对自然的还原……但是，反过来我们可以理解，马克思避免两种片面对立恰恰是由于它们的有机组成部分，即在一个整体中的统一。这一全部是一个总体，而且是一个确定的总体；是一个不同要素的集合体，是一种统一，而且是不同部分的统一。（Colletti，1972，13－14）

马克思把整个自然与社会的关系，看作是物质和社会、客体与主体、剥削因素与被剥削因素的矛盾统一体，这样，他就能揭露人类生产中的冲突和危机的源头。它还使马克思认识到，资本对劳动和自然的发展如何使向非剥削性生产关系的转变在社会和生态上变得越来越重要。

定性与定量分析

社会生态学认为应该给予定量和定性同等权重。自然吸收或适应人类生产过程的能力本身，在很大程度上取决于构成特定生态系统和整个陆地生物圈的物质对象、物理力量和生命形式的综合质量。人类对生物圈影响的无数形式和时空不均匀性，只能从生态系统内部和跨生态系统的自然质量变化和不同弹性来理解。当然，人类生态影响的不均衡和分化也反映了人类发展相对于其他物种的具体特征。特别是社会分工，相对于人以外的自然，为人类生产水平和质量的分化提供了一种特殊的动力。

生态危机一方面是由社会分工和人类生产扩张之间不断演变的时空不均衡模式造成的，另一方面是由自然界中存在的定性差异、定量限制和吸收能力产生的。很显然，即使在一般层次上，人类社会的生产关系通过其塑造的
22 形式和人类对自然占有水平的提高，已经成为决定人类生态“不匹配”程度和模式的主要因素。

从加里·斯奈德（Gary Snyder）对“生态文化”和“生物圈文化”的区分中，可以明显看出社会生产关系的生态影响（Gary Snyder，1977，20）。生态文化在特定的自然生态系统中繁衍生息；也就是说，它们对自然的占有仅限于“一个自然区、一个分水岭、一个植物区和一片自然领土”，这提供了“保障的经济基础……它们必须在其中谋生。”相比之下，生物圈文化“将其经济保障系统扩展到足以摧毁生态系统并使之继续前进的程度”（21）。很显然，这两种文化类型代表人类生产、生态影响和自然限制的不同类型，这些自然限制只能参照特定社会生产关系来解释。斯奈德本人认为，人类历史可以看成从生态文化到生物圈文化的一种社会演变，后者最初以奴隶制和中央集权国家为基础，以“带有资本主义色彩的和制度化经济增长的帝国主义文明”为终结（21）。

马克思对人类历史的研究方法有助于解释与人类生产有关的环境不和谐问题。只要社会剩余产品的占有和分配是由劳动者和剩余财富占有者之间的对立关系和私人之间的竞争所支配，那么，人类生产和自然生态就不可能和谐相处。马克思和恩格斯认为，城乡分离是由阶级形成的人类生产造成生态破坏的主要形式。他们还认为，资本主义将直接的人类生产者与必要的生产条件极端地分离开来，城乡分离本身就达到了历史的极端。这种双重分离对人与非人的本质的损害和共产主义对人与非人的本质的纠正，是马克思主义创始人所关心的重要问题（见第九章和第十四章）。

马克思对资本主义财富价值形式的定性和定量分析表明，由于资本主义劳动者与生产资料相分离，商品、货币和资本都具有明显的反生态性。[6]结合《资本论》中对城乡分离的处理方式，马克思的价值分析为考察资本积累对自然和人类生产者及其社会需求的双重对立提供了一个框架。

教学潜力 23

社会自我批评和自我变革能力的发展，对于社会和自然的相互和谐进化至关重要，这在很大程度上取决于人民为争取体面的工作和生活条件而进行的斗争。这就是流行的未来构想形成的地方。社会能力、斗争和构想都是解放性的生态政治必不可少的、相互构成的全部要素。从这个角度看，社会生态学问题已经成为一种分析工具，它不仅可供专业生态学家和社会科学家使用，也受到了学生（本科生、高中生和小学生）、劳工、环境活动家及一般工薪阶层的读者等群体的欢迎。这需要能够体现系统发展的简单明了的概念框架，从特定的基层立场和斗争的角度进行研究。

马克思的方法的教育效用源于其将生产关系作为社会关系的整体来处理，反之亦然。马克思认为，人们对待其物质条件的方式是阶级关系经验的一个基本方面，这种关系构成了整个人类生产的基本方式。这种观点使马克思能在人类生产的各个方面之间建立起政治上至关重要的联系，而主流社会科学往往以碎片化、片面化的方式对待这些方面（Ollman，1993）。马克思对商品价值和资本的分析表明，剥削雇佣劳动与资本积累中自然条件减少之间存在必然联系，这揭示了工人阶级斗争和大众的环境斗争之间基本的亲缘关系。的确，马克思对资本主义延长工作时间和工作日斗争的论述，可以说代表了一种极具政治意义的阶级分析的社会生态模式（见第十章）。

虽然剩余章节是对理论争论的调和，而不是试图通俗化，但它们也澄清了马克思对待自然和人类生产的方法的政治意义。

第二章

自然、 劳动和生产

要想理解马克思如何将自然环境纳入其对资本主义的分析中，首先必须 25
考虑自然在马克思历史唯物主义中的地位。本章概述了马克思历史唯物主义中的自然因素和社会因素，第三章和第四章则详细论述了马克思对待自然和人类生产力的态度。

自然与财富的产生

马克思从财富产生的角度分析人类历史，并将财富定义为使用价值，即任何满足人类需要的东西（直接消费或间接作为生产资料）。正如马克思所言：“无论财富的社会形式是什么，使用价值……构成一切财富的实质。”因此“使用价值的增加就是物质财富的增加”（1967a，Ⅰ，34，45）。财富或使用价值不仅包括食物、衣服和住所等基本需求，还包括文化和审美需求。简而言之，“财富包含……多种多样的需要”，“使用价值……通常可以被描述为生活资料”（Marx，1973，527；1988，40）。马克思的唯物主义首先且最为关注这些生活资料的生产：

> 一切人类生存的第一个前提，也就是一切历史的第一个前提，这个前提是：人们为了能够“创造历史”，必须能够生活。但是为了生活，首先就需要吃喝住穿以及其他一些东西。因此第一个历史活

> 动就是生产满足这些需要的资料，即生产物质生活本身，而且，这
> 26 是人们从几千年前直到今天单是为了维持生活就必须每日每时从事
> 的历史活动，是一切历史的基本条件。（Marx and Engels，1976，47）

马克思认为，自然和劳动都有助于财富或使用价值的生产。这里的基本推理是："只要实际劳动创造了使用价值"，就必然涉及"为了人类的需要而占有自然界，无论这些需要是生产需要还是个人消费需要"（Marx，1988，63）。劳动只能通过"人与自然之间的物质交换"创造财富；因此"没有自然界，没有感性的外部世界，工人什么也不能创造"（Marx，1967a，Ⅰ，183－84；1964，109）。马克思清楚而坚定地得出了恰当的结论："因此，劳动并不是它所生产的使用价值即物质财富的唯一源泉。正像威廉·配第（William Petty）所说，劳动是财富之父，土地是财富之母"（1967a，Ⅰ，43）。[1]

诚然，在马克思看来，劳动是财富生产的必要条件。一些生态批评家认为，这贬低了自然的使用价值。比如，卡朋特（Carpenter）（1997，148）指出："马克思认为自然界具有使用价值，仅仅是因为其效用是通过劳动的变革力量实现的。"这样的批评忽视了马克思把劳动本身定义为"一个人和自然都参与的过程"（1967a，Ⅰ，177）。具体来说，生态批评家倾向于绕过马克思关于劳动和财富生产观点中人－自然概念的五个相关特征。

第一，人类的工作能力或劳动力，本身就是"自然物体，是个事物，然而是有生命意识的东西"；因此，劳动是一个过程，在这个过程中，工人"将自然与他们的力量相对立"，并且"以一种满足他自己需要的方式适应自然的生产"（Marx，1967a，Ⅰ，202，177；重点补充）。第二，马克思将自然界产生的使用价值视为人类劳动的固有组成部分。正如马克思所言："所有这些东西，劳动只是把它们从周围环境的紧密关联中脱离出来，都是大自然自发提供的劳动主体"（178）。[2]通过承认初级占有是人类劳动的一个必要因素，马克思将劳动视为"人类存在的……必要条件"（42），就等于观察到，为了生存，人类必须占有（并且经常从事）没有人类帮助的自然产生的使用价值。

伴随着人类劳动的初级占有的必要性，出现了马克思概念的第三个特征：
27 劳动和生产的非同一性。马克思强调自然对财富的独特贡献在于：不把生产

归结于劳动，而是将劳动描述为“人类生活的永恒的自然条件，是人和自然之间的物质变换的一般条件，它为人类生活的一切社会形式所共有”（Marx，1970，36；重点补充）[3]。马克思认为，“劳动过程……是制造使用价值的有目的的活动”，而且这种生产需要“占有天然物”而不是由劳动来生产（1967a，Ⅰ，183；重点补充）。换句话说，马克思认为自然界的“普遍新陈代谢过程”及其产生的无数的潜在使用价值是“独立于劳动存在的”（1988，63；1973，355）。[4]

第四，根据劳动与生产的非同一性，马克思在“劳动工具”中包括“进行劳动过程所必需的所有条件”甚至是那些“不直接加入劳动过程……作为活动的指挥者”（Marx，1967a，Ⅰ，180）之后，他指定“地球”为“这类通用工具”（180）。这样，马克思对劳动价值的概念包含自然产生的所有使用价值，如果没有这些价值，“劳动要么不可能发生，要么只可能部分发生”（180）。例如，为了生活和工作，人们必须呼吸。“然而，很显然，呼吸过的空气在自然大工场内经过净化以前，是不能再用于呼吸过程的”（482）。

第五，请以卡朋特（Carpenter）（1997，48）为代表的批评者原谅，他们认为，马克思将劳动作为使用价值生产条件的坚持，排除了将当前未分配的自然使用价值作为财富的一部分计算在内的可能性，而这并非事实。马克思的财富观不仅包括不作为直接工具或劳动主体的自然劳动条件（见上一段），而且也包括尽管可能被劳动占有但尚未被占有的所有“自然财富”要素（Marx，1967a，Ⅰ，512－14）。[5]马克思认为，未被占有的自然资源财富作为潜在使用价值的意义，取决于它与人类劳动的最终结合，即使这只是初级占有的劳动。

总之，自然对使用价值的贡献并没有因为马克思认识到“有用的劳动”而降低，“有用劳动……是人和自然之间的物质变换即人类生活得以实现的永恒的自然必然性”（Marx，1967a，Ⅰ，42－43）。当然，马克思坚持劳动对财富生产的必要性并不妨碍他将“地球”视为“巨大的工场，提供劳动工具和资料的兵工厂……一切生产和一切存在的源泉”（1973，472，106）。与此同时，自然和劳动作为财富来源的意义必须根据人类劳动的社会性质来理解。

28 自然和人类生产的社会性

要掌握人类历史，就必须将人类生产和其他物种的生产活动区分开来。通过将人类劳动和生产概念化为特定的历史社会过程，马克思做到了这一点。他提出“从人类以任何方式为彼此工作的那一刻起，他们的劳动就具有了社会形式”。因此，劳动和生产必须被视为一种“社会的生命过程……一种物质的社会循环”（Marx，1967a，Ⅰ，71，80，104）。[6]

马克思特别关注人类劳动的某些其他特征，这些特征似乎使其明确具有了人类的资格。例如，和其他物种相比，人类劳动者有一种特殊的能力，可以预先考虑到劳动的过程和结果，并且在这样做时，有意识地“中介、调整和控制人和自然之间的物质变换的过程”（177）。同样，有意识地进行“劳动资料的使用和创造……是人类劳动过程独有的特征”（179）。尽管如此，只有作为一种描述性的简略概括，人们才可以用在心理上预先概念化工作，或者开发和利用生产工具的能力来描述人类劳动。[7] 因为只要这些能力对人类的进化程度大于其他物种的进化程度，这就是在一个社会进化过程中并通过社会进化过程发生的。正如恩格斯所说，“新的因素”“强烈地推动了它们的发展……在更明确的方向指引下”，是“成熟的人，即社会的出现”（1964a，177）。人类生产的累积发展，“一旦人类摆脱了单纯的动物状态”，就必须承认“人类生活从一开始就依赖于社会生产”（Marx，1994，329）。

马克思从生产者之间以及生产者和剩余占有者之间的特定历史关系分析人类劳动和生产的社会发展。这一概念是唯物主义的，因为社会生产形式本身受社会生产力发展的影响，被视为“人与自然之间的过程”（Marx，1967a，Ⅲ，883）。然而，马克思的方法既不是粗陋的自然主义也不是技术决定论，因为他认为劳动和自然创造财富的力量是在特定的生产关系中并且通过这种生产关系发展起来的，这种生产关系本身被认为是生产力。正如《德意志意识形态》所述：“一定的生产方式或一定的工业阶段始终是与一定的共同活动
29 方式或一定的社会阶段联系着的，而这种共同活动方式本身就是‘生产力’”（Marx and Engels，1976，49）。[8]同时，生产力的社会历史观并没有降低生产关系的自然的、物质的内容。马克思认识到人类生产的社会方式和物质内容的

相互联系，后者是由人和非人的自然力构成的。简言之，他认为人类历史的“每一个阶段”都“包含一定物质的结果，一定的生产力总和，人对自然及个人之间历史地形成的关系，这种关系从他的祖先传承至每一代”（Marx and Engels，1976，62；重点补充）。[9]

只要人类生产是由其一般形式，特别是其阶级关系所决定的，就不能将其演变视为纯粹自然的过程。人与自然之间的生产关系必须视为一种社会介入的自然关系：

> 人们在生产中不仅仅影响自然界，而且也互相影响。他们只有以一定的方式共同活动和互相交换其活动，才能进行生产。为了进行生产，人们相互之间便发生一定的联系和关系；只有在这些社会联系和社会关系的范围内，才会有他们对自然界的影响，才会有生产。（Marx，1933，28）

马克思的概念表明，社会生产方式是人类特定生产发展的关键，越来越有别于不断演变的、仍持续提供物质和生命力的自然世界。随着“劳动主体的生产力发展的一定阶段，而和该阶段相适应的是劳动主体相互间的一定关系和他们对自然的一定关系”，“就形成人们的历史中的联系，就形成人类的历史，这个历史随着人们的生产力以及人们的社会关系的愈益发展而愈益成为人类的历史”，这是不受自然所决定的（Marx，1973，495；Marx to Annenkov，December 28，1846，in Marx and Engels［1975，31］）。马克思的这一观点值得我们细细研究。

马克思关于自然和人类生产的社会进化论

从马克思的观点看，人类历史与纯粹自然历史的差异表述如下：人类生产所需的自然条件已变得越来越不同于那些自然繁衍和进化所需的条件，因 30
为它们不受人类干预的影响。事实上，马克思指出，如果没有这种分歧，就没有必要对人类生产进行科学处理，“需要说明的，或者成为某一历史过程的结果的，不是活的和活动的人同他们与自然界进行物质变换的自然无机条件之间的统一，以及他们因此对自然界的占有；而是人类存在的这些无机条件同这种活动的存在之间的分离”（Marx，1973，489）。

这种对人类生产的处理，就其必要条件与自然本身的历史差异而言，一直是生态学者巨大的不适之源。然而，马克思所指的人类生存与自然条件的分离并不涉及自然与人类生产的任何物质脱钩。相反，它象征着财富生产的自主性，从某种意义上说，自然和劳动在生产中的联合作用——进一步地，生产的自然需要和限制——不仅是由自然决定的，而且是由社会生产关系决定的。在这里，马克思强调工人对生产必要条件的控制的历史分离，以及剩余占有阶级利用这些条件作为对工人劳动的剥削手段，作为支撑劳动生产力和自然生产力沿着一条不由自然决定的道路发展的主要因素（Marx，1971，422－23；1973，158－59，进一步的讨论请参见第五章和第十一章）。

最后一点涉及对马克思的另一个常见的批评，即把“历史的动力”定位在“生产力与生产关系的辩证对立上”，他将“自然环境”视为“社会发展中的永恒的、不变的因素”（Skirbekk，1994，98）。这种批判把人类生产与自然自身繁殖的社会差异与对后者的静态处理混为一谈。马克思并不是说，除了人类的影响外，自然是静止不变的，而是说人类生产的社会和阶级剥削性质一直是将人类物质进化从（现在很大程度上是反事实的）非人类的自然进化中分离出来的主要力量。[10]除非有人想把生态危机归咎于自然自身，而不是社会造成的人类生产与自然条件之间的不平衡，否则很难想象马克思的观点如何受到质疑（详见下文）。而且，从《资本论》对“自然自发地提供劳动主体”和“自然直接地提供生产资料”的各种提法中可以清楚地看出马克思
31 承认自然在人类生产中的积极作用，更不用说他把人类劳动定义为“人与自然共同参与的过程”了（Marx，1967a，Ⅰ，177－78，182）。[11]

马克思的观点基于这样一个命题，即一旦人们将人类生产视为社会生产，就不能再简单地谈论自然环境和限制。相反，哪些自然条件可以算作使用价值，哪些限制了财富的生产，这些问题必须参照能构建劳动和自然的生产关系的具体社会关系来回答。[12]这种方法没有忽视生产对环境的影响。恰恰相反，只有认识到一种特定的社会生产形式是如何将其生产的必要条件从自然的非人类进化中分离出来的，人们才能探究这种形式的物质可持续性。

考虑另一种假设，即自然可以被认为是人类生产的一个特定系统的自然条件。根据这一假设，除了目前占主导地位的生产关系之外，用其他术语来界定环境的可维持能力或环境危机已变得不可能。如果人们将自然与一种特定系统所要求的自然环境相等同起来，那么，人们将无法准确地想象，这个系统之所以产生日益恶化的生态危机，正是由于它仅仅将（人类和非人类的）自然视为自己繁衍和生长的条件。正如第二部分的研究，在马克思看来，这个例子并不仅仅是假设。

最后，源于生产条件的生产者的社会异化，以及随之而来的这些条件与自然的分化，并不是马克思历史唯物主义的一个反生态的方面。我们可能想要社会和自然和谐地共同进化，但是指责马克思认识和解释它为什么没有在历史上发生是错误的。[13]要想实现不掠夺自然和人类劳动的运动，就要求在人类生产者与其生产条件结成社会同盟的基础上，将人类生产条件与自然相结合，对财富进行亲生态的重新定义。从这个意义上说，社会和自然间更和谐地共同进化的愿景，取决于由非剥削性社会关系形成的人类生产条件与自然本身的区别（见第十四章）。

第三章

劳动生产率与剩余劳动的自然基础

33 尽管人们经常指责马克思贬低了自然对生产的贡献，但是他非常重视劳动生产率的自然基础，无论是在历史上还是在资本主义制度下。不仅劳动力本身是一种自然力（见第四章），而且“物质财富、使用价值的世界和完全由人工改造的自然物”（Marx，1988，40）也是一种自然力。“不同的使用价值包含非常不同的劳动和天然产品的比例，但是使用价值总是包含一种自然因素”（1970，36）。因此，劳动生产率（人类在社会中和通过社会产生使用价值的能力）必须根据明确的自然条件来界定：

> 撇开社会生产的不同发展程度不说，劳动生产率是同自然条件相联系的。这些自然条件都可以归结为人本身的自然（如人种等）和人周围的自然。外界自然条件在经济上可以分为两大类：生活资料的自然富源，例如土壤的肥力、渔产丰富的江河，等等；劳动资料的自然富源，如奔腾的瀑布、可以航行的河流、森林、金属、煤炭，等等。在文化初期，第一类自然富源具有决定性的意义；在较高的发展阶段，第二类自然富源具有决定性的意义。（1967a，Ⅰ，512）

同样，在《价值、价格和利润》中，马克思将“劳动的自然条件，如土地的肥沃程度、矿山的丰富程度等等”作为决定劳动生产力的主要因素之一（1976b, 34）。“劳动的社会力的日益改进”涉及“化学力和其他自然力的应用……以及科学就是靠这些发明来驱使自然力为劳动服务”。因此，自然条件是“劳动的社会性质或协作性质得以发展”不可或缺的一部分（34）。 34

当然，在当劳动和生产发展到社会层面时，劳动生产率就不能被视为纯粹的自然现象。“作为资本关系的基础和起点的现有的劳动生产率，不是自然的恩惠，而是几十万年历史的恩惠”（1967a，Ⅰ，512）。这种社会与自然相结合的劳动生产率概念，在马克思关于剩余劳动的自然基础的论述中得到了延续。

一般剩余劳动的自然基础

剩余劳动是指劳动阶级当下生活资料所需的劳动（包括生产任何必要劳动资料所需的劳动）之外的劳动。这种劳动和产品过剩是剥削阶级存在的前提条件，剥削阶级靠劳动阶级生产剩余产品获取利润。

> 如果工人需要用他的全部时间来生产维持他自己和他的家庭所必要的生活资料，那么他就没有时间来无偿地为第三者劳动。没有一定程度的劳动生产率，工人就没有这种可供支配的时间，而没有这种剩余时间，就不可能有剩余劳动，从而不可能有资本家，而且也不可能有奴隶主，不可能有封建贵族，一句话，不可能有大私有者阶级。（Marx，1967a，Ⅰ，511）

要使剩余劳动存在，就必须“没有绝对的自然障碍会妨碍一个人把维持自身生存所必要的劳动从自身解脱下来并转嫁给别人”（511）。自然条件必须使剩余产品的生产成为可能——从剩余的生活资料开始。

> 一般剩余劳动的自然基础，即剩余劳动必不可少的自然条件是：只须花费整个工作日的一部分劳动时间，自然就以土地的植物性产品或动物性产品的形式或以渔业产品等形式，提供出必要的生活资

> 35 料。农业劳动（这里包括单纯采集、狩猎、捕鱼、畜牧等劳动）的这种自然生产率，是一切剩余劳动的基础；而一切劳动首先并且最初是以占有和生产食物为目的的。（动物同时还提供兽皮，供人在冷天保暖；此外，还有供人居住的洞穴等等。）总之，因为食物的生产是直接生产者的生存和一切生产的首要的条件，所以在这种生产中使用的劳动，即经济学上最广义的农业劳动，必须有足够的生产率，使可供支配的劳动时间不致全被直接生产者的食物生产占去；也就是说，农业剩余劳动，从而使农业剩余产品成为可能。（Ⅲ，632，635）[1]

然而，在这里，马克思又匆忙地从社会历史观角度解释剩余劳动的自然基础。虽然自然条件有助于解释剩余劳动的可能性，但是它还不足以解释这一潜力在历史上是如何实现的：

> 良好的自然条件始终只提供剩余劳动的可能性，从而只提供剩余价值或剩余产品的可能性，而决不能提供它的现实性。劳动的不同的自然条件使同一劳动量在不同的国家可以满足不同的需要量，因而在其他条件相似的情况下，使得必要劳动时间各不相同。这些自然条件只作为自然界限对剩余劳动产生影响，就是说，它们只确定开始为别人劳动的起点。……绝对必需满足的自然需要的数量越少，土壤自然肥力越大，气候越好，维持和再生产生产者所必要的劳动时间就越少。因而，生产者在为自己从事的劳动之外来为别人提供的剩余劳动就可以越多。（1967a，Ⅰ，514－15，512；重点补充）[2]

马克思认为，剩余劳动的演变不是自然条件简单直接的作用，相反，它是在一定的自然条件下，通过劳动阶级和剥削阶级之间的特定关系，人的需要和人的劳动能力共同进化的结果：

> 在文化初期，已经取得的劳动生产力很低，但是需要也很低，需要是同满足需要的手段一同发展的，并且是依靠这些手段发展的。其次，在这个文化初期，社会上依靠他人劳动来生活的那部分人的数量，同直接生产者的数量相比，是微不足道的。随着社会劳动生产力的增进，这部分人也就绝对地和相对地增大起来。(1967a，Ⅰ，512)

总之，马克思指出：“只有……劳动本身已经在一定程度上社会化的时 36
候，一个人的剩余劳动成为另一个人的生存条件的关系才会出现”（1967a，Ⅰ，512）。尽管如此，马克思强调，“剩余产品无论如何不是来自人类劳动的某种天生的神秘性质”，从而脱离其自然和社会条件（515）。[3]

剩余价值的自然基础

马克思认为，“使用价值或财物的生产是为了资本家，并且是在资本家的监督下进行的，但是这并不改变这种生产的一般性质。所以，劳动过程首先要撇开每一种特定的社会的形式来加以考察”，因为它是“人和自然之间的过程”（Marx，1967a，Ⅰ，177）。因此，“种种商品体，是自然物质和劳动这两种要素的结合”，“如果把上衣、麻布等包含的各种不同的有用劳动的总和除外，总还剩有一种不借人力而天然存在的物质基质”（43）。由于剩余价值（剩余劳动的资本主义形式）首先必须物化于商品生产中，所以，马克思这样强调资本主义条件下剩余劳动（以剩余价值的形式）持续的自然基础就不足为奇了：“因此，我们可以说，剩余价值是建立在自然基础之上的”，即“自然产生的劳动生产率，它所生产的价值超过了工人绝对必要的生活必需品，这种自然生产力当然建立在它的无机性质，即土壤性质等的基础之上”（1967a，Ⅰ，511；1994，155）。

马克思在《资本论》的第Ⅲ卷中对“剩余价值存在的一般条件”作了如下规定：

> 这些条件是：直接生产者的劳动时间，必须超过再生产他们自

> 己的劳动力和再生产他们本身所需要的时间……这是主观的条件。而客观的条件是：他们必须能够完成剩余劳动；自然条件是，他们的可供支配的劳动时间的一部分，就足以使他们自己作为生产者再生产出来和自我维持下去，他们的必要生活资料的生产，不会耗费掉他们的全部劳动力。在这里自然的肥力是一个界限，一个出发点，一个基础。（1967a，Ⅲ，634）[4]

事实上，剩余价值的自然基础作为马克思研究资本主义土地租金起源的一部分，它代表了重农主义学说的重要内核。

> 37 重农学派的正确之点在于，剩余价值的全部生产，从而资本的全部发展，按自然基础来说实际上都是建立在农业劳动生产率的基础上的。如果人在一个工作日内，不能生产出比每个劳动者再生产自身所需的生活资料更多的生活资料，在最狭窄的意义上说，也就是生产出更多的农产品，如果他全部劳动力每日的耗费只够再生产他满足个人需要所不可缺少的生活资料，那就根本谈不上剩余产品，也谈不上剩余价值。超过劳动者个人需要的农业劳动生产率，是全部社会的基础，并且首先是资本主义生产的基础。资本主义生产，使社会中一个越来越增大的部分，脱离直接生活资料的生产，并且像斯图亚特所说的那样，转化为自由人手，使他们可以在别的部门任人剥削。（785－86）

剩余价值的自然基础不仅仅是资本主义生产的首要条件；它是剩余价值数量的一个持续的决定因素，因此也是资本积累速度的决定因素。如马克思所言："在其他条件不变和工作日保持一定长度的情况下，剩余劳动量随劳动的自然条件，特别是随土壤的肥力而变化"（1967a，Ⅰ，513）。剩余价值必须以商品的使用价值实现其客观化，它总有其自然的基础和实体。因此，只有当"把财富的两个主要创造者——劳动力和土地结合在一起，资本才能获得扩张力"（604；详见第五章至第六章）。

然而，“剩余价值以自然为基础”是有效的，“仅是在一般意义上”，其原因是“资本及其伴随关系产生于经济土壤，这是一个长期发展过程的产物”(1967a，Ⅰ，511－22；重点补充)。剩余价值生产和所有生产的形式一样，是“人与自然之间的一种过程”；但这也是一种社会过程，它涉及资本和劳动力之间一种历史上特定的“强制关系”，“迫使工人阶级做更多的工作，而不是只为他们生活的狭隘要求”(508，309)：

> 自然界不是一方面造成货币所有者或商品所有者，而另一方面造成只是自己劳动力的所有者。这种关系既不是自然史上的关系，也不是一切历史时期所共有的社会关系。它本身显然是已往历史发
> 展的结果，是许多次经济变革的产物，是一系列陈旧的社会生产形 38
> 态灭亡的产物。(169)[5]

尽管资本主义生产具有历史独特性，马克思始终坚持人与自然的交换或新陈代谢是其必要的物质基础和实体。在资本主义制度下，“正像在生产的第一天一样，形成产品的原始要素，从而也就是形成资本物质成分的要素，即人和自然，是携手并进的”(1967a，Ⅰ，603)。在揭示生产是如何在资本主义社会关系中以及通过资本主义社会关系发展的同时，马克思也确立了资本主义人与自然的历史特定性（见第五至七章）。

关于劳动和自然条件的进一步说明

本顿（1989）认为，马克思的劳动过程分析低估了人类生产对不可替代的自然条件的依赖。本顿的批判主要集中在“作为人类生存的一种超历史条件的‘劳动过程’”上（64）。如《资本论》第Ⅰ卷第七章所界定的那样：“劳动过程的简单要素是：有目的的活动或劳动本身，劳动对象和劳动工具”(Marx，1967a，Ⅰ，178)。本顿认为这样分类：

> 未充分说明劳动过程中不可操作的自然条件的重要性，且高估了人类有意识的变革力量对自然的作用……马克思确实认为伐木、

> 捕鱼、开采矿石和农耕等活动是劳动过程……但在认识到［自然条件］必要性的同时，马克思却没有认识到将它们纳入“生产工具”范畴的重要性。这些条件不能被认为是劳动者活动的“传导者”。（1989，64，66，72）

简言之，本顿的批判是：

> 将劳动过程的背景条件概念化为“生产工具”的范畴，其结果是消除了所有劳动过程至少对一些不可操作的背景条件的根本依赖……“工具”概念中隐含的人类意图，正是不能合理地归因于这些生产的背景条件的东西。（72）

39 这种批判主要基于马克思劳动过程概念的部分非物质化。具体来说，它模糊了马克思对“工具”范畴的内在区别，明确地将非人类劳动直接指挥者的自然条件纳入其中：

> 广义地说，除了那些把劳动的作用传达到劳动对象、因而以这种或那种方式充当活动的传导体的物以外，劳动过程的进行所需要的一切物质条件也都算作劳动过程的资料。它们不直接加入劳动过程，但是没有它们，劳动过程就不能进行，或者只能不完全地进行。土地本身又是这类一般的劳动资料，因为它给劳动者提供立足之地，给他的劳动过程提供活动场所。（Marx，1967a，Ⅰ，180）

奇怪的是，本顿只是引用了这段话的部分内容，只是提到了“马克思的意图包括……土地本身（‘又是这类一般的劳动资料，因为它给劳动者提供立足之地，给他的劳动过程提供活动场所’）”（1989，65－66）。据此，可以认为本顿掩盖了马克思对“劳动过程的进行所需要的一切物质条件”作为明确的（“普遍的”）生产工具范畴的承认。这一范畴不仅包括“土地”作为“一个立足之地和活动场所”，而且还包括所有自然条件，虽然不直接进行人类劳动，但对劳动过程是必要的——正如马克思的术语（本顿没有提到）所说，土地包含了自然界的所有力量和元素。[6]一般的工具范畴符合早先《资本论》中对商品使用价值的分析，马克思在分析中强调“劳动不断受到自然力的协助”（1967a，Ⅰ，43）。

简言之，马克思并没有将自然条件等同于预先确定的生产工具范畴，而是有意识地使这些工具范畴多样化，以便区分那些不直接进行人类劳动的自然条件和那些充当劳动传导体的生产工具。当本顿将他在第七章马克思关于工具的完全意译延伸到劳动对象时，也出现了类似的问题：

> 马克思承认，与自然界中的一些非常基本的交换并不需要人造工具，在这里，人类肢体本身可以被认为是“生产工具”的一部分。劳动的“对象”——工作的东西或物质——可以“由自然自发地提供”，或者，更常见的情况是，它将被“通过以往的劳动滤过”，在
> 这种情况下马克思（有点误导性）谈到了“原材料”。（1989，65） 40

本顿对生产工具的描述是“人造的”，给人们留下了错误的印象，即对马克思来说，生产工具没有自然基础或实质。同样，本顿在“自发提供”和（“更常见的”）“滤过的”劳动对象之间设立了一个虚假的对立——就好像对马克思来说，劳动必然否定其劳动对象的自然特征，或者降低这些特征对人类生产的重要性。事实上，本顿的陈述似乎表明，马克思将自然提供的生产资料的重要性限制在了这些情况下，即劳动者除了自己的肢体以外不使用任何其他工具！在这里，马克思的文本又出现了一幅截然不同的图景：

> 土地（在经济学上也包括水）最初以食物，现成的生活资料供给人类，它未经人的协助，就作为人类劳动的一般对象而存在。所有那些通过劳动只是同土地脱离直接联系的东西，都是天然存在的劳动对象。（Marx，1967a，Ⅰ，178）

请注意，马克思绝没有将“劳动自发提供的对象”的作用限制在“与自

然的非常基本的交换”上，在这种交换中劳动不使用任何生产工具，而且马克思也没有给人留下任何印象，即认为这些“一般对象”的自然特征由于它们是人类的劳动对象而变得不那么重要。

很显然，需要重建马克思的观点，因为他没有使用诸如“非可操作的背景条件”的术语（Benton，1989，72），而是将自然条件视为普遍的“劳动工具和劳动对象……生产资料”（Marx，1967a，Ⅰ，181）。尽管事实上马克思（比本顿更凭直觉地）一再坚持人类劳动对自然条件的不可代替性：

> 把尚未捕获的鱼叫作渔业的生产资料，好像是奇谈怪论。但是至今还没有发明一种技术，能在没有鱼的水中捕鱼（1967a，Ⅰ，181）。
>
> 只要劳动资料和劳动对象本身已经是产品，劳动就是为创造产品而消耗产品，或者说，是把产品当作产品的生产资料来使用。……但是，正如劳动过程最初只是发生在人和未经人的协助就已存在的土地之间一样，现在在劳动过程中也仍然有这样的生产资
> 41 料，它们是天然存在的，不是自然物质和人类劳动的结合（1967a，Ⅰ，183）。

总之，本顿的批判似乎混淆了术语偏好和概念同化。本顿确实没能从“不可操作的背景条件”的角度说明“马克思劳动过程概念的缺陷”（1989，72，76，重点补充；更多详情请参见 Burkett，1998b）。

马克思论受生态调控的劳动与生产

本顿还提出，“马克思关于劳动过程的抽象概念……将所有劳动过程理解为‘生产’方式”，它没有充分涵盖农业等“生态控制”过程。在其中

> 人类劳动力并不是为了在原材料中实现预期的转变。相反，它主要用于维持或调节种子或牲畜生长和发育的环境条件。劳动过程中有一个转型时刻，但是这一转型是天然的有机机制带来的，而不

是人类劳动带来的。(1989, 67)

本顿的观点是农业和劳动的其他生态调控过程具有“一种与之截然不同的有目的的结构……生产性、变革性的劳动过程从时间和物质上，劳动对象的归属与人类劳动在这些对象上的直接作用有着更为直接的对应关系”(1989, 67)。生态调控劳动“主要是……维持、调节和繁殖的劳动，而不是改造的劳动”——劳动“主要在于优化改造的条件，这些条件本身是有机的过程，相对不受有意改造的影响”。因此，“‘劳动对象’……不是成为‘产品’的‘主要物质’的原料，而是其生长和发展的条件”(67－68)。

生态调控过程的显著特征是，“劳动活动的时空分布很大程度上取决于劳动过程的背景条件和有机发育过程的节奏”。如前所述，本顿认为这些条件和过程“不会轻而易举地被马克思的三种分类（劳动、劳动工具和原料）所同化”(1989, 68)。

针对本顿认为《资本论》不足以涵盖生态调控过程，格伦德曼 42
(Grundmann, 1991b, 108) 提出，“在马克思看来，人类对自然过程的干预也算作变革性的行动，因为被开发的土地与原始自然完全不同。”在某种程度上，我同意格伦德曼的观点。马克思认为，利用自然条件和过程生产使用价值，必须涉及人类劳动与这些条件和过程在某个时刻的某种接触——即使在这种劳动受生态调控的情况下（详见第二章和第八章）。人类劳动在生产使用价值过程中所起的必要作用，解释了马克思为什么能够根据其各自的位置将劳动过程中的要素与这一过程的预期结果进行分类。[7]许多生产条件和过程是由自然提供的，但这并不能改变这一事实，即对它们的占有和使用是人类有意为之。

与此同时，我不同意格伦德曼（Grundmann, 1991b, 108）断然否定任何“变革性的”和“生态调控”劳动过程的显著差异。本顿的论点被驳回的问题在于，它没有认识到马克思如何在形式上分析自然环境和过程在生态调控生产中的特殊作用。在这方面，格伦德曼没能解决本顿的批评带来的一个显而易见的问题。那就是，如果马克思的劳动过程分析不能充分包含生态调控，那么马克思为什么能够在《资本论》第Ⅰ卷第七章中使用生态调控的实践

（农业、畜牧业和工业中化学和生物过程的准备条件）作为人类劳动的例子呢（1967a，Ⅰ，181－82）？

马克思在将生态调控过程与其他生产形式区别开来时所使用的分类区分，部分解答了这个明显的谜题。例如，马克思观察到，“在同一劳动过程中，同一产品可以既充当劳动资料，又充当原料”，就像“在牲畜饲养业中，牲畜既是被加工的原料，又是制造肥料的手段”（182）。同样，在谈到林业和畜牧业生产时，马克思指出“储备——一定量的活树或活畜——相对地说是处在生产过程中（同时作为劳动资料和劳动材料）；按照它的再生产的自然条件，在正常的经营中，必然有相当大一部分储备总是处在这个形式上”（1967a，Ⅱ，244）。同时，为了区别工业生态调控过程的特点，马克思区分了那些形成“产品的主要物质”的“原料”和那些“仅作为附件进入产品的形成”的“原材料”：

> 43 辅助材料或者被劳动资料消费，例如煤被蒸汽机消费，机油被轮子消费，干草被挽马消费；或者加在原料上，使原料发生物质变化，例如氯加在未经漂白的麻布上，煤加在铁上，染料加在羊毛上；或者帮助劳动本身的进行，例如用于劳动场所的照明和取暖的材料。在真正的化学工业中，主要材料和辅助材料之间的区别就消失了，因为在所用的原料中没有一种会作为产品的实体重新出现。（1967a，Ⅰ，181）

鉴于马克思把土地归类为一般工具和普遍的劳动对象，上述分类区分适用于在生态监管的背景下，“劳动过程所需要的”所有自然的环境和进程（180）。

本顿（1989）和格伦德曼（1991b）忽视的另一个问题是劳动和生产的区别。事实上，本顿的“生态调控”批判假定马克思将生产过程与劳动过程等同起来。马克思把“劳动过程作为以生产使用价值为目的的人类行为”和“实现人与自然之间物质交换的必要条件”规定为“人与自然之间代谢相互作用的普遍条件”（1967a，Ⅰ，183－84；1988，63，重点补充）。从《资本论》

第Ⅰ卷第七章中生态调控生产的例子中可以清楚地看出，马克思并没有把生产过程简化为劳动过程，马克思在其中提到了“动物和植物……也是经过许多世代、在人的控制下、借助人的劳动不断使它们的形式和实体发生变化的结果”，以及“一切产业部门所处理的对象都是原料”（1967a，Ⅰ，181）。

《资本论》第Ⅱ卷澄清了劳动与生产的区别，其中马克思指出，“生产时间当然包含劳动过程期间，但劳动过程期间并不包含全部生产时间”（1967a，Ⅱ，121）。超过劳动时间的生产时间不仅仅是由于“劳动过程的周期性中断，例如在夜间”（121，238）。相反，

> 生产过程本身也会使劳动过程从而使劳动时间发生中断，在这
> 个间歇期间，劳动对象听任物理过程对它发生作用，而没有人类劳
> 动参加进去。在这种场合，虽然劳动过程从而生产资料作为劳动资
> 料的职能中断了，但生产过程从而生产资料的职能却继续下去。例 44
> 如，播在地里的谷种，藏在窖中发酵的葡萄酒，许多制造厂（例如
> 制革厂）中的劳动材料，这些材料都暴露在化学过程的作用之下。
> 在这里，生产时间比劳动时间长。（122）

马克思在这里明确指出，在生产时间超过劳动时间的情况下，生产资料继续发挥作用，即继续产生使用价值，即使中断它们的劳动资料的功能。[8]换句话说，马克思的分析完全可能根据他对劳动和生产的区分来处理生态调控过程。事实上，马克思经常用这种区分来强调人类的目的性在生态调控过程中更多来自自然方面的约束作用。例如：

> 生产时间和劳动时间的差别，在农业上特别显著。在我们温带气候条件下，土地每年长一次谷物。生产期间（越冬作物平均9个月）的缩短或延长，还要看年景好坏变化而定，因此不像真正的工业那样，可以预先准确地确定和控制。只有牛奶、干酪等副产品，可以在较短的期间继续生产和出售。（1967a，Ⅱ，240）

在《资本论》中，马克思只是在第Ⅰ卷第七章第一节之后，即主要在对特定资本主义生产的分析中，才充分发展了上述适用于生态调控过程的范畴区别。原因很简单：生产资料既是工具又是原材料，涉及次要和主要原料的不同组合的生产过程，以及生产时间和劳动时间之间的相应偏差，这些情况的实际发展只能联系这种发展的具体的生产社会关系来分析。

本顿甚至忘记了马克思在《资本论》第Ⅰ卷第七章中的劳动过程分类不能将生态调控作为一个内在因素，原因很简单，生态调控劳动不是人类社会劳动的一个跨历史因素。如果有人遵循本顿的建议，把生态调控视为跨历史的，那么他会根据简单的狩猎和采集等实践——这些实践不需要任何“人类劳动……来维持或调节种子或牲畜生长和发展的环境条件”——这就武断
45 地忽视了人类生产的可能性（和历史事实）（Berrton，1989，67）。然而，这种初级占有的做法，如果是有社会组织的话，确实符合马克思的人类劳动的概念，这正是马克思在《资本论》第Ⅰ卷第七章第一节将它们作为人类劳动的例子的原因（1967a，Ⅰ，178－83）。

简言之，由于生态调控不是《资本论》第Ⅰ卷第七章所要求的跨历史的，对马克思的跨历史人类劳动的界定来说，它没有构成“批判和重建”的合法基础。然而，如上所述，这并不意味着《资本论》没有包含对生态调控过程的分析。要理解这些分析的逻辑，就必须记住马克思所使用的经济范畴的顺序（Rosdolsky，1977，41－50；Burleett，1991）。

首先，就资本主义生态调控涉及历史上特定的劳动时间和生产时间之间的区别和关系而言，它只是在第Ⅱ卷中得到正式的论述，马克思在该卷中分析了资本的流通和周转。第Ⅰ卷的主体是资本主义生产的阶级剥削本性；该卷中涉及资本主义对于物质生产过程的重塑，只是因为绝对需要建立资本主义剥削和积累的历史特殊性（参见 Marx，1967a，Ⅰ，564－65，Ⅱ，23）。然而，第Ⅰ卷从形式上抽象了生产时间和劳动时间之间的差异，并不意味着这一卷忽略了生态调控过程。第Ⅰ卷将资本主义作为一种特定的阶级生产形式，包括对自然环境的资本占有即积累的必要条件的分析（见第五章和第六章）。在这一背景下，马克思提到了“土壤本身的纯粹机械工作……关于产品的数量‘作为’情况之一……确定累积量”（1967a，Ⅰ，599，604）。

用产业基本积累，分析“一个工业领域生产方式的根本变化”如何“涉及其他领域的类似变化”时，《资本论》第Ⅰ卷涉及资本主义农业和工业之间的分工（Marx，1967a，Ⅰ，383）。这包括通过生态调控产业方法的进步促进农业技术变革，反之亦然，以及随之而来的“城乡分离”，即通过“破坏自然生长的条件……物质的循环，“最终侵蚀了所有财富的原始来源——土壤和劳动者”（352，505－7；详情见第九章）。

简言之，对于建立了朝向生产者与其自然环境的“资本主义生产和积累的对抗性”来说，第Ⅰ卷的确认为生态调控是必不可少的（Marx，1967a，Ⅰ，673）。在第Ⅱ卷中，生态调控过程被置于一个更有力的显微镜下，其中 46
“超过劳动时间的生产时间”是由资本在“没有参与劳动过程的生产过程发挥作用”引起的，这是马克思关于资本流通研究中的一个核心问题（1967a，Ⅱ，122）。在这里，马克思进行了详细的分析：

> 与劳动过程长短无关，而受产品的性质和产品制造本身的性质制约的那种中断。在这个中断期间，劳动对象受时间长短不一的自然过程的支配，要经历物理的、化学的、生理的变化；在这个期间，劳动过程全部停止或者局部停止。例如，榨出来的葡萄汁，先要有一个发酵时期，然后再存放一个时期，酒味才醇。在许多产业部门，产品要经过一个干燥过程，例如陶器业，或者，把产品置于一定条件下，使它的化学性质发生变化，例如漂白业。越冬作物大概要9个月才成熟。在播种和收获之间，劳动过程几乎完全中断。在造林方面，播种和必要的准备工作结束以后，也许要过100年，种子才变为成品；在这全部时间内，相对地说，是用不着花多少劳动的……因此，在所有这些场合，预付资本的生产时间由两个期间构成：第一个期间，资本处在劳动过程中；第二个期间，资本的存在形式——未完成的产品的形式——不是处在劳动过程中，而是受自然过程的支配。（238－39）

第Ⅱ卷第十三章分析了“生产时间和工作时间之间的差异”所导致的许多情况，这种现象在其对流通在物质上和社会上的影响方面“承认有许多变化”（1967a，Ⅱ，246）。许多这样的分析发生在该卷的其他章节中，例如，马克思讨论“许多原材料、半成品等是如何需要相当长的时间来生产的”，特别是“农业提供的原材料”，或者当马克思观察到“生态调节领域在不同的工作期间［必须］投入不同数额的资本，例如农业”时（143，259）。这些分析表明，“语境条件”和“有机发展过程”对生态调控在生产中所起的特殊作用是非常敏感的（Benton，1989，68）。事实上，生态调控资本流通的独特
47 条件对第Ⅱ卷的观点至关重要，即“在生产的经济过程，不论其具体的社会特征如何，总是与自然再生产过程相互交织”（Marx，1967a，Ⅱ，359）。

然而，即使是在第Ⅱ卷中，生态调控也是从与市场竞争相关的土地财产、租金和与市场竞争相关的价格波动的不同作用抽象出来的——所有这些都只是在第Ⅲ卷中被讨论过。在后一卷中，马克思分析了“再生产过程中的主要因素之一的价格剧烈波动……取自有机自然的原料……生长和生产受一定有机规律制约并与一定的自然时间周期密切相关的植物和动物物质联系在一起”（1967a，Ⅲ，119－21）。马克思把这种价值波动的根源和物质上的破坏效应，归结为竞争资本积累和合理的、可持续的农业生产之间的矛盾。第Ⅲ卷还扩展了马克思对资本主义城乡分离的分析，密切关注了自然多样性条件在影响生产的生态调控和相应租金的不同形式方面所起的作用（参见第七章和第九章）。

例如，在分析农业投资的生产率时，马克思认为“必须考虑到农业的特殊性质”，因为“这不仅是社会问题，而且也是取决于劳动自然条件的劳动的自然生产力”；事实上，马克思强调“在农业中，社会生产力的增长”可能“仅仅补偿或甚至还补偿不了自然力的减少”（1967a，Ⅲ 776；参见 691，708－10，733）。同样，在关于级差地租一节的开头，马克思就强调“气候因素”“表层土壤的化学成分”和“土地的位置”等因素的差异“完全独立于资本”——这些因素影响了“适用于不同面积土地的等量资本的不平等结果”（650－51）。所有这些都与马克思关于租金收益的自然条件的定义——“垄断……提高投入资本的生产率的条件不是由资本本身的生产过程来确定的”——相一致（645）。确实，考虑到马克思在分析资本主义租金时对生态调控的一些最为丰富的解释，本顿甚至没有提到马克思的租金理论，这是相当令人费解的。

第四章

作为自然力与社会力的劳动与劳动力

马克思认为，劳动是生产中具有创造性的、主观性的因素，是人与自然 49
之间物质新陈代谢的必要组成部分。人类的个体劳动和集体劳动是在一定的社会关系中并且通过其发生和发展起来的。因此，人类生产是由社会生产关系和自然本身的物质特征共同构成的（见第二章）。

通过将人的劳动和劳动力定性为自然和社会力，马克思经常强调生产的共同物质性和社会性。因此，他把劳动力描述为“人类的自然力”，或“活的……社会力”，把人类劳动描述为“一种社会和自然力量”，或“人类的努力是一种被特殊利用的自然力量”（1967a，Ⅲ，813，Ⅰ，239；1977，1056；1973，400，612）。在坚持人类劳动能力是社会发展、组织和利用的同时，马克思仍然强调“劳动……只是自然力量和人类劳动力量的一种表现形式”（1966，3）。

作为自然力的劳动与劳动力

人类的“劳动力或劳动能力，理解为一个人的身体即活的人体中存在的、每当他生产某种使用价值时就运用的体力和智力的总和”（Marx，1967a，Ⅰ，167）。这种总和是一种自然力量，因为它从属于支配全部自然的物理和生物定律。劳动力“只是作为活的个人的能力而存在”，是“人的一定量的肌肉、
神经、脑等”，而且，它受“损耗和死亡的支配”，因此必须“依靠繁殖使自 50

己永远延续下去”（171－72）。“一定数量的必需品必须被人消费才能发展和维持他的生活”，另一个数量则需要用来“抚养一定数量的孩子”。为了“维持和繁衍自己，使其实际存在永久化，工人阶级必须得到生活和繁衍所绝对不可缺少的必需品”（1967b，39，57）。“由于一个国家的气候和其他自然特点不同，食物、衣服、取暖、居住等等自然要素本身也就不同”（1976a，Ⅰ，171）。

像所有的生命力量一样，劳动力代表着“物质转换……通过滋养物质的方式”，这种力量“只有表现出来才能实现”（215，171）。劳动“耗费人的一定量的肌肉、神经、脑等等，这些消耗必须重新得到补偿”（1970，31；1967a，Ⅰ，44，171）。因此，工人的“生活资料必须满足”，不仅是为了身体本身的生存，而且是“他必须明天也能够在同样的精力和健康条件下重复同样的过程。因此，生活资料的总和应当足以使劳动者个人能够在正常生活状况下维持自己”（1967a，Ⅰ，171）。显然，“自由支配时间”是这种自然的生存资料，因为“劳动者的一生，除了被睡觉、吃饭等身体上的干扰之外，一直被他的劳动所占据……不如一头猛兽的负担”（1976b，54）。因此，对马克思来说，任何将工人的自由时间或物质消费减少到“最低限度”——任何“疾病、强制和痛苦……劳动力的日常开支缩小了劳动者的生活范围”——这代表了一种不自然的“（劳动者）种族的退化”（1977，1068；1976a，Ⅰ，265；1976b，55）。例如，每当没有足够的自由时间，以至于“把恢复、修补和振作身体机能所需要的充足睡眠减少到仅仅几个小时的麻木状态，而对于一个已被彻底耗尽精力的有机体来说，这几个小时的麻木是必不可少的”时，作为自然存在物的人类就会出现这种“退化状态”（1976b，54；1967a，Ⅰ，265）。

作为社会力的劳动与劳动力

劳动和劳动力是一种社会力量，具体是指：（1）劳动在社会中并且通过社会促进人类物质的再生产；（2）劳动力的繁殖和进化本身就是一个社会过程（Marx，1978b）。就第一个方面而言，马克思提到了“生产的主力军，人
51 本身”（1973，422）。例如，在马克思和恩格斯关于美国的著作中，他们强调

了人口是社会利用的自然生产力的作用。它们包括“精力充沛的、活跃的人口”以及“不同国家人口的个人能量……移植到已发育的土壤中”作为“使美国能够以巨大能量和规模开发其庞大工业资源，很快打破西欧的工业垄断”的因素之一（Marx and Engels，1979，42－43，256）。这与马克思把“不同民族的不同自然能量和获得的工作能力”作为“劳动生产力必须主要依靠的力量”的普遍观点是一致的（1976b，34）。此外，考虑到必要的劳动条件，“人口的增加可以通过可能的劳动分工、合作等方式提高劳动的生产能力”（Marx，1994，17）。

马克思在《哲学的贫困》一书中指出，当“旧社会内部产生的全部生产力”已经得到发展的时候，人类的社会生产力在其中呈现出特殊的形式和意义。在此期间，“已有的生产力和现有的社会关系”往往“不再……可以并肩存在”，因此，利用和进一步发展这些力量需要“作为一个阶级的革命分子的组织”和“创造一个新的社会”。从这个意义上说，“在所有生产工具中，最大的生产力量是革命阶级本身”（1978a，169；参见1970，21）。

然而，要充分理解马克思将劳动力视为社会力量的概念，必须牢记其研究人类生产所用的历史方法。马克思根据具体的社会关系来规定和分析各种生产形式，通过这种社会关系来实现人－物再生产的“自然规律”，即“社会劳动按一定比例分配”的必要性，融入自然条件，从而确保“产品量对应不同需求”（Marx to Kugelmann，July 11，1868；in Marx and Engels［1975，196］）。考虑到这一要求，只有当劳动“从属于”并构成“社会分工”的组成部分时，它才是社会生产力（Marx，1976b，30）。人类劳动的社会性质表现在一个事实上，即任何特定的劳动（或单个工作场所或行业中的任何特定分工）“没有其他分工，就什么都不是。而且就其本身而言，必须将它们结合起来”（30－31）。总之，劳动是一种社会力量，因为它通过参与社会分工来促进社会的物质再生产。这种劳动“不仅必须要生产使用价值，而且还要为 52
他人和社会生产使用价值”（1967a，Ⅰ，41）。从这个特殊意义上讲，劳动力是社会生活力量的核心部分。

从这种方法可以看出，“使用价值本身……具有历史特定的特征”，它依赖于“［必要的］劳动分配本身的形式”，即依赖于特定的社会关系，通过它特定的劳动和产品被纳入社会劳动分工中（Marx，1975，199；Marx to Kugelmann，July 11，1868，in Marx and Engels［1975，196］）。在资本主义制度下，使用价值的主要形式是“商品的使用价值”，其原因是“在这种社会制度中……社会劳动的相互关系通过个人劳动产品的私人交换”产生利润，因此，人类需要满足的要求是间接表达出来的，“恰恰存在于产品的交换价值中”（Marx，1975，199；Marx to Kugelmann，July 11，1868，in Marx and Engels［1975，196］）。不能以生产或销售的形式获取利润的使用价值——包括人类生产和发展所需要的和有利于人类生产发展的诸多自然和社会条件——往往被低估或者根本不受重视，这是生态和社会危机的重要根源（见第六章和第七章）。[1]

社会生产关系影响生产中人的需要和劳动能力的发展。毕竟，在生产过程中，“不但客观条件改变着……而且生产者也改变着，他锻炼出新的品质……造成新的力量和新的观念，造成新的交往方式，新的需要和新的语言”。这改变了他们“作为物质财富创造者的功能和活动”（Marx，1973，494；1968，288）。生产“带来新的需要；第一个历史活动就是生产，以满足这些新的需要”（Marx and Engels，1976，48）。[2]生产过程中产生的种种需要和能力将共同取决于生产者的社会关系（在个人工作场所内部和工作场所之间）和生产过程中的物质特征。从这个意义上来说，劳动和劳动力既是自然力也是社会力量。

最直接的是，劳动力是一种社会构成的力量，因为劳动力得以再生产的家庭本身就是一种基本的社会关系。因此，“生命的生产”，包括“再生产中的新生命，无论是通过劳动而生产自己的生命，还是通过生育而生产他人的生命，就立即表现为双重关系：一方面是自然关系，另一方面是社会关系”
53 （Marx and Engels，1976，48－49）。从马克思对在资本主义制度下劳动力的价值确定的分析中，可以清楚地看出家庭在制约社会劳动阶级发展中的地位。在《资本论》中，马克思提出“所谓必不可少的需要的范围，和满足这些需要的方式一样，本身是历史的产物，因此多半取决于……自由工人阶级是在什么条件下形成的”（1967a，Ⅰ，171）。在其他地方，马克思重申，劳动者的“传统生活标准”涉及“不仅仅是物质生活，而且……某些需求源于人们所处的社会环境和成长环境”（1976b，57）。显然，家庭关系必须被视为“社会活动的基本方面”之一，并通过它发展人类的劳动能力，“并且在今天仍然发挥作用”（Marx and Engels，1976，48）。[3]

劳动的自然力、社会力与人类进化

对马克思而言，人类生产是人与自然之间物质新陈代谢的组成部分——这一部分涉及在特定的社会关系中和在一定的自然条件下进行的人类劳动（见第二章至第三章）。因此，说劳动和劳动力是社会和自然生产力，绝不意味着存在人类生产的两个独立的、自主的领域或方面，一个是社会的，另一个则是自然的或物质的。劳动只能作为一种社会生产力量发挥作用——一种在社会并且通过社会发展满足人类需要的力量——由于它是一种物质性的自然力量，它能够占有、转换并最终保存自然界中实际和潜在存在的使用价值。正如马克思所说：“使用价值…是两个要素的结合——物质和劳动”，劳动“只能通过改变物质，像自然界那样工作”（1967a，Ⅰ，43）。人类劳动，“在自然力的不断帮助下”，仅“改变自然供应的物质形式，因此使它们变得有用”（43，71）。

这就导致了另一种意义，即劳动和劳动力是自然和社会力量，也就是说，社会兴起和发展的过程本身就是人类劳动的产物，它是从史前动物般的原始人与自然的统一发展而来的。正如恩格斯所说：

> 劳动创造了人自身……从攀树的猿群进化到人类社会之前，一定经过了几十万年——这在地球上只不过是人的生命中的一秒钟。
> 但是人类社会最后毕竟出现了。人类社会区别于猿群的特征又是什 54
> 么呢？是劳动。（1964a，172，177）

人类社会的产生和发展，以及随之而来的人类劳动独特的社会与自我意识特征，的确是“以某种形式占用自然因素的有益活动”的条件和结果（Marx，1970，36；参见 Mandel，1968，第 1 章）。从这个意义上说，“社会劳动的一切自然力量本身就是历史产物”（Marx，1973，400）。因此，马克思把劳动和劳动力看作是自然和社会力量的概念，概括了人类独特的历史特征和潜能，是一种自然的但又是自我设定的社会性物种。这一人类进化的角度在马克思对“完全发展的个体”的愿景中同样明显。对他而言，他所履行的不同的社会职能只是给予他自己的“自然和后天的力量自由范围的许多模式”——这一构想的实现取决于“允许全面活动从而充分开发我们所有潜力的环境”（1967a，Ⅰ，488；Marx and Engels，1976，272）。在马克思的规划中，这个“联合的、社会的个人”，对他们来说，“人类历史上的童年时代，在它发展最完美的地方，作为永不复返的阶段而显示出永久的魅力”，与资本主义下的个体工人（或资本家）相比，基于共产主义的生产条件的民主社会化，将有一个与自然非常不同的、更健康、更可持续的关系（1994，109；1973，111）。然而，在详细考虑这种规划之前（见第三部分），有必要确定自然异化的具体形式，在马克思看来，这种形式是资本主义的特征。

第二部分　自然与资本主义

第五章

自然、 劳动与资本主义生产

马克思的唯物主义及其对资本主义的分析的共同基础是，所有社会都必 57
须把劳动分配给具有生产力的活动，即满足需求且需从自然中获取资源的活动。这种分配涉及特定的社会关系，通过这种社会关系，社会总工作时间的每一个部分都被整合进与自然条件相关的劳动分工之中。[1]

在资本主义条件下，劳动分工以市场（商品和货币）关系的形式进行，其基础是历史上人类生产者与必要生产条件之间严重的社会分离。马克思的分析解释了这种分离如何通过使劳动及其自然和社会条件发展为竞争性资本积累的条件，进而导致其财富生产能力的史无前例的增长。与此同时，马克思还强调了资本具有掠夺和破坏人类和自然生存条件的趋势。第六章和第七章从商品、货币和资本的价值形态出发，证实了资本主义与自然的对立。本章的重点是工人与生产条件的社会分离与资本主义生产的自然条件和界限的历史特殊性之间的基本关系。由于这些关系本身就包含着使用价值转化为交换价值的条件和物质载体，所以我们首先简要地阐述一下资本主义阶级关系中普遍化商品生产的必要基础。这也将有助于为价值分析奠定基础。

58 商品生产与资本主义关系

在一个社会生产源于私人独立企业的经济体中，接受任何劳动（包括自然提供生产资料的占有性劳动）作为社会劳动再生产分工的一部分，仅仅取决于产品在市场上获得的交换价值。交换价值确认特定的劳动是社会必要劳动时间的一部分——“必要的”，即在既定的自然和社会条件下，可以用社会可支配的全部劳动时间所满足的需要。[2]这种必要的劳动时间（作为一个整体或特定的部分）就是马克思所说的抽象劳动，它构成了价值的实体，即使这种实体是以价值的一般等价物——货币来表示的。[3]简言之，当一种商品确定了货币价格时，投入其生产的特定具体劳动就被确认为社会必要（抽象）劳动，而“不考虑其支出方式”（Marx，1967a，Ⅰ，38）。

交换价值调控财富生产的预设是，社会个体成员只有用商品销售所得的货币购买商品，才能获得一定的必要使用价值。因此，商品经济使个人（或家庭）无法独立于市场关系之外而繁殖自身。[4]这种排除的前提是，无论是个人还是集体，人类直接生产者都缺乏在商品生产和交换体系之外生产必要消费资料所需的某些条件——这些必要生产条件本身采取商品的形式。这种情况并不预设所有必要的使用价值和生产它们所必需的一切条件都只能作为购买的商品获得，而是预设它们的很大一部分只能以购买的商品获得。事实上，商品生产依赖于其使用价值本身并没有得到市场证实的条件，这是这种制度的一个明确矛盾（见第六章至第八章）。[5]

在这里，以商品化生产条件为特征的社会生产过程的关键点在于，它假定社会将人类直接生产者从这些条件中分离出去。换言之，它假设雇佣劳动者将其劳动力出卖给控制这些条件的资本家之后，要与必要的生产条件相结合，才能获得必要的使用价值（1967a，Ⅰ，第二十六至第三十三章）。简言之，商品生产，以代表社会必要劳动时间的货币交换价值来调控劳动分工，
59 只有当资本与“自由”劳动者成为生产的主要社会关系时，商品生产才能被普遍化并成为主要的生产形式：

> 自由劳动者有双重意义：他们本身既不像奴隶、农奴那样，直

> 接属于生产资料，也不像自耕农那样，有生产资料属于他们，相反地，他们脱离生产资料而自由，同生产资料分离了，失去了生产资料（足以满足他们的需要）。(1967a，Ⅰ，714)

“随着商品市场的这种两极分化，”马克思补充说，“资本主义生产的基本条件已经确定”（714）。因此，马克思把“产品的商品形式”描述为“经济的细胞形式”（8）。对马克思来说，只有当“雇佣劳动生产普遍化时，商品生产才必然成为一般的生产形式”（1967a，Ⅱ，33）。这是“因为劳动本身在这里表现为商品”，因此“货币关系，买者和卖者之间的关系，成为生产中固有的关系”（116－17；参见 Marx，1967a，Ⅰ，169，587）。

马克思的一些批评者指出，个体经营者之间生产和交换的可能性证明了商品生产不需要涉及雇佣劳动。然而，经调查，很明显，这种小资产阶级和（或）农民生产的再生产不能支撑普遍化的商品生产。一方面，个体生产者的生产以自用为导向，只需要交换上述必要的盈余（生产和消费），然后主要是为了获得其他使用价值，而不是将积累货币作为目的本身——这与包括很大一部分生产资料的普遍化的商品关系是矛盾的。另一方面，只要生产以货币增加为导向（而且必须记住，即使在只有部分生产是用来换取货币的体系中，这种潜力也始终存在），竞争就产生了一种朝向资本化和雇佣劳动化的强大结构性趋势。当然，这一切都不能排除在资本主义社会内部或边缘发生的大量小资产阶级和（或）农民生产事件，其中，工人作为一个阶级已经在社会上与必要的生产资料相分离。[6]

自然、劳动和资本的物质需求 60

在马克思建立了普遍商品生产和资本主义的密切联系之后，我现在要考虑资本主义自然条件和限度的历史特殊性。首先，在为了资本家的初始生产而必须对劳动者进行社会分离的生产条件中，马克思将所有可能使劳动者在不成为雇佣劳动者的情况下得以繁衍生息的自然条件放在了突出的位置。在《资本论》中，马克思认为，“对农业生产者即农民的土地的剥夺，形成全部过程的基础”，通过这种方式，“大量的人突然被强制地同自己的生存资料分离，被当作不受法律保护的无产者抛向劳动市场”（1967a，Ⅰ，716）。从这个意义上说，“从土地上剥削人民是资本主义生产的基础”（768）。[7]

同样，早先在《政治经济学批判大纲》中对“资本的历史先决条件”的思考中，马克思指出“雇佣劳动的前提……是自由劳动同实现自由劳动的客观条件相分离，即同劳动资料和劳动材料相分离。可见，首要的是，劳动者同他的天然的实验场即土地相脱离”（1973，471）。他进一步指出：

> 劳动对资本的关系，或者说，劳动对作为资本的劳动的客观条件的关系，是以一个历史过程为前提的，这个历史过程曾促使劳动者是所有者，或者说所有者本身从事劳动的各种不同形式发生了解体。因此，首先指的是：劳动者把土地当作生产的自然条件的那种关系的解体，即他们把这种条件看作是自身的无机存在，看作是自己力量的实验场和自己意志所支配的领域的那种关系的解体。（1973，497）

甚至在恩格斯早期的《政治经济学批判大纲》中，人类生产者和自然生产条件的分离也被认为是资本主义的基本基础：

> 土地是我们的一切，是我们生存的首要条件：把土地当作买卖的对象就是走向自我买卖的最后一步……原始的土地占有，少数人垄断土地，所有其他人都被剥夺了基本的生存条件，这一切就不道德来说也丝毫不逊于后来的土地买卖。（Engels，1964b，210）

61 随着创造财富的劳动与其自然条件的这种社会分离，“客观条件……而劳动为实现劳动所必需的一切东西，却表现为与劳动相异化，站在资本一边，表现为不亚于劳动资料的生活资料”（Marx，1988，134－35）。“最初由大自然免费提供”的生活资料，现在只能通过“赚取”工资，即通过“购买劳动能力的资本组成部分”来获得（134）。这与前资本主义社会完全不同，在资本主义社会中，个体工人“把劳动和再生产的自然条件当作属于他的东西，当作他主体性的、客观的、自然赋予的无机体”来对待，即使这种关系“对他来说似乎是通过整体统一的割让来中介的……以独裁者的形式，许多共同体之父——通过特定共同体的调解，对个人而言”（1973，473）。例如，在“奴隶制”和“农奴制”下，工人与自然生产条件的“分离”“就不会发生；相反，社会的一部分被另一部分看作只是自身再生产的无机和自然条件……与其他自然生物一样，比如牛，作为土地的附属物”——所以工人仍然“与特定的自然有关（比如……大地，土地，土壤）作为他自己的无机存在”（489－90）。

因此，资本家生产不受前资本主义社会劳动者与自然条件之间的多种社会关系的制约。尤其是，资本家对生产的具体使用价值的要求，不受生产者先前的自然－社会关系的限制。资本积累绝对需要的特定的使用价值是劳动力的使用价值，即人类消耗剩余劳动的能力；没有它对劳动力使用价值的占有，资本作为一个整体就没有利润来源（1967a，Ⅰ，第五章）。[8]

当然，剩余劳动力的存在，也就是剩余价值的存在，是以一定的条件为前提的，即劳动者生产生活资料的全部劳动时间没有包括在生产他们自己的生活资料时间内（见第三章）。根据市场的判断，剥削劳动力的使用价值及其以货币形式的积累，也要求工人所耗费的劳动实际上是有用的劳动。因此，资本不仅需要可剥削的劳动力，还需要物质条件，在这种情况下，劳动力的使用价值可以通过有利可图的使用价值客观化。然而，它们是以剩余价值的
形式对劳动力的使用价值进行剥削和货币化实现的工具。正如马克思所说： 62
“对作为资本的货币来说，劳动能力是直接的使用价值，货币必须与这种使用价值相交换”（1987，504；重点补充）。[9]

资本与自然之间的紧张关系已经非常明显了。一方面，资本需要活的、具有身体功能的劳动力和物质条件，以有利于劳动在需要的产品中体现的物质条件。因此，和所有形式的人类财富生产一样，资本家的生产依赖于自然对使用价值的贡献（见第二章和第三章）。另一方面，为了资本对劳动力使用价值的占有，它只能以“分离”物质条件的形式要求自然，而不是以生产者与其生存的自然条件之间的有机社会和物质统一的形式要求自然。这种资本的自然条件的“分离”性质，对应于劳动者与其生产必要条件的社会分离，

即资本主义的基本阶级关系。简言之，资本对必需的使用价值的排序，首先是可被剥削的劳动力，表现为：（1）从人与自然的必要统一中抽象出来的特定的资本家；（2）社会将自然、人类生产者以及使用价值本身，降低为纯粹的赚钱条件的地位。

资本主义关系、自然和人的需要

马克思认为，将自然条件转化为一套资本剥削“自由”劳动力的“分离”条件，是人类生产者与必要生产条件社会分离的另一面。与前资本主义制度相比，这种资本主义特有的劳动与自然的分离，使得生产的物质要求更能自主地从现有的非人类自然进化中解放出来。在前资本主义制度中，劳动者与特定自然条件的社会联系意味着生产者的（进而整个系统）再生产更直接地受到这些条件的制约。资本主义生产和前资本主义生产在生态学上的关键区别，可以从人类生产者的需要角度来思考。

在资本从自由劳动力中提取劳动力并将其物化为可买卖的使用价值的过程中，使用价值（人的需要满足）对交换价值的从属关系得到了极大的增强。[10]确实，商品生产和货币交换价值可以建立在非资本主义生产关系的基础
63 上。[11]同样，交换价值始终是使用价值的一种社会形式，鉴于自然对使用价值的必要贡献，这意味着交换价值始终代表着社会调节的人与自然的关系。[12]但是，随着资本主义的发展，劳动者要获得必要的使用价值，就要将其劳动力出售给资本家，并由控制着必要生产条件的资本家进行有利可图的剥削。通过特别的、既定的人类需要与给定的自然条件更为紧密地联系在一起，这种关系放松了以前对于交换价值的限制。

在前资本主义经济中，交换价值调节生产的范围受到生产者与生产的自然条件之间的社会联系的制约——这些联系往往造成“生产由需要决定”的情况（Marx，1967b，277）。具体来说，“交换行为之外的内容……特定的经济方式之外的交换本身”，制约着前资本主义的交换价值领域。这个内容“只能是：（1）被交换的商品的自然特殊性；（2）交换者的特殊自然需求，或者两者一起，用于交换的商品的不同使用价值”（1973，242）。换句话说，没有资本主义把劳动者从必要的生产资料中分离出来。

> 交换价值还没有取得独立的形式，它还直接与使用价值结合在一起。这表现在两个方面。一方面，生产本身就其整个结构来说，是为了使用价值，而不是为了交换价值。因此，在这里，只有使用价值超过消费需要量时，它才不再是使用价值，而变成交换手段，变成商品。另一方面，使用价值尽管两极分化了，但只是在直接使用价值的界限之内变成商品。(1970，50)

此外，“很明显，如果在一个经济的社会形态中占优势的不是产品的交换价值，而是产品的使用价值，剩余劳动就受到或大或小的需求范围的限制，而生产本身的性质就不会造成对剩余劳动的无限制的需求”（1967a，Ⅰ，235）。从这个意义上说，前资本主义生产的物质形式和一般水平，都受到劳动者的社会与自然条件相结合的预定需要的制约。[13]相反，随着资本主义将劳动力从必要的生产条件中分离出来，交换价值——具体地说，将劳动力的使用价值据为己有并将其对象化为可销售的使用价值的盈利能力，决定了哪些（和谁的）需要可以得到满足。现在，交换价值和竞争性的货币积累，而非生 64
产者的既定需要（或者其他任何人的），调控着人类生产的增长和发展。[14]

在资本主义制度下，交换价值的作用范围不再局限于“必要使用价值的剩余……与超出直接需要范围之外的东西相交换”，但现在可能穿透“直接必然性的界限”（Marx，1987，458）。劳动者所生产的使用价值的种类，即所要满足的物质需要和社会需要的种类，不再受过去同特定自然条件的社会联系的限制。在这方面，资本主义也是“一种不受预先确定的需求水平约束的生产形式”，这种需求水平是由工人与自然生产条件之间的社会纽带决定的；因此，现有的需求水平和多样性“并不能预先决定生产本身的进程”（1977，1037）。相反，如果生产和销售一种特殊的使用价值是有可能获利的，那么这种生产就会在没有对这种生产进行强制性社会制约的情况下进行。人类生产者与自然条件的社会分离，以及由此而来的交换价值对使用价值的统治，解释了为什么同以前的生产形式相比，资本主义强迫人们“从事超出直接需要的剩余劳动……以一种更有利于生产的方式”（1963，390）。下面我将从资本发展劳动生产力和自然生产力的角度来考虑马克思分析的这一方面。

资本前提下的劳动力和自然

资本主义首先要把劳动者从必要的生产条件中分离或“解放”出来，并且只有在那些“自由”的雇佣劳动者进行商品生产时，才会实现劳动与生产条件的结合，控制必要条件的资本家购买其劳动力。在这个过程中，从工人身上榨取出来的剩余劳动在商品销售有利可图的时候，以剩余价值的形式得到实现。剩余价值是剩余产品的资本主义形式——投资于生产的增长和发展的社会资金。马克思指出，这种资金的积累和与货币收益率相适应的分配，不仅再现了工人与必要生产条件的社会分离，而且使其规模不断扩大。[15]资本积累过程中的初始分离与其扩大的再生产，都增强了财富的商品化和生产的自主权，这来自与生产者以往的自然生产条件的社会结合有关的预定需求。
65 交换价值对使用价值的支配日益增加，从而逐渐将自然对财富生产的贡献转化为资本主义特有的、新的社会形式——自然条件现在表现为“独立的”条件，可以再生产“自由的”劳动力，并将其劳动对象转化为可销售的使用价值。

一个将劳动者从自然生产条件中社会分离出来的经济体系，只能加速人类生产与（假设的）无人类干预的非人化自然的进化路径的分歧。前一节从资本主义（商品化）社会形式的自主性的角度考虑了这一分歧，即需要满足必要的需求，而必要的需求与前资本主义生产者在给定自然条件下的社会结合更为密切。但是，从资本主义社会关系与资本主义生产物质内容的联系上考察这种分歧同样重要。这种联系直截了当：基于人类生产者与包括自然条件在内的必要生产条件的社会分离，及其剩余价值形式的剩余产品的占有，资本能够分割和支配劳动与自然，因为交换价值和货币利润率的要求，决定了它们在单个生产单位内部及之间有效结合的形式，不符合人类和人类之外的自然的任何特定的共同进化。

资本主义通过扩大商品生产，促使不同生产单位之间的专业化和分工发展到历史上前所未有的程度。在这种发展中，越来越多的必要需求通过商品交换得到满足（而且只能通过商品交换得到满足），其前提是劳动力和生产资料在不同的生产活动中按照相对货币回报率进行分配——不受生产者与生产条件之间的任何社会结合的限制。[16]马克思在分析工业资本国内市场的形成时，强调了资本主义劳动分工的社会基础：

> 资本迅速为自己创造国内市场，是通过消灭所有的农村副业，从而实现为一切人纺织，为一切人供应衣服，等等，一句话，使以前作为直接使用价值而生产的商品具有交换价值的形式，这是一个由于劳动者与土地以及与生产条件的所有权（甚至也许是依附者的所有权）相分离而自然产生的过程。(1973，512)[17]

然而，这种分工不仅仅涉及既定使用价值的商品化；对马克思来说，它 66
还涉及必要使用价值本身的物质性重组和扩张，其基础是生产者先前与自然条件的社会结合被切断：

> 在自给自足的农业中，纺纱、织布等都是家庭副业，而手工艺本身似乎并不是必需的。因此，这本质上是因为农业不再在其内部找到自己生产的自然条件，自然地，自发地出现，是现成的，这些自然条件是作为一个独立的工业而存在的，有了这种分离，这个产业存在的一整套复杂的相互联系被吸引到农业生产条件的领域中，正是因为这样，以前表现为奢侈品的东西现在是一个必需品，这种所谓的奢侈品需求似乎是奢侈品行业的一种必要条件。奢侈品行业是最自然、最朴实的行业。从每一个工业的基础上剥离自然基础，把它的生产条件转移到外部，从而把以前多余的东西转变成必要的东西，这是历史创造的必然，这就是资本的趋势。(527－28；重点补充)

简言之，通过其更广泛的需求社会化，资本主义劳动分工使生产更少地取决于特定的自然条件（或与这些条件直接联系在一起的人类需求），而更多地取决于以交换价值为中介的生产者之间复杂的社会联系。同时，资本主义生产仍然是劳动和自然共同参与的过程。尽管与前资本主义生产相比，资本主义劳动分工对特定自然条件的依赖程度较低，但它是通过对自然界中整体存在的客体、力量和生命形式的占有和技术发展而发展起来的。只有“把巨大的物理力量和自然科学同生产过程结合起来”，资本“才能把劳动生产率提高到惊人的程度”（1967a，Ⅰ，387）。因此，只要资本积累涉及相对剩余价值的增加（减少生产工人消费的商品所需的劳动时间），它就依赖于科学知识的应用，从而提高自然和劳动的综合生产力。[18]这样，资本对自然条件的占有有助于腾出额外的社会劳动时间，用于发展新的生产部门，这些生产部门涉及有用的自然条件的新发现、新占有和新应用。马克思指出：

> 67 为游离出来的资本和劳动创造出一个在性质上不同的新的生产部门，这个生产部门会满足并引起新的需要……于是，就要探索整个自然界，以便发现事物的新的有用属性；普遍地交换各种不同气候条件下的产品和各种不同国家的产品；采用新的方式（人工的）加工自然物，以便赋予它们以新的使用价值。要从一切方面去探索地球，以便发现新的有用物体和原有物体的新的使用属性，如原有物体作为原料等的新的属性。新生产部门的这种创造，即从质上说新的剩余时间的这种创造，不仅是一种分工，而且是一定的生产作为具有新使用价值的劳动从自身中分离出来；是发展各种劳动即各种生产的一个不断扩大和日益广泛的体系，与之相适应的是需要一个不断扩大和日益丰富的体系。（1973，408－9）

因此，资本利润驱动的“生产力的发展和集约化”，表现为努力“争取无限各种各样的劳动……使自然的所有方面都服从自己”（1994，19）。马克思认为，资本主义生产从特定自然条件中获得的日益增强的自主性，本身就依赖于生产性的人与自然关系的粗放和集约发展。同时，马克思也认识到，这种发展是建立在劳动者相对于自然生产条件的社会分离，以及生产过程中资本力量对于两者的征服的基础之上的。工人的生活和工作条件运用到一个按照货币标准不断发展的社会生产过程中——马克思称之为“劳动实际包含在资本中”的发展——是而且必须是这样一个过程，在这个过程中，无论在社会上还是物质上，自然都同样被视为货币积累的条件。在这个意义上，劳动包含在资本中意味着自然也同样包含在资本之中。[19]

在研究这种双重包含的生态含义之前，我认为马克思的分析揭示了人类生产的自然极限。

资本主义与自然极限

马克思当然不会贬低自然条件在资本主义生产中的作用。根据唯物主义
关于人和社会通过与自然的生产性新陈代谢而自我繁殖的前提，马克思的分
析表明，在特定自然条件下，只有通过对人类劳动力之自然力量的物质性剥
削，资本才能作为资本进行社会性的自我再生产和扩张。根据“劳动者与其 68
劳动资料之间原有的结合的分解”，“资本积累”以渐进的规模再现资本关系，
更多的资本家或更大的资本家在这一极，更多的雇佣工人在另一极，“只有通
过广泛而密集的占有和自然条件的技术开发”（Marx，1976b，39；1967a，Ⅰ，
613）才能使更多的雇佣工人获得工资。资本主义的劳动分工及其“与机器的
大规模合作，第一次大规模地征服自然的力量……将他们转化为社会劳动的
主体”（1994，31－32）。

马克思确实提出，资本唯一的物质要求是自由劳动力及其可以被为了利润而剥削的条件——由于资本与劳动者的社会分离，这些条件与人类和自然持续共同进化所需要的条件根本不相符。与此同时，马克思的分析有助于解释，与以前的生产形式相比，为什么资本主义对特定生态系统和其他局部自然条件（如矿藏）的依赖程度要低得多。资本积累受特定地域、元素和人类以外的生活形式的限制较少，正是因为生产者（因此是可再生的生产资料）与这些自然条件的社会分离，自然和劳动的综合生产力得到更广泛和更深刻的科学发展。这有助于解释这样一个事实：迄今为止，资本主义对自然条件史无前例的掠夺和破坏，并没有严重威胁到这种经济体系的再生产和扩张。资本主义比以前的阶级剥削制度更具有破坏或轻视自然现象的能力，同时在社会和物质上繁殖和扩张自身（Snyder 1977，21；Foster，1994）。

总之，马克思的分析表明，资本主义对人类生产的自然极限有双重影响。一方面，资本主义通过对劳动和自然可创造的使用价值的冷酷发掘和占有，

通过对物质生产的多样性和空间范围的扩大，减少了特定自然条件对生产的制约。另一方面，由于其对生产力的剥削性开发，其内在的“不断扩大规模的自我再生产”的倾向，以及随之而来的将生产的自然限制扩大到全球生物圈水平，资本主义是第一个能够造成真正全球性环境灾难的社会制度，这最终甚至可能威胁到资本自身的物质需求（Marx，1976b，39）。

第六章

资本对自然和社会条件的“无偿占有”

人们常说马克思的价值分析低估了自然作为资本主义生产条件的重要性。69
即使在“生态马克思主义”文献中，也有人认为马克思认为自然条件是无价值的、无成本的和/或实际上无限的，没有真正考虑到自然资源的稀缺性。例如，德尔埃奇（Deléage，1994，48）断定马克思的劳动价值论“认为自然资源没有内在价值”。类似地，坎贝尔（Campbell，1991，54）则认为“根据马克思的观点，一些成本，根本没有被认为是成本，即自然资源的机会成本”。显然，马克思“在无限资源假设的基础上阐述了他的经济理论”，他不能或不愿意“把资源稀缺性纳入他的理论中”（Carpenter，1997，137，139）。

由此可见，上述论断是建立在对马克思价值理论的根本性误解之上的。具体地说，他们没有把握马克思的使用价值（自然总是对其作出贡献）、价值（在商品使用价值中客观化的必要雇佣劳动时间）和交换价值（为使用价值所支付的货币价格）概念之间的区别和关系。作为对所涉及的基本问题的导论，本章讨论了这一误解的一个方面，即马克思将特定的自然条件视为“自然送给资本的免费礼物”（Marx，1967a，Ⅲ，745）。《资本论》对自然条件的这种“无偿占有”的提法，通常被认为是马克思对资本主义的价值分析中建立的反生态假设，或至少是严重漠视自然资源限制的证据。例如，乔治斯库·罗金（Georgescu Roegen，1997，2）反对“马克思所谓的自然所提供的一切都是免费的教条”，卡朋特（Carpenter，1997，147）则运用马克思将特定自然条 70

件视为“生产者免费利用”的观点来增强他本人的主张，即马克思认为自然“是无限丰富的资源”。为了理解此类解释的困难之处，就有必要重建马克思所设想的资本对自然和社会条件的无偿占有。

无偿占有的定义和范围

根据马克思的定义，只要生产条件有助于资本主义生产使用价值，而不增加所生产商品的总价值，资本就能无偿占有生产条件。由于价值的实质是社会必要劳动时间，无偿占有的条件一定不是商品生产劳动的产物：

> 这十分清楚地表明，生产资料转让给产品的价值决不会大于它在劳动过程中因本身的使用价值的消灭而丧失的价值。如果生产资料没有价值可以丧失，就是说，如果它本身不是人类劳动的产品，那么，它就不会把任何价值转让给产品，它只是充当使用价值的形成要素，而不是充当交换价值的形成要素。（Marx，1967a，Ⅰ，204；重点补充）[1]

注意，马克思在这里所说的使用价值不是一般的使用价值，而是将其作为价值和资本积累的条件。[2]无偿占有的生产条件所贡献的使用价值可以是生产中的使用价值，也可以是消费中的使用价值，也可以两者兼而有之，但绝不应将其与作为生产、实现价值和剩余价值的工具以外的使用价值相混淆。当然，当生产条件被无偿占有时，它们在资本主义生产中的使用可能会影响其在货币积累之外的用途。我的观点是，马克思思考资本家无偿占有的时候，他探讨有助于实现资本的绝对使用价值要求的条件：能被剥削的劳动力与条件的再生产，在这些条件下，通过商品使用价值中的剩余劳动的客观化可以剥削劳动力。

在这个无偿占有资本主义生产条件的阶级中，人们发现“一切未经人的
71 协助就天然存在的生产资料，如土地、风、水、矿脉中的铁、原始森林中的树木等，都是这样”（1967a，Ⅰ，204）：

> 作为要素加入生产但无须付出代价的自然要素，不论在生产中起什么作用，都不是作为资本的组成部分加入生产，而是作为资本的无偿的自然力，即作为劳动的无偿的自然生产力加入生产的。但在资本主义生产方式的基础上，这种无偿的自然力，像一切生产力一样，表现为资本的生产力。(1967a，Ⅲ，745)

当马克思把无偿占有的自然条件规定为“不花费任何成本”时，这是将价值和资本作为一个整体来考虑的，而不一定是以单个企业或消费者所支付的货币额度——与这些自然条件相关的使用价值——来考虑的。下一节将进一步讨论这个问题。

由于资本家的生产不是一个纯粹的自然过程，而是涉及到特定的社会关系，然而，马克思强调资本也可以无偿占有重要的社会生产条件。包括“所有这些生产力……从劳动分工、合作、机器中产生的”，以及在额外的雇佣劳动时间方面“不花费任何成本”（Marx，1991，146）。资本也可以无偿占有科学知识，正如我所说，科学知识的生产性应用，是将劳动和自然纳入资本的一个关键因素。[3]马克思认为，在生产中利用可无偿占有的自然条件往往是由科学知识所决定的，而科学知识也是由资本无偿占有的：“撇开自然物质不说，各种不费分文的自然力，也可以作为要素，以或大或小的效能并入生产过程。它们发挥效能的程度，取决于不花费资本家分文的各种方法和科学进步”（1967a，Ⅱ，356）。

当资本利用有关自然力的科学知识提高商品生产劳动的生产率时，其结果是任何一组特定商品的价值都会降低：

> 天然药剂本身不需要任何成本。因此，它们不能为产品增加任何价值；相反，只要它们取代了资本或劳动力、直接劳动或积累劳动，产品的价值就会降低。正如自然哲学教导如何用自然因素代替人类劳动一样，没有机械的帮助，或者只使用与以前相同的机械（也许更便宜，如蒸汽锅炉、许多化学过程等），它没有耗费资本和社会的任何东西，但是显著地降低了商品的价值。(1968，553) 72

马克思在将劳动力视为一种自然和社会力量的同时，也指出了资本是如何无偿占有人类的某些自然和社会劳动能力的。例如，考虑劳动的“物质和工具价值的保存”，由此“对象化劳动的数量得以保留，因为它作为进一步劳动的使用价值的性质通过与活劳动的接触得以保留”。马克思主张这种“产品价值的保存不费资本家分文”（1987，523）。因此，这

> 通过使用和消耗的材料和工具，它以这种或那种形式保留了劳动的自然力量，因此也保留了实物化的劳动，它们的交换价值就变成了一种力量，不是劳动的，而是资本的，每一种自然的或社会的劳动力量，如果不是早期劳动的产物，或者不是必须重复的早期劳动的产物，也是如此。（1991，479）[4]

一般来说，资本无偿地占用了个人和集体的劳动能力，这些能力不仅是商品消费的产物，而且是工人的（家庭）生活和工人成长及生活的更广泛的社会环境的产物。例如，正是在这种意义上，“工人的报酬并不取决于他的思考能力”（1991，479）。这也是马克思将“人口增长”描述为“自然劳动力”，资本家对此“不花费任何成本”的意义（1973，400）。[5]

马克思在资本主义生产力全面发展的语境下，分析了资本对自然和社会条件的无偿占有。进行这种分析的重要动机是，资本只在“不产生任何成本的情况下”无偿地利用自然和社会条件（1991，146）：

> 我们已经知道，由协作和分工产生的生产力，不费资本分文。它是社会劳动的自然力。用于生产过程的自然力，如蒸汽、水等，也不费分文。可是，正像人呼吸需要肺一样，人要在生产上消费自然力，就需要一种“人的手的创造物”。要利用水的动力，就要有水车，要利用蒸汽的压力，就要有蒸汽机。利用自然力是如此，利用科学也是如此。电流作用范围内的磁针偏离规律，或电流绕铁通过
> 73 而使铁磁化的规律一经发现，就不费分文了。但是要在电报等方面利用这些规律，就需要有极昂贵和极复杂的设备。（1967a，Ⅰ，386－87）

简言之，尽管“自然力不花费资本一文”，但“它们所作用的或它们被分配用于劳动过程的原动机确实有成本”（1991，477）。[6]

无偿占有的理论和社会意义

前面的诠释表明，当马克思谈到资本对自然和社会条件的“无偿占有”时，并不意味着从整个社会的角度来看，这些条件是没有成本的或无限的。更确切地说，资本主义的无偿占有仅仅意味着，不需要雇佣劳动来生产一定的条件，作为价值生产和积累的物质或社会载体。从社会的角度来看，这种无偿占有当然并不意味着所占有的条件没有机会成本或替代用途。同样的道理也适用于一个更广泛的、超越历史的无偿占有概念，这一概念覆盖了所有自然和社会条件，在帮助产生可销售或不可销售的使用价值时，其存在不需要花费任何劳动时间、生产商品或其他费用。[7]显而易见，人，个体或集体，占有许多自然条件（比如清洁的空气）——不需要占有任何人类劳动所产生的使用价值。同样清楚的是，这些条件是有限的并且因此具有确定的机会成本，无论它们能否在既定的自然和社会条件下进行生产。有些东西可以被无偿占有，在这个意义上，它是“直接的”或者“自然自发提供的”，正如马克思的观点（1967a，Ⅰ，178，183），从社会（和有远见的）角度来看，这并不意味着它不稀有或不值钱。换句话说，马克思将某些自然条件描述为“免费礼物”，这并不意味着对资本主义（或任何其他）在使用自然条件时挥霍无度的倾向的认可。无偿占有并不意味着浪费、破坏性或不可持续的占有。大自然的馈赠被珍惜和照顾的程度取决于管理其使用的特定的社会组织。

再次聚焦于资本主义，可以看到资本无偿地从土地（例如，它等同于空
气）上占有使用价值；但是这并不意味着土地的数量无限之大。事实上，如 74
果土地是无限的，就不可能被资本以把劳动排除在这种必要的生产条件之外的方式占有；因此，雇佣劳动和资本主义生产是不可能的。正如马克思所指出的：

> 如果土地如此容易获得，人人都可以自由支配，那么资本形成的一个主要因素就会消失。一个最重要的生产条件，除了人本身

> 和人的劳动以外，唯一的原始生产条件是不能处理的，是不能占有的。因此，它不能把工人当作别人的财产来对待，使他得到工资。劳动生产率……在资本主义意义上，“生产”别人的无偿劳动将因此变得不可能。这将彻底终结资本主义生产（1968，43－44）。

简言之，在马克思看来，生产者与有限自然条件的社会分离，这些条件转化为资本主义私有财产，以及自然使用价值转化为资本主义生产的无偿占有的条件，都是一个单一过程的所有方面。资本对自然条件的无偿占有并不意味着自然条件是无限的资源，从前面引述的《资本论》第Ⅲ卷的章节中也可以清楚地看到这一点。马克思在此讨论了无偿占有的自然条件变得稀缺的情况，从而导致因其支持而生产的商品价格变得更高：

> 因此，如果这样一种本来无须付出代价的自然力加入生产，那么，只要利用它提供出来的产品足以满足需要，它在价格的决定上就不会计算进去。但是，如果在发展的进程中，必须提供的产品比利用这种自然力所能生产出来的还要多，也就是说，如果必须在不利用这种自然力的情况下，或者说必须在人或人的劳动的协助下生产出这个追加产品，那么，一个新的追加的要素就会加入到资本中去。因此，要获得这个产品，就需要付出相对来说比较多的资本。在一切其他条件不变的情况下，生产就会变得昂贵。（1967a，Ⅲ，745）

这种对价格变化的分析显然假定在无偿占有的情况下，自然力的利用是有限的。当然，马克思也认识到，许多自然条件就是为了个体土地所有者或企业获取租金（确定的交换价值）。此类租金的获取本身就假定，与竞争公司
75 对其所有权和/或使用权的需求相比，所讨论的自然条件是稀缺的。实际上，就其本质而言，这些产生租金的“为了提高投资资本生产率的条件……不能由资本本身的生产过程建立”（1967a，Ⅲ，645）。这种有用的自然条件数量有限，这是它们垄断的先决条件。但是，要无偿占有这些条件与其租金，并且

发挥它们有用的效果，就只能通过额外的雇佣劳动时间和扩大对其他自然条件的利用来实现。[8]

现在应该清楚的是，马克思的无偿占有概念并没有轻视自然条件对使用价值或财富生产的贡献。有用的财产往往是由自然条件所拥有的，而不需要人类劳动的任何辅助。事实上，资本对自然条件的无偿占有这个基础是如此之重要，以至于被置于《资本论》第Ⅰ卷第一章第一节的突出位置：“一个物可以是使用价值而不是价值。在这个物不是以劳动为中介而对人有用的情况下就是这样。例如，空气、处女地、天然草地等”（1967a，Ⅰ，40）。

更仔细地研究，那些将无偿占有的概念作为马克思轻视自然价值的证据的人犯了双重错误。一方面，这些批评者忽视或贬低了马克思的主张：价值必须体现在使用价值上，而自然和劳动总是对使用价值作出贡献。[9]鉴于这一要求，可以认为，无偿占有的自然条件与其他生产资料一样有助于资本积累：通过提供与资本榨取剩余劳动及其可出售使用价值客观化相适应的物质条件。[10]与生产资料一样，无偿占有的自然条件“有助于榨取额外的劳动力，从而也有助于榨取额外的剩余劳动力，从而创造额外的资本”（1967a，Ⅲ，248）。因此，在“决定积累数量的……条件中”，马克思的资本的无偿占有不仅包括“劳动对象……自然无偿赠予的，如金属矿石、矿物、煤炭、石头等”，也包括预付追加的种子和肥料对“农业产量的提高发生奇迹般的作用”（1967a，Ⅰ，603，599）。马克思强调，只有通过这种对有用自然条件的无偿占有，资本才能“把它的积累的要素扩展到超出似乎是由它本身的大小所确定的范围，即超出由体现资本存在的、已经生产的生产资料的价值和数量所确定的范围”（604）。

因此，将自然条件描述为“自然对资本的免费馈赠”（1967a，Ⅲ，745） 76
完全符合马克思对“剩余价值的自然基础”的坚持（见第三章）。例如，资本对自然条件的无偿占有所带来的劳动生产率的提高可以降低劳动力的价值，从而在同样的条件下增加资本占有的剩余价值：

> 由于这些自然因素没有价值，所以，它们进入劳动过程，却并不进入价值增殖过程。它们使劳动具有更高的生产能力，但并不提

> 高产品的价值，不增加商品的价值。相反，它们减少单个商品的［价值］，因为它们增加了同一劳动时间内生产的商品量，因而减少了这个商品量中每一相应部分的价值。只要这些商品参与劳动能力的再生产，劳动能力的价值就减少了，或者说，再生产工资所必需的劳动时间就缩短了，而剩余劳动则增加了。可见，资本之所以占有自然力本身，并不是因为它们提高商品价值，而是因为它们降低商品价值，因为它们进入劳动过程，而并不进入价值增殖过程。（1994，32）

因此，难怪马克思把资本对自然条件的无偿占有作为一个例子，来说明“使用价值最初对我们来说只是作为经济关系的物质基础，它本身介入决定了经济范畴”（1991，146）。

另一方面，自然条件对资本的使用价值与更广泛的自然使用价值概念之间具有同样重要的区别，批评家们忽略了这两者之间的区别，一旦使用价值和自然对它的贡献不再仅仅降低为价值积累的条件，自然的使用价值就成为可能。实际上，当这些批评者指责马克思将自然降低为资本积累的条件时，现实中，马克思的分析使我们能够更有效地把握这一特定的资本主义贬值，并将其作为通过非剥削性生产关系来设想和争取非剥削性的天然财富社会化的基础。[11]

马克思认为无偿占有具有重大的社会意义，认为它是资本发展生产的社会特性的不可或缺的要素，通过利用劳动和自然中潜在的生产力来实现竞争性货币积累的扩张性、变革性冲动。与此同时，马克思指出了资本对自然和
77 社会条件的无偿占有如何使人的异化成为资本生产社会化的固有产物。随着资本对生产条件的日益支配，使用价值（劳动与自然的社会结合以满足人的需要）越来越少地成为生产背后的主导动机，越来越多地被置于为价值积累服务的地位。生产的自然条件和社会条件一旦转化为资本的力量，就会对生产者施加一种异化的社会力量，只要生产在形式上仍然是资本主义的，生产者就无法对其与自然的物质交换实施任何协同控制。正如马克思所指出的，“劳动条件”成为“工人的异化环境”，因为“他们劳动的社会性质使他们在

一定程度上被资本化了”；“自然和科学的力量也会发生同样的事情”，它们“使劳动者无法回避资本的力量”（1991，480；1963，391）：

> 从这些社会劳动形式发展起来的劳动生产力，还有科学和自然力，也表现为资本的生产力。事实上，协作中同种劳动的统一，分工中异种劳动的结合，机器工业中自然力、科学和劳动产品的用于生产，所有这一切，都作为某种异己的、物的东西，纯粹作为不依赖于工人而支配着工人的劳动资料的存在形式……事实上，以社会劳动为基础的所有这些对科学、自然力和大量劳动产品的应用本身，只表现为剥削劳动的手段，表现为占有剩余劳动的手段，因而，表现为属于资本而同劳动对立的力量。（1963，390－92）

简言之，对马克思来说，无偿占有是资本发展自然和社会生产条件过程中的一个主要因素，但只能通过“将它们从独立的劳动者分割开来”和“这些条件作为统治单个工人的、对单个工人来说是异己的力量来发展的”（1963，392）。通过这种“社会生产条件与实际生产者的分离……资本作为一种社会力量越来越引人注目，其主体是资本家”（1967a，Ⅲ，264）。生产条件所获得的“异化的、独立的、社会的力量”对整个社会特别是生产者及其社会团体都构成了挑战。这一挑战是通过一个明确的“将资本的‘无偿占有’条件转化为一般的、公共的、社会的条件”，用更民主的社会化取代资本异化的、阶级分化的生产社会化（1967a，Ⅲ，264）。从这个意义上说，无偿占 78
有的概念提供了一个渠道，可以把自然条件纳入马克思关于资本主义向共产主义过渡的设想（参见第十二至十四章）。

第七章

资本主义与自然：价值形式分析

79 资本主义把工人与必要的生产条件分离开来，使劳动和自然结合的生产力采取竞争性的、以利润驱动的发展方式。这种分离和结合的发展，加上其日益复杂和技术先进的社会分工，放松了特定自然条件对生产的限制。然而，它之所以能够做到这一点，仅仅是为了满足竞争性盈利的需求，人类对自然的占有得以扩大，程度得以加深，对自然的物质影响也随之加剧。因此，资本主义只有通过对整个全球生物圈施加越来越大的压力，才能克服特定的自然限制。然而，只有当人们考虑到商品、货币和资本的价值形式与自然的紧张关系时，资本主义环境危机趋势的社会根源才会彻底地被揭示出来。

马克思的劳动价值论可能提供一个重要的生态视角，这一观点似乎有些奇怪，因为人们普遍认为，这一理论排除或忽视了自然作为人类生产条件和限制因素的重要性。即使在生态马克思主义者中，占主导地位的似乎是，马克思取得的任何生态上的见解，也都与他的价值理论无关（Benton，1989；Deléage，1994）。但马克思对交换价值的基本分析，可以说揭示了资本主义倾向于轻视人类生存的自然条件的根源。

和一切使用价值一样，商品是劳动和自然的产物。然而，价值，即财富的特定资本主义形式的实质，只是抽象的社会劳动时间在商品中的客观化。
80 从数量上讲，资本主义仅仅把价值归于自然，因为它的占有需要生产商品的劳动，尽管自然对生产的贡献——以及更普遍意义上对人类生活的贡献——

并不能从物质上还原为这种占有劳动。简言之，价值形式在定性和定量上都是从自然的有用性和赋予生命的特性中抽象出来的，尽管价值是一种特殊的社会财富形式——自然和劳动两者特殊的社会物化。[1]这一矛盾有助于解释资本主义掠夺其自然环境的倾向，这是本章的主要论点。第二，人们普遍抱怨，马克思的价值理论没有充分认识到有限自然条件的生产作用，这种抱怨认为马克思的价值理论应该转向资本主义本身。

在将价值－自然矛盾与第五章和第六章的分析联系起来之后，本章考察了价值更为具体的反生态特征。接下来，马克思的租金理论被解释为一种唯物主义和社会关系学的研究，探讨了内在于价值形式中的一般使用价值和特定自然之间的紧张关系。最后，本章考虑了私人和/或国家租金在生态可持续条件下解决价值－自然矛盾的范围。

价值与自然

雇佣劳动关系假定劳动者的社会关系与必要的生产条件割裂，以及必要使用价值的生产（劳动者的消费品，加上可再生产的生产资料）服从于交换价值的经济调控能力（见第五章）。这种使用价值对交换价值的屈从，也可以看作是交换价值和使用价值处于更为普遍的社会形式的价值之下的从属关系；[2]与前资本主义制度特有的特定使用价值对商品和货币关系的限制不同，在资本主义制度下，交换价值成为特殊的价值形式（与使用价值的特定储存）——也是抽象的或者同质化的社会劳动时间的特殊形式。在资本主义中，“在商品交换价值中表现出来的共同物质，无论何时交换，都是它们的价值”“交换价值是商品价值能够表现出来或被表达出来的唯一形式”（Marx，1967a，Ⅰ，38）。[3]

马克思方法论的意义有三部分。第一，马克思假定交换价值是一种价值形式而不是相反，他坚持认为价值只能来源于生产，而不是交换领域。[4]事实 81
上，马克思的方法对于生产基础之上的价值理论——没有区分价值、交换价值和使用价值——来说是唯一贯穿始终的路径。需要强调这一点，因其似乎被许多马克思的生态批评家所忽略——或至少是遗忘——他们希望将价值（而不仅仅是使用价值）归于自然（见第八章）。

第二，交换价值和使用价值作为特定价值形式的从属地位，对应于以盈利销售而日益增长的生产支配（用马克思的术语来说是 M－C－M′，M 代表货币，C 代表商品），使之凌驾于为了使用而进行的生产（其中发生的所有货币交换都是出于对替代使用价值的需求，如 C－M－C′所总结）。这就是价值如何成为支配使用价值和交换价值运动和发展的潜在“活跃因素”的过程：

> 在 M－C－M′流通中，商品和货币这二者仅仅是价值本身的不同存在方式……价值不断地从一种形式转化为另一种形式，在这个运动中永不消失，这样就转化为一个自动的主体。如果把自行增殖的价值在其生活的循环中交替采取的各种特殊表现形式固定下来，就得出这样的说明：资本是货币，资本是商品。但是实际上，价值在这里已经成为一个过程的主体，在这个过程中，它不断地变换货币形式和商品形式，改变着自己的量，作为剩余价值同作为原价值的自身分出来，自行增殖着。（1967a，Ⅰ，153－54）

马克思认为，提升价值（以货币的动力形式）在生产和交换领域的支配地位，是建立在“自由”劳动力和生产资料商品化的基础上的，实际上是建立在对劳动和生产本身的货币估价上的。我在这里强调这种支配是为了预言，只要价值包含了资本主义与自然的根本对立，那么，任何以价值为人类生产“活跃因素”的环境政策，都不可能切实缓解生态危机。这尤其适用于私人或政府对自然资源征收的货币租金，这使得资本和劳动力之间的基本阶级关系保持不变。

这与马克思价值分析的第三个方面，也是目前最重要的方面相联系；也就是说，由于财富只存在于由劳动和自然的各种不同的物质形式所产生的无数使用价值之中，交换价值和使用价值对于价值的从属关系（同质的社会劳
82 动时间）代表了从使用价值（生产的满足物质需要的特性）中的社会抽象。[5]因此，在马克思看来，价值是从财富的自然基础和实体中抽象出来的。从超越历史的角度来说，“物质财富，即使用价值的世界，完全由经过劳动改造的自然物质组成”；但是在资本主义制度下，“这种财富的社会形式——交换价

值，只不过是一种……使用价值中包含的物化劳动的社会形态”（Marx，1988，40）。[6]

换言之，商品固有的交换价值和使用价值之间的矛盾，也是财富特有的资本主义形式与其自然基础和实体之间的矛盾。[7]自然有助于生产使用价值；然而，资本主义通过一个纯粹定量的、社会形式的抽象概念来代表财富：一般劳动时间。资本对自然条件的“无偿占有”（发生在自然促进资本主义使用价值的生产而不增加价值生产的时候）体现了这一矛盾，因为它是根据商品生产所花费的社会必要劳动时间，而非自然对财富或人类需求满足的真正贡献来对自然进行估价的（见第六章）。

所有的社会都必须进行劳动时间的再分配，调节这种分配的社会关系总是赋予劳动特定的社会形式（1967a，Ⅰ，71）。然而，在资本主义之前，生产者耗费了生产性或满足需求的劳动，他们在社会上并没有完全脱离生产的必要条件。社会劳动分配，包括任何剩余劳动力和产品的利用，是通过直接的个人相互依赖或等级依赖关系发生的，这种关系是由劳动者的生产自然条件的社会（包括精神）结合共同构成的。因此，生产主要是为了使用；甚至当一些产品变成商品时，也没有以交换价值的形式通过社会必要劳动时间对生产进行一般性的调节。[8]简言之，尽管前资本主义的人-自然的关系是由社会调节的，但与资本主义相比，它们在使用价值的自然基础和实体方面，其生产者并没有在社会上与自然条件分离。

在马克思的概念中，价值对使用价值和自然的形式抽象是一种对立的矛盾，因为价值仍然是使用价值生产的一种形式——物质生产是人与自然新陈代谢的必要组成部分。因此，虽然“使用价值……是资本主义生产中的一个次要问题”（1968，495），但是价值必须在特定的使用价值中客观化；所以， 83
劳动与自然的互动是价值生产和积累的必要环节。事实上，如果资本不需要自然，它就不可能有任何环境危机的趋势，因为这种危机必须植根于历史的特定模式，即将自然条件的利用作为生产和处理的资料——因此，马克思发现的重要性在于，价值是社会、自然等关系中的使用价值的异化形式。在价值形成的生产中，使用价值只是作为获得交换价值的手段而产生的，而不是为了满足人类的需要，包括为了可持续的、与自然和谐共处的需要。资本主义只承认人和非人的自然是人类生产的必要组成部分，只要它们能被有利可图地物化为可出售的使用价值。[9]

价值－自然矛盾的具体形式

价值的实质，抽象劳动，是一个同质的社会实体。马克思说，“作为消除使用价值之间质的差别的交换价值”，商品“代表着同等数量的同一种劳动——统一、同质、简单的劳动”（1970，29）。[10]由此可见，“作为价值，所有商品在质量上是相同的，只是在数量上有所不同，因此可以相互衡量，相互替代……在某些数量关系中”（1973，141）。然而，商品交换造成了作为社会必要劳动时间的价值的一般同质性与作为特定使用价值的交换价值的价值对象化之间的矛盾。换句话说，商品的“自然属性”与“它们作为交换价值的特性相矛盾……仅仅是纯粹的数字”产生了矛盾（1973，144）：

> 作为价值，商品是一般的，作为实际的商品，商品是一种特殊性。作为价值，商品总是可交换的，而在实际的交换中，只有当商品符合特殊的条件，商品才是可交换的。作为价值，商品的可交换性的尺度决定于商品本身；交换价值所表现的正是这个商品换成其他商品的比例，在实际的交换中，商品只有在和自己的自然属性相联系并且和交换者的需要相适应的数量上，才是可交换的。（141－42；重点补充）

84 马克思认为，货币作为价值的一般等价物，是一种必要的形式，其原因恰恰在于，价值的社会普遍性和同质性与商品使用价值的物质特殊性和质的多样性之间的矛盾。[11]生产商品的劳动也是如此：正如马克思在他对所谓的劳动货币制度的批判中所强调的那样，货币是商品经济的必要要素，因为抽象劳动的一般数量特征与具体劳动的量的差异之间存在矛盾，具体劳动与自然条件相结合，产生不同的使用价值。[12]货币本身的使用价值，即作为普遍接受的价值代表和价值载体，既体现了价值对自然财富和人的财富物质的形式抽象，又在社会上得到了强化。对马克思来说，货币不仅是“普遍劳动时间的直接物化，即普遍异化和所有个体劳动扬弃的产物”（1970，47）；它还是“与商品的自然存在分离的社会存在形式”（1973，145；重点补充）。[13]

作为价值尺度和客观化，货币是“财富……从其特定的存在方式中抽象出来”；它是“财富的一般形式……与财富构成的所有自然物质形成对比”（1973，221）。因此，当一种商品被换成货币时，“它所有的自然属性都被消灭了；它不再对其他商品具有特殊的、定性的关系”（141）。[14]因此，代表价值的货币是从自然在质上的多样性、环境的差异和关系——从生态的多样性——中抽象出来的——因为这些变化、差异、关系和多样性没有表现为占有和有效利用自然条件所需的社会劳动时间的量。事实上，货币“解决”了价值的普遍性和使用价值的特殊性之间的矛盾，它从有用劳动的质的差别中抽象出来，而有用劳动是由人类和非人的自然物质多样性——财富的真正来源——所制约的。

因此，任何由价值和货币调控的人类生产系统都有一种倾向，即蕾切尔·卡森所谓的“对自然的突击贩卖方法”（1962，67），即倾向于将特定的自然条件作为生产和出售的资料，而很少考虑其多样性和相互联系。例如，

> 我们对植物的态度是非常狭隘的。如果我们看到植物有任何直
> 接的用途，我们就培育它。如果出于任何原因，我们发现它的存在
> 不受欢迎或仅仅是一件无关紧要的事情，我们可能立即将其毁
> 灭……根据我们狭隘的观点，许多这样的东西都被认为是可以毁 85
> 灭的，仅仅是因为它们碰巧在错误的时间出现在错误的地方。（63－
> 64）[15]

尤其是与资本主义的劳动和自然分工相结合时（见下文），货币对自然多样性和相互关系的抽象有助于创造一种自然条件简化和同质化的趋势。正如福斯特（Foster，1994，111－12）所指出的，当“劳动变得更加同质时，自然也会更加如此，经历了相似的退化过程……自然多样性的破坏率与利润增加率相同”。价值从自然多样性和相互联系中抽象出来，不仅仅是对资本主义发展的持续影响；相反，其社会力量和物质力量是随着劳动和自然的综合生产

力被科学地纳入资本而积累起来的（见第五、六章）。[16]

因为货币是财富的一种社会形式，也就是人与自然的关系，它对自然的剥夺也会以异化的方式使人的个性异化。用“货币（交换价值）……个体不是在其自然品质中被物化，而是在其外部的社会品质（关系）中被物化”（Marx，1973，226）。因此，“个人似乎脱离了自然纽带等，在早期历史时期，这些纽带使他成为一个明确和有限的人类的附属物”（83）。[17]事实上，由于价值形成的生产以劳动者与自然生产条件的社会分离为前提，“交换价值，作为整个生产系统的客观基础，其本身就意味着……对［工人的］自然存在的全盘否定”（247－48）。基于这种分离，“土地及其产品的对象化，通过商品化”往往会促进“一种发展的剥削态度：对自然的疏远——或者说物化”（Pepper，1993，91）。从这个角度来看，资本主义是一个“自我疏离的自然和精神个性”的制度，因为它往往通过“将人与（1）自然，（2）他自身，分离开”来“把人变得抽象”（Marx and Engels，1980，151，239；Marx，1964，112；重点补充）。

这种疏离的一个方面涉及与资本主义的“对自然的突击贩卖方法”相关的对非人类生命的常规性毁灭，以及这种毁灭对人类精神的影响。因此，在将对动物造成的难以形容的痛苦描述为喷洒杀虫剂造成的附带损害的一部分之后，蕾切尔·卡森追问道：“问题是，是否有一种文明能够对生命发动无情的战争而不使自己灭亡，又不丧失被称为文明的权利……默许一种会给一
86 个生物造成如此痛苦的行为，我们当中谁又不会被轻视呢?”（1962，99－100）。

对不同的阶层来说，与自然的疏离在本质上是完全不同的——例如，将普通劳动者的社会团体和工作场所与资本家的乡村住宅、空调和有阳光照射的办公室相比较——然而这种反差可能“看起来好像是自然条件”，因为它们“不受个人的控制”（Marx，1973，164）。[18]对于大多数工人来说，与日常的物质生活、安全和舒适问题相比，类似卡森提出的这种问题对他们的影响不大，这就解释了为什么这些问题通常是由上层阶级成员提出的。但源于人与自然统一性的必要使用价值的阶级分化，本身就是资本主义条件下人与自然疏离的一个重要特征（Parsons，1977，47）。[19]目前，更基本的观点是，人与自

然的疏离内在于价值从使用价值中的形式抽象。

价值的同质性源于它的无限可分性。事实上，“作为一种价值，每一种商品都是同等可分的；就其自然存在而言，情况并非如此”（Marx，1973，141）。[20]因此，价值和货币不仅从形式上来自确定的环境差异和关系中的抽象；它们也评估自然，以使其能够被人为地分割或分裂。马克思用“货币的溶解效应”来表达这种分裂，每当货币作为“分割财产的一种手段”出现时，这种分割就会包括“一大堆不可改变的、不可分割的物体”（871）。然而，这种分割不需要明确的货币定价；它也可能通过资本无偿占有自然条件而发生。这两种形式的自然分割都以自然多样性和相互联系，以及人与自然关系的价值丧失为条件，并且加强了这种价值丧失。大卫·哈维（David Harvey）注意到了价值这方面的生态含义：

> 货币价格依附于特定的东西，并以可交换的实体为前提，据此可以建立或推断私有财产权。这意味着我们设想的实体就好像它们可以从其所属的任何生态系统中被带走一样。例如，我们假定鱼的价值与它们游泳的水无关。根据这一逻辑，整个生态系统的货币价值只能通过将其组成部分相加才能得到，这些组成部分是以原子关系与整体相联系的……事实上，对货币估价的追求使我们坚信一种彻底的笛卡尔－牛顿－洛克主义，而且在某些方面坚信关于自然世界如何构成的“反生态”本体论。(1993，6)

只要简略审视一下当资本主义房地产开发侵入湿地和其他生态系统时所 87
导致的，“不必要的旅行和对绿色空间的巨大侵占”，或者当代农业的“害虫、杀虫剂、新害虫、土壤耗竭、化肥和水污染的复杂循环”，就可以确立价值形式的消解、碎片化效应对资本主义环境退化趋势的相关性（Wallis，1993，151）。卡森指出，通过分工和专业化来简化与资本发展相关的自然条件，往往会以危险的方式破坏生态平衡，“自然给景观带来了巨大的变化，但人类表现出了简化景观的热情。因此，他打破了自然界的内在制衡机制，正是这种机制使得物种得以持续在一定的范围内”（1962，10）。

约翰·贝拉米·福斯特（John Bellamy Foster）指出，“自然过程之间的分离及其极端简化”与资本对劳动的简化和机械化密切相关；两者都是资本对劳动和自然的整合部分，正如第五章所讨论的，代表“资本主义发展的固有趋势”（Foster，1994，121；参见 Braverman，1974）。可以补充的是，价值关系通过促进自然提供的和其他生产资料的分工，为它们增加流动性创造了必要条件。货币驱动的生产设施、商品和劳动力在国内和国际的流动，强化了人与自然关系的暂时性，以及随之而来的急功近利的低估自然条件的趋势——资本主义特有的“刀耕火种”心态。[21]

最后，货币资本积累的目标在数量上是无限的（Marx，1967a，Ⅰ，151－52）。作为货币范围内的各种特定可交换使用价值的一般尺度和客观化，资本的无限性（货币追求更多货币）潜伏在货币的功能中（1970，131－32）。在这方面，“使用价值本身并不具有价值的无限性”或如其一般等价物——货币一样（1973，405）。根据劳动力与生产必要条件的社会分离，将生产置于自身之下，作为资本的货币力图克服使用价值及其自然基础和物质所设置的一切特殊障碍以实现其扩张：

> 然而，作为财富的一般形式——货币——的代表，资本是超越
> 其极限障碍的无尽而无限的动力。每个边界都是并且必须是它的障
> 88 碍。否则它将不再是资本——货币的自我再生。如果它不再把某一
> 边界看作障碍，而是在此边界内感到舒适，那么它本身就会从交换
> 价值下降到使用价值，从一般形式的财富下降到具体的、实质性的
> 财富模式。（1973，334）[22]

资本作为一种社会财富形式所包含的无限扩张趋势与自然环境强加给人类生产的所有限制因素相矛盾。这反映在资本主义倾向于通过将生产的自然极限——生产对生态系统和其他自然资源的压力——扩大到全球生物圈来克服特定的和局部的自然边界（见第五章）。但是价值积累的目标甚至从全球限制内抽象出来——这一事实丝毫不能否定这些限制的物质现实性，正如雷·达斯曼（Ray Dasmann）有力地指出的那样：

> 限制因素的概念，再加上地球的大小与其能量和物质供应是有限的这一认识，导致了一个显而易见但有时被忽视的结论，即增长和扩张必须有一个终点。没有任何物种，包括人，可以无限扩大其种群数量。包括人类在内的任何物种，如果在环境限制因素（例如必需品短缺）开始生效之前，其增长受到自身行为的限制，那么个体都会更好。(1968，23)

总之，虽然社会和自然的可行的共同进化需要对人类生产进行数量限制，但财富的价值形式从定义上来说赋予生产以扩张性。因此，资本主义社会正处于一种不可持续的“生产跑步机”上，其特征是在资本积累的供给（价值生产）和需求（价值实现）方面，物质和能源的产量越来越大（Schnaiberg，1980；Schnaiberg and Gould，1994）。[23]

当资本积累的目标受到任何特定时间段的限制时，其数量上的无限性会导致短期计算和决策的压力。这有助于解释，在“跟随人类冲动和粗心大意的步伐，而不是自然从容不迫的步伐”过程中，为什么创造了人类生产中“变化的速度和新情况的速度”（Carson，1962，7）。一个突出的例子是，资本主义农业未能注意到有机生态过程的时间节奏对可持续财富生产率的限制——其结果是土壤和水资源的流失和退化（Mayumi，1991；Matson et al.，
1997）。[24]在《资本论》中，马克思认为，财富的货币化和资本快速积累的目 89
标与良好的环境以及可持续的农业实践有直接的冲突。他认为“在资本主义农业中……在一定时期内提高土壤肥力的所有进展，都是在破坏持久的肥力来源方面取得的进展”，并且“土壤的活力被浪费了，这种浑霍行为通过商业活动远远超出了某一特定国家的边界”（1967a，Ⅰ，506，Ⅲ，813）。在马克思看来，

> 各独特土地产品的种植对市场价格波动的依赖，这种种植随着价格波动而发生的不断变化，以及资本主义生产指望获得直接的眼前的货币利益的全部精神，都和维持人类世世代代不断需要的全部生活条件的农业有矛盾。(1967a，Ⅲ，617)[25]

类似的预言也适用于林业。马克思在此认为“长时间的生产……与简单的掠夺森林或反生态的林木种植相反，林业的周转期很长，这使它成为一个对资本主义企业没有吸引力的产业”；因此，资本在这一地区的活动“曾表现为对森林的如此有力的破坏，以至于它为保护和恢复森林所做的一切都显得微不足道”（1967a，Ⅱ，244）。马克思很有先见之明地预测到，在资本主义制度下，森林将“很少会”“当它们不是私有财产而是受国家控制时，会以或多或少符合社会整体利益的方式进行管理”（1967a，Ⅲ，617）。

资本驱动生产的人为的快节奏，当与不断发展的新的使用价值——这些价值的提取和加工很大程度上源于大自然原始的维持生命和相互联系的品性——相结合后，对自然界的复原力和限度以及人类生产的可持续性造成了新的不确定性因素（Foster，1994；Briggs，1997）。蕾切尔·卡森对致癌因素的思考在今天比四十年前更有意义：

> 在大自然漫长的岁月中，随着选择淘汰了适应性较差的生物，只有最具抵抗力的生命幸存下来，毁灭性的力量对生命进行了调整。这些天然致癌剂仍然是产生恶性肿瘤的一个因素；然而，它们的数
> 90 量很少，而且它们属于生命从一开始就适应的古老力量……伴随着工业时代的曙光，世界变成了一个不断加速变化的地方。新的化学和物理药剂所构成的人造环境迅速取代了自然环境，其中许多药剂具有诱使生物变化的强大能力。对于自己的活动所创造的这些致癌物质，人类没有保护措施，因为人类的生物遗传进化得很慢，其对新环境的适应也很慢。故而，这些强大的物质能够轻易地穿透人体不够强大的防御体系。（1962，219－20）

斯丁博拉格（Steingraber，1997）关于癌症环境来源的研究已经详细证实了这些观察结果。它们是个警告：资本占有、利用和处置自然条件所产生的生态效应，并没有通过对资源消耗，或自然承载能力的“饱和”，或者两者同时进行的定量测量而充分地反映出来。对它们的思考必须基于这一视角：资本对无限增长的内在驱动力的交互物质效应和价值形成的生产的反生态特性

（第九章根据马克思关于资本主义城乡分割的概念概述了这一分析）。

马克思对资本主义租金的分析导论

马克思在其《政治经济学批判大纲》中写到，对劳动价值论的“最后一个、显然是决定性的反对意见”是这样的：“如果交换价值不过是一个商品所包含的劳动时间，那么，不包含劳动的商品怎么会有交换价值呢？换句话说，纯粹的自然力的交换价值是从哪里来的呢？这个问题将在地租学说中解决”（1970，63）。

因此，地租是由劳动时间决定交换价值和由自然条件获取盈利市场价格之间矛盾的结果，而自然条件并没有使任何人类劳动客观化。马克思对这一问题的解决方案，尽管在细节上极其复杂，但就其基本原则而言却简单明了。[26]他把“土地租金”视为剩余价值的再分配，更具体地说，是“超出一般比率的超额利润，来自自然的垄断力量”（Engels to Schmidt, March 12, 1895, in Marx and Engels [1975, 457]）：

> 凡是自然力能被垄断并保证使用它的产业家得到超额利润的地 91
> 方（不论是瀑布，是富饶的矿山，是盛产鱼类的水域，还是位置有利的建筑地段），那些因对一部分土地享有权利而成为这种自然物所有者的人，就会以地租的形式，从执行职能的资本那里把这种超额利润夺走……社会上一部分人向另一部分人要求一种贡赋，作为后者在地球上居住的权利的代价，因为土地所有权本来就包含土地所有者剥削地球的“躯体”、“内脏”、空气，从而剥削生命的维持和发展的权利。（Marx, 1967a, Ⅲ, 773 - 74）

“自然力的交换价值”与劳动时间对交换价值的调控之间的矛盾，现在表现为地产和地租对平均或一般利润率的竞争形态造成的障碍：

> 在资本主义社会中，这个剩余价值或剩余产品……是作为一份份的股息，按照社会资本中每个资本所占的份额的比例，在资本家

> 之间进行分配的。在这个形态上，剩余价值表现为资本应得的平均利润。这个平均利润又分为企业主收入和利息，并在这两个范畴下分归各种不同的资本家所有。但资本对于剩余价值或剩余产品的这种占有和分配，受到土地所有权方面的限制。正像职能资本家从工人身上吸取剩余劳动，从而在利润的形式上吸取剩余价值和剩余产品一样，土地所有者也要在地租的形式上，按照以前已经说明的规律，再从资本家那里吸取这个剩余价值或剩余产品的一部分。（1967a，Ⅲ，820）

当然，这里真正的潜在矛盾是自然条件的使用价值和价值对生产的调节之间的矛盾。稀缺和可垄断的自然条件的生产有用性使它们能够控制积极的市场价格——也就是说，控制对社会劳动时间的货币索取权——尽管其天然产品没有人类的辅助。换言之，地产对资本主义竞争构成的“障碍”有其物质基础，即自然财富的多样性和不可替代性。[27]这是使用价值和交换价值之间的紧张关系的进一步发展，它就嵌在财富价值形式中。像所有的交换价值一样，租金仍然是价值的一种形式，从这一事实可以清楚地看出，尽管地产占有剩余价值，但租金并不影响价值总额和产生的剩余价值：

> 资本利润（企业主收入加上利息）和地租不过是剩余价值的两
> 92 个特殊组成部分，是剩余价值因属于资本或属于土地所有权而区别开来的两个范畴、两个项目，它们丝毫也不会改变剩余价值的本质。它们加起来，就形成社会剩余价值的总和，资本直接从工人身上吸取体现为剩余价值和剩余产品的剩余劳动。因此，在这个意义上，资本可以被看作剩余价值的生产者。土地所有权却和现实的生产过程无关。它的作用只限于把已经生产出来的剩余价值的一部分，从资本的口袋里转移到它自己的口袋里。（1967a，Ⅲ，821）

租金的再分配性质（即它们不改变价值和剩余价值的总量的事实）意味着剩余价值的生产仍然由资本对自然条件的无偿占有来支持（见第六章）。尽管如此，资本在特定自然条件下支付的租金体现了这种无偿占有和自然生产使用价值之间的紧张关系——这种紧张关系源于价值对财富的自然基础和实体的抽象。在这里，抽象劳动对财富的估价遇到了一个障碍，这是由使用价值，特别是社会上以地产为代表的自然所造成的。

在考虑地租能够在多大程度上解决价值与自然的矛盾之前，我将强调马克思地租理论的一个特点，这一特点的相关性延伸到他对资本主义的整个研究——它是历史规范和唯物主义分析的结合。在历史方面，马克思主张把租金作为资本主义经济特有的一种特殊的社会关系。首先，地产是雇佣劳动的先决条件，因为它能确保劳动力从必要的生产条件中分离出来。正如马克思指出的：

> 土地所有者在资本主义生产过程中起某种作用，不仅因为他对资本施加压力，也不仅因为大土地所有制是资本主义生产的一个前提和条件（因为大土地所有制是对劳动者的劳动条件进行剥夺的前提和条件），而且特别因为土地所有者表现为最重要的生产条件之一的人格化。(1967a，Ⅲ，821)[28]

此外，尽管租金确实在特定的自然条件下具有“自然基础”，即“允许劳
动生产率的异常提高”，但“如果不是因为资本把它所使用的劳动的自然生产
力和社会生产力占为己有，这种提高的劳动生产率本身就不会转化为剩余价 93
值”(647)。因此，地产和租金不仅是劳资关系和使自然财富得以货币化的整
套商品关系的先决条件，同时也是结果，正如英国马克思主义者杰弗里·凯
(Geoffrey Kay) 所言：

> 因为大自然的馈赠与商品一起进入市场，故而需要市场的存在和与之相关的财产关系制度……考虑到土地及其“价格”，即货币租金，这是最重要的经济交易，涉及自然赠予。从历史上看，货币租金的出现是伴随着商品生产的发展而出现的，也就是说，只有在农业生产的关键部分以商品的形式出现之后，才会发生这种情况。

(1979, 49 – 50)[29]

马克思把租金视为一种社会关系并没有使他轻视其自然基础的重要性。例如，在农业租金中，问题是“由农业资本投资产生的生产和流通的特定条件”，其中“劳动生产率取决于自然条件，并且根据这样的生产率，相同数量的劳动会更多或更少地体现在产品、使用价值上”（1967a，Ⅲ，615，817）。[30]租金代表的“超额利润……不是产生于资本，而是产生于资本对一种能够被人垄断并且已经被人垄断的自然力的利用”——这种自然力“与……某些特定地块上存在的特定自然条件相关联”，因此“资本自己不能创造出瀑布”（645 – 46）。在讨论以有用瀑布为特征的地租时，马克思强调了这样一个观点：“创造出这种使劳动有较大生产力的自然条件，就完全不取决于资本了”，因为“它是不能由一定的投资创造出来的”。简言之，“占有瀑布的那一部分工厂主，不允许不占有瀑布的那一部分工厂主利用这种自然力，因为土地是有限的，而有水力资源的土地更是有限的”（645；重点补充）。

显而易见，批评马克思轻视有限自然条件的生产性贡献的批评家（同时忽视马克思的地租理论），并没有意识到《资本论》中的这些以及许多类似的篇章。马克思关于自然条件如何塑造租金以及其他形式价值和资本的研究，并不是孤立的片段，而是他对资本主义进行一以贯之的唯物主义和社会关系分析的合乎逻辑的、不可或缺的要素。

94 租金与价值 – 自然关系的矛盾

上述的推论提供了一个基本的观点，即租金是否能被期望去缓解资本主义生产与自然的紧张关系。尤其是主流经济学家可能会认为，以前的价值形态分析夸大了价值与自然矛盾的严重性，忽视了市场、定价和货币估值在自然资源短缺和资源分配中的作用。从这一观点来看，有限的自然资源很可能需要租金来减少对它的占用和破坏，如果不这样做，也就是说，如果环境破坏以私人无法定价的“外部效应”的形式出现，国家就可以使用社会成本/效益计算来分配这种租金（Solow，1976）。

马克思的地租理论认为，交换价值可以分配给无价值但稀缺和可垄断的自然环境。在马克思看来，这种租金没有理由不能由国家来设计和实施：为了使一种自然条件产生交换价值，“不需要比其垄断和分离的能力更多的东西”，而不管可能的物质和法律形式的“许多偶然的结合”——垄断和分离就发生于其中（Marx，1967a，Ⅲ，633）。当企业正在交易污染权（并从污染相对较少的空气中收取租金），以及当氧气正在被污染城市的街道上出售的时候，马克思的分析领域本身在当今这个时代引人注目。

但是，尽管马克思承认，“因为土地不是劳动的产品，从而没有任何价值”（633），他也强调资本主义的地租和所有的交换价值一样，都是特殊的价值形式。租金代表价值（特别是剩余价值）的再分配，使其成为价值生产和积累的社会衍生物，并因此而依赖于价值生产和积累。[31]地租的定义强化了对自然的货币估价，以及前面讨论过的价值与自然之间的全部定性和定量的紧张关系。相比之下，市场的主流观点倾向于主张货币定价的环境优势，似乎这些优势可以从货币估值对人－自然之间新陈代谢的整套定性和定量影响中分离出来。

例如，资本主义及其货币经济，倾向于使用价值的普遍商品化和可购买性；[32]但是这种趋势也使财富生产偏向于那些能够被私人生产和/或出售而获利的使用价值，而不是那些服务于社会和自然的可持续的或人类所期望的共同 95
进化的需求。“任何东西都变得可以买卖”这一事实（1967a，Ⅰ，132）不仅表现在自然条件的买卖所产生的环境影响上，也不仅仅是私人的金钱贪欲和政府官员在煽动合法和非法的环境退化（例如，有毒废物倾倒场）中所扮演的角色。资本主义社会中金钱的力量是以下两点的基础：（1）“就业与环境”的权衡，资本及其官员不断鼓吹这种权衡，以牺牲工人的生活和工作条件为代价获取利润；（2）通过计算（私人的或“社会的”）货币盈利能力对“环境资产”进行估价。如果认识不到金钱的这种力量以及它以反生态方式偏向财富生产的方式，就很难理解为什么“在保护陆地区域内的自然资源方面取得的任何进展”，由于要服务于“经济需要”，“而被过度使用的科技发展而摧残”（Osborn，1968，12）。正如蕾切尔·卡森所观察到的，我们生活在“一个由工业主宰的时代，在这个时代，不惜一切代价挣一美元的正当性很少受到挑战”（1962，13）。

当主流经济学家提出，自然资源稀缺和人类生产环境的“外部性”可以通过价格体系得到充分管理——包括明确界定的私有产权，以及一些政府利用税收和补贴来补充市场价格向量——他们似乎认为，替代方案是完全不进行管理，实际上是完全不受约束地获取自然资源。这就好像是在支持政府官员竞争性的金钱贿赂，以此作为一种有效的政治影响手段，理由是如果没有这种“定价”，政治就会成为一场暴力混战，产生破坏性的“外部效应”。事实上，私有财产和市场的替代物可能不是自由放任的“没有法律、约束或责任的公地”，而是“公共的”或“非货币的财产利益”的制度化——这种“提供个人和集体利益之间的基本平衡”，实际上是将所谓的外部性“内化”到社会决策过程中（Usher，1993，100－02）（第十四章将探讨马克思对这种明确的社会财产公共体系的设想）。尽管价格无疑可以归因于许多自然现象，但这并不意味着替代方法就是根本不进行估价。从这个意义上说，主流观点未能回答“根本问题：我们为什么要让市场决定环境价值?”（Phillips，1993，111）。

96 相反地，尚不清楚的是，私人和国家主导的资源价格，能否有效地代表资本主义自身内部的和相当片面的自然财富估值标准之外的任何东西。这些价格假定“环境或可以被视为一种商品，它可以被分解成在市场上出售的一系列商品和服务”（Phillips，1993，109）。根据定义，它们“只在自然有价格的情况下才赋予其价值”（Altvater，1990，15）。但是，自然条件具有客观的共同性，这是由于它们同其他自然条件相互构成，并作为人类生产的社会过程的条件发挥作用而产生的。因此，大卫·哈维指出：除了根据资产所提供的商品和服务流实际实现的市场价格来给资产赋予任意货币价值外，很难有其他办法（1993，6）。埃尔玛·亚尔特法特（Elmar Altvater）认为，这一矛盾使“市场调控……不适应经济活动的生态条件”：

> 如果试图把生态计算建立在货币价值的基础上，将不可避免地使商品形态的特征——物化以及生产和消费的自然约束的筛选——成为一个原则。另一方面，如果放弃这一原则，基于商品化和货币化的经济计算的可能性将减少。（1993，208）

基于市场的环境战略的困难可以被视为新古典经济学理想主义方法的必然结果。具体地说，“主流环境经济学不是考虑自然的再生产条件”及其以历史特定的方式与社会的共同进化，“而是旨在改造基于经济理性概念的成本计算，以便分配和优化机制能按照教科书所说的那样发挥作用”（Altvater，1990，11）。这种方法自动绕过或降低了任何自然条件，这些自然条件由于其客观上的公共或“集体利益”的性质，不能被定价——或者只能在它们被扭曲地重新定义为私人物品的范围内被定价。例如，可以通过询问个人愿意为保护自然环境支付多少费用，或者为了接受自然环境的破坏需要支付多少费用，来计算私人未定价的自然条件的货币价值。通过将公共利益纳入个人货币利益之中，新古典主义方法限制了环境经济学和政策的范围，以便忽略那 97
些无法估量的环境影响，因为这些环境不会直接和立即影响到教科书中所设想的现行商品生产和交换制度的再生产。

这一偏见通过罗伯特·索洛（Robert Solow）的论证得到了证明：“价格体系将推动我们的社会更快、更系统地提高自然资源的生产率”（1976，174）。索洛认为，

> 随着地球上特定自然资源的供应逐渐枯竭，并且因其变得越来越有价值，节约这些自然资源的动机应与节约劳动力的动机一样强大。自然资源的生产率应比现在更快地提高——否则很难想象……可利用资源的价格越来越高，导致竞争的生产商用其他更丰富因而价格更便宜的材料来替代。如果无法围绕昂贵的自然资源进行设计或寻找替代品，那么，相对于其他不消耗大量资源的商品和服务，包含大量自然资源的商品的价格将上涨。消费者将被迫购买较少的资源密集型商品，而购买更多其他商品。所有这些效应都会自动起作用，以提高自然资源的生产力，即降低每单位国民生产总值（GNP）的资源需求。（175）

对索洛而言，适当的环境管理意味着通过提高价格来调整人类的生活，以适应特定自然资源的枯竭，同时继续追求提高生产率和增加实际 GNP 的更

高目标。这一观点忠实地反映了资本通过扩大和深化人类对自然的侵占，在物质和价值方面继续扩张的能力，即使它消耗或破坏了特定的自然条件（见第五章）。索洛从本质上将环境问题定义为使 GNP 数字保持上升的一种方法——就像货币资本积累的目标不承认数量限制一样。

在特定自然资源生产率不断提高的背景下，彻底扫除了资本主义生产的生物圈限制，索洛的论点忽略了两个问题。首先，自然资源价格上涨甚至会降低特定资源的耗竭率或破坏率，这一点并不明显。价格上涨和对有限盈利机会的竞争可能导致企业加大对已知资源储量的开采力度，尤其是当企业意识到这些储量已接近枯竭时。这个问题在渔业中最为人所知。与此同时，价
98 格上涨的压力可能会刺激企业努力发现和开发新的供应来源，例如，从全球林业部门的近期经验可以很清楚地看到这一点（Colchester，1994；Newell and Wilson，1996；Dauvergne，1997；Hamilton，1997）。最后，正如索洛自己所说，特定资源的价格上涨往往会增加替代资源的开发。在所有这些方面，不断上涨的资源价格实际上可能会加速资源枯竭和掠夺的总体速度。如果有人建议将租金应用于生产和/或资源使用的总体水平，那么正确的答案是零（或有限）增长的解决方案与资本主义生产的基本内在机制完全矛盾。正如亚尔特法特所观察到的，虽然“‘稳态原理’……在生态系统内是合理的”，但这一原则“在市场经济中是不合理的，（因其是）一个没有利润的经济”（1993，203）。

这给我们带来了索洛论证的第二个难题，即私人或国家主导的租金最多只适用于自然的特定部分，特别是那些作为生产或占有资料的使用可以被定量监测的部分。因此，租金是缓解整个生产系统对环境的影响的一个无力的工具，而资本积累是一个数量上无限的目标，这一目标驱使竞争企业不断寻找新的方法来适应和处理自然条件。事实上，资源租金的竞争性搜索和榨取是资本对自然和人与自然关系的同质化和碎片化的一个重要形式，尽管这可能很少进入索洛的国民生产总值计算（Devine，1993）。

总而言之，通过私人租金或将“绿色”税和补贴计划嫁接到由货币和资本塑造和驱动的经济体系中，并不能解决价值 - 自然的冲突。利用货币和市场技术进行的生态调控是资本条件下的“最优”追求。价值具有所有反生

态的特征，仍然是扰乱社会和自然共同进化的“活跃因素”，因为它认为人和自然不过是价值本身的“伪装模式”（Marx，1967a，Ⅰ，153－54）。这说明了一个更普遍的现象，即任何人“想从外部，通过习俗、法律等对（资本主义）生产设置障碍”，那么他很快就会发现，这种“微不足道的外部的和人为的障碍必然会被资本摧毁”（1973，411）。

第八章

反思对马克思价值分析的若干生态批评

99 前一章表明，马克思的价值分析对资本主义环境问题的社会根源有很多论述，那些指责马克思没把价值归于自然的批评家应该把批评的重点转向资本主义本身。一般来说，这些批评家没有领会马克思理论的历史与社会关系特色，即作为特定的资本主义财富形式的价值，并不代表马克思对自然内在价值的规范性评价（例如，从审美和其他使用价值的角度）。在这方面，马克思的批评家们可以通过研究下面的段落省去很多麻烦：

> 商品世界具有的拜物主义性质或劳动的社会规定所具有的物的外观，迷惑了一部分经济学家，他们受到迷惑的程度，也可以从关于自然在交换价值的形成中的作用所进行的枯燥无味的争论中得到证明。既然交换价值是表示消耗在物上的劳动的一定社会方式，它就像汇率一样并不包含自然物质。(Marx，1967a，Ⅰ，82)

马克思的观点很清楚：由于交换价值是一种特定的社会财富形式，它不能被视为是由自然决定的。当然，为了在市场上获得正的交换价值（货币价格），商品也必须具有使用价值。正如马克思所指出的，虽然“使用价值一般是交换价值的载体，而不是其原因”，但仍然是“没有使用价值就没有交换价值”（1967a，Ⅲ，647）。因为自然总是对使用价值作出贡献，所以，自然和使用价值共同构成交换价值的必要条件，即使它们对交换价值的数量没有贡献——至少交换价值是由价值所调节。[1]鉴于交换价值是一种必要的价值形式 100
（抽象的雇佣劳动时间），也可以说，自然和使用价值是价值和资本积累的必要条件。[2]这种方法顺便解释了，为什么马克思能够把允许工人生产剩余产品的自然条件描述为剩余价值的“自然基础”，同时还坚持认为，由于剩余价值涉及具体的资本主义关系，不能认为它是被自然所决定的（见第三章）。

只有清晰地界定和展示价值、交换价值和使用价值现象之间的关系和张力，马克思才能确立资本主义的阶级剥削关系是如何与人和非人的自然条件一起塑造生产的。与此同时，马克思分析了特定的价值和资本的衍生形式（如货币、工资、不变资本、固定资本和流动资本、租金）本身是如何由生产的物质条件，即使用价值的自然基础和实体所决定的。这样，马克思的价值分析揭示了一种矛盾，矛盾的一方是资本主义形式中的财富，另一方则是与自然协同发展的社会的个人与集体需要意义上的财富，以及这些紧张关系对阶级斗争和迈向财富生产新阶段的运动的影响。

相比之下，许多马克思的生态批评家希望直接将价值归于自然，而不考虑特定生产关系所决定的财富社会形态的历史特殊性。因此，当他们试图指明自然所呈现的精确的价值形式时（价值是指什么，为了谁?），他们都被各种理论矛盾和缺陷所驱使。这里最常见的矛盾是无法独立于自然的交换价值和/或使用价值来定义其所声称的“价值”，这常常导致这三个概念（隐性或显性地）混为一谈。这些冲突导致批判者忽视或轻描淡写地看待资本主义财富的生态矛盾，马克思的价值、交换价值和使用价值的关系辩证法揭示了这一矛盾。[3]

价值、使用价值和自然条件的定价

希尔贝克（Skirbekk）对马克思的尝试性批判充分说明了价值归属于自然所产生的矛盾。希尔贝克认为，劳动是价值的源泉，只有当生产投入仅仅源于劳动而不是从自然中榨取时才有意义。希尔贝克认为，在后一种情况下， 101
自然会增加产品的价值：

> 建立在劳动基础上的马克思价值理论对生产的再生产形式是有效的。但是在生产的榨取形式中，价值从资源转移到利润，这可以被称为榨取超额利润。这种榨取的超额利润可以如此之大，以至于在所有层面上，整个生产过程都可以从中获得比劳动本身创造的更多的价值。(1994，100)

但是，自然的价值是以什么形式存在的呢？希尔贝克的答案是，自然的价值表现为工人和资本家更高的货币收入，这源于对自然资源的榨取以及将其作为生产投入的利用（1994，99－100）。这些较高的货币收入对应着工人和资本家以牺牲自然和子孙后代为代价而获得的更高的生活水平：

> 但是，谁会遭受这种榨取的超额利润“剥削”呢？答案是：自然，以及间接的，子孙后代。榨取超额利润代表未来的贫困化。例如，石油公司不仅被免于核算当前的生态支出，而且还通过剥夺子孙后代的重要资源而忽略了未来的支出。(101)

简言之，每当“一部分自然资源未经恢复而被利用，而没有将等量的财富归还自然”，“这种对有限自然财富的破坏性榨取代表着未来后代的贫困”（Skirbekk，1994，99）。因此，“剥削”一词既指自然财富本身的减少，也指由此造成的未来后代生活水平的降低。不幸的是，我们还不清楚如何独立于后者来定义前者，在这种情况下，将一种内在价值归因于自然的做法就失效了。将开发等同于对自然的榨取和对子孙后代的剥削，是将价值与使用价值混为一谈；由于马克思坚持自然的使用价值，希尔贝克的批判已经失败了。此外，尽管马克思的分析允许人们将自然财富及其作为价值和资本积累条件的更为有限的作用加以区分，但希尔贝克将价值和使用价值相结合的观点却没有这样的区分。事实上，通过将对自然“价值”的“开发”限制为“生产的榨取形式”，希尔贝克似乎采纳了资本主义对待自然的倾向，即把自然当
102 作一个取之不尽的蓄水池，可以被动地获取使用价值，而不是与人的生产共同发展的生态系统。

希尔贝克的论点中还有另一个同样严重的矛盾。认识到人类的生存条件依赖于对自然提供的使用价值的有组织占有，这是一回事。马克思的历史观，特别是他对资本主义的分析，当然不否认这一点（例如，见本书第三章）。但是，断言自然条件的利用涉及以更高的货币收入的方式榨取价值则完全是另一回事——除非有人愿意将价值与交换价值混为一谈。当希尔贝克思考如何实际获取货币收入（包含从自然中榨取的价值）这一问题的时候，这个困难就变得一目了然。一方面，他认为，这些收入取决于市场上自然资源的定价过低，这使得利用自然资源作为投入的企业和部门能够享受较低的生产成本。另一方面，他认为，在从自然中榨取价值的采掘业（例如石油业）中，自然资源的价格超过了这些部门劳动力的单位增加值（1994，99－101）。显然，对自然资源的开发，同时也包括对自然资源的过高定价和过低定价。是哪个呢？换言之，希尔贝克并没有解释为什么采掘部门对自然资源定价过高，并没有抵消资源使用部门对自然资源定价过低的影响，从而导致资源开采的净货币收益为零，因此自然资源的开采率为零。

这里的问题是，通过用自然资源的定价过高和过低来定义自然的价值及其开发，希尔贝克实际上是在论证，在交换领域，价值可以增加或减少。换句话说，他将价值等同于交换价值。事实上，他甚至将这一推理扩展到对劳动力本身的剥削，认为工人被剥削的原因是“利润来自于产品中所包含的劳动报酬过低”（1994，100；重点补充）。更一般地说，希尔贝克建议，由于“利润等于销售价格减去成本价格，人们可以通过提高销售价值、价格或降低成本价格来增加利润”（100）。他没有解释这个推理是如何解释单个企业所占有的货币交换价值，而不是整个经济中产生的价值。简言之，希尔贝克试图将价值归于自然，结果却成了将不平等交换视为价值来源这一常见错误的牺牲品（见 Marx，1967a，Ⅰ，第五章）。因此，他没有理解马克思的基本观点， 103
即从自然条件的买卖中获得正剩余价值的系统性占有是不可能的（因为一个主体的交换收益是另一个主体的损失），对劳动力的剥削不取决于不平等的交换，而是取决于工人在给定的自然和社会条件下，是否有能力花费超过其自身再生产所需的劳动。正如埃尔玛·亚尔特法特所言：

> 在价值创造中，实际上只有劳动才能创造价值和剩余价值。从能量循环的观点来看，劳动（即工人）在这个过程中投入的能量（大脑、肌肉、心脏和手），要比他最终以能量和物质的形式从中获得的能量更多。剩余以剩余价值的形式流向资本家。由于资本主义生产方式的特殊形式而造成了工人这种（对他而言）能量消耗的不足。但是大自然呢？它的价值创造能力在哪里？自然创造的价值是什么形式的？如果按照热力学定律进行自然繁殖，那么剩余是如何产生的？（1990，14）

希尔贝克试图在前者将特定的交换价值与更一般的价值范畴混为一谈的基础上，来回答亚尔特法特提出的问题。诚然，个人交换价值可以将稀缺自然条件的占有与生产利用率的超额利润纳入其中；马克思在其对资本主义租金的分析中论述了这种价值的再分配问题。希尔贝克不仅忽视了马克思的租金理论，而且把以租金形式进行的价值再分配与价值本身的生产混淆起来。

最后，通过对自然资源的过低定价和过高定价来概念化自然的“剥削”，希尔贝克假设价格形式可以充分代表自然的使用价值。这使他绕过了交换价值作为一种自然财富的社会形式的矛盾。例如，自然资源目前的价格被低估的想法似乎暗示着提高价格将解决资源枯竭问题。但是，根据希尔贝克自己的逻辑，价格上涨不仅会加剧采掘业对自然的货币剥削，还会刺激资本主义企业寻找和开采新的资源矿藏，并加大对现有已知矿藏的开采力度，包括以前未利用的替代资源的储量，从而加速资源枯竭。然而马克思的地租分析可以始终如一地解释这一矛盾（见第七章），希尔贝克的框架却不能解释。

104 劳动、价值与自然的使用价值

大卫·奥顿（David Orton）在“马克思的劳动价值论”贬低自然这一主题上提出了另一种常见的异议，他抱怨说，对马克思来说，“除非由人类来创造，否则自然是没有价值的”（1993，190）。从上下文来看，不清楚奥顿是用使用价值来衡量“无价值”，还是用作为交换价值之社会实体的价值来衡量。在这方面，奥顿的批评至少具有模糊性的优点，而杰弗里·卡朋特（Geoffrey

Carpenter）更喜欢将使用价值和价值直接混为一谈："对马克思来说……自然的使用价值只有在生产环节才得以实现，在生产过程中，自然通过劳动转化为商品或服务。马克思说：'没有对象化人类劳动的纯天然物质就没有价值，因为只有对象化的劳动才是价值'"（1997，146）。[4]

考虑到价值和使用价值的这种混淆，奥顿和卡朋特都没有提供一个可行的答案来回答任何将价值归于自然所引起的基本问题，即自然的价值形式是什么，换句话说，自然的价值在什么方面和为谁而存在？[5]然而，我将依次考虑这两种可能性，而非忽略他们的论点。首先，马克思是否认为自然财富只有与人类劳动相结合才能实现为使用价值？答案当然是肯定的。这解释了为什么马克思能够将使用价值定义为"劳动的自然承担者"（1967a，Ⅲ，647）。然而，这里经常忽略的是，马克思在其关于劳动的概念中包含了主要的占有（狩猎和采集、捕鱼、采矿，甚至更基本的行为，如呼吸、视觉、听觉、触觉和感觉，尤其是当人们谈论的是财富生产，而不仅仅是创造价值的劳动时），它对于实现自然财富作为满足人类需求的使用价值来说是必要的。自然产生的使用价值只有被占有后才能满足人类的需要（在生产或消费中），这与这些使用价值必须存在于自然界中才能被占有一样清楚明了。例如，在资本主义制度下，"如果同样的使用价值可以在没有劳动的情况下获得，那么它就没有交换价值（除了租金之外），但它将像以前一样保留与使用价值同样的自然效用"（647；重点补充）。

其次，马克思是否只在自然条件将人类劳动对象化的情况下才将价值归于自然条件？答案也是肯定的。然而，这里必须记住，马克思的价值创造劳动概念只包括生产商品的雇佣劳动。因此，它只包括初级占有，只要这种占有劳动在商品中被直接对象化。考虑一下，例如，工人在"下班时间"从 105
事的饮食、睡眠和其他恢复性活动，更不用说抚育孩子的劳动和维持居住环境的劳动了。这些活动当然涉及占有自然财富，其中不仅包括人类以外的自然条件（例如，清洁的空气），还包括家庭劳动力的自然力量。但是，与这种家庭活动有关的可剥削的劳动力的维持和发展是由资本无偿占有的。它是使用价值，而不是价值。只要家庭活动降低了劳动力的价值（通过提高雇佣工人的生产率或减少工人商品化的消费需求），资本对家庭活动所提升的劳动力的无偿占有就增加了剩余价值率。因此，如果他们希望保持一致，那么，马克思价值理论的批评者们就应该责怪他没有将价值归功于家政劳动和资本无偿占有的自然财富。不幸的是，这种论点加深了价值与使用价值的混淆，从而加剧了资本的使用价值（即作为货币积累的条件）与整个工人阶级和社会的使用价值的混淆。

作为社会和物质关系的价值：简要说明

泰德·本顿（Ted Benton, 1989）对马克思的观点进行了生态批判，乍看之下，似乎比上述观点更为复杂。鉴于本顿的工作在生态马克思主义者中的广泛影响，它在其他地方得到了详细的论述（Burkett, 1998a and 1998b）。尽管如此，在本顿对马克思的价值分析的解释与合理的批评之间建立密切的关系是有益的。本顿认为，马克思的“劳动价值论”是

> 核心的概念设计，通过它，资本积累的限度、矛盾和危机被彻底地转化为社会关系。正如我们在李嘉图的讨论中所看到的，劳动价值论要么将自然稀缺性排除在考虑之外，要么允许它只能以其在内部社会关系的经济结构中被取代的表现形式得到承认。（1989, 76－77）

考虑一下这个基本的指控：马克思的价值分析是从自然稀缺对人类生产的所有物质（相对于社会）影响中抽象出来的。这里的假设是，就价值作
106 为社会范畴而言，它不能同时也是一个物质范畴。然而，对马克思来说，价值作为物质财富的特定社会形式，是交换价值和使用价值的矛盾统一体，马克思坚持认为，自然和劳动都有助于使用价值的生产（见第七章）。本顿的批判因此将价值和使用价值人为地一分为二，使他对价值的非物质化解释同样变得人为。

在马克思的分析中，如果一种有用的自然生产条件变得越来越稀缺（这包括由于其退化而导致的效用降低），那么占有或利用这种自然条件的劳动力的平均生产率，根据定义，就每小时可生产的物质使用价值而言，在其他

条件相同的情况下，是降低的。随着自然条件的日益稀缺，生产的商品的价值将相应地增加，因为现在需要更多的社会劳动时间来生产同样的使用价值。(这包括占有和利用替代性自然条件所花费的任何附加的必要劳动。）这些效应不仅在马克思对剩余价值的自然基础的讨论中，而且在马克思对由于作物歉收而导致的资本主义再生产危机的分析中，都做了清楚阐述（分别见第三章和第九章)。

简言之，即使不考虑租金对资源占有水平和模式的影响（见第七章），自然稀缺性在马克思的价值分析范围内也肯定会产生实质性影响。然而，就目前的目的而言，更有趣的是，本顿对价值和使用价值的人为二分法，如何真正代表了上面所考虑的价值和使用价值混淆的反面或镜像？不同之处在于，本顿的“价值”被认为是马克思的抽象劳动概念，而其他批评家所指的“价值”据称是超人类本性的内在价值，它以某种方式被社会劳动所占有。我已经表明，如果不确定价值、使用价值和交换价值，其他批评家就无法为自然建立任何价值形式。同样地，通过将价值与使用价值进行二分而使价值非物质化，本顿缺乏一个一致的社会和唯物主义的使用价值概念，该概念不会将一般财富简化为特定的资本主义财富（详见 Burkett，1998b)。

第九章

资本主义与环境危机

107 社会生态学研究社会与自然的相互建构，或共同进化（见第一章）。环境危机涉及这种共同进化中的不和谐。必须认识到，环境危机的所有概念都是人类的社会建构，因为它们都是从人类和社会的环境要求的角度含蓄或明确地界定这些不和谐发展的。环境危机的所有概念，都是基于在自然和社会中以及通过它们实现人类发展的一种特殊视角，当人类的发展受到“高于正常”的限制时，就会发生“危机”。这些限制可以界定为人的健康、心理和身体能力，以及与自然条件相适应或共存的机会；也可以是指支配人类生产和发展的社会关系再生产的破裂。环境危机理论通常关注人类对自然的干预所引起的环境变化，这种变化是对人类发展“高于正常”环境限制的最一贯的根源。[1]

这一章表明，马克思对资本主义的分析包含了一种刚刚界定的环境危机理论。具体来说，马克思认为资本主义产生了两种环境危机：（1）基于资本物质需求与原材料生产的自然条件之间不平衡的资本积累危机；（2）更普遍的人类社会发展质量危机，源于资本主义的城乡产业分工所产生的物质和生命力量循环的失调。然而，由于物质资源短缺而导致的资本积累中断涉及
108 作为积累条件的自然条件，马克思更宽泛的环境危机概念则关注作为人类发展条件的自然财富。

尽管如此，这两种危机在很大程度上是重叠的，因为它们都涉及可占有

自然财富的质量和数量的减少；因此，它们都意味着资本对自然条件的无偿占有以及价值与自然之间所有定性的紧张关系（见第六章和第七章）。更准确地说，资本加速物质产出超过其自然极限的趋势，不仅是物质短缺和积累危机的根源，也是资本主义城乡分割所造成的生态退化过程中不可或缺的因素。因此，我们对马克思的环境危机理论的考察就从资本积累的这种反生态趋势开始。

资本主义与物质吞吐量

资本积累是指以货币（也就是价值的一般等价物）为代表的价值积累。由于价值也必须在使用价值中来体现，资本也以可销售的使用价值或商品的“扩大积累”的形式出现（Marx，1970，27）。因此，资本积累转化为作为价值载体的日益增长的材料加工。这种物质吞吐量随着劳动生产率的提高而加速，也就是说，在其他条件不变的前提下，每劳动小时产生的使用价值增加。正如马克思指出的：“劳动生产力的增长正是表现为这样一个关系，即吸收一定量的劳动需用更多的原料，也就是表现为，比如说，一个劳动小时内转化成产品即加工成商品的原料量不断增加”（1967a，Ⅲ，108）：

> 机械和劳动分工的发展，其结果是在较短的时间内可以生产出更多的产品。因此，原材料的储存量必须以同样的比例增长。在生产资本的增长过程中，资本转化为原材料的部分必然增加……与作为机器和原材料的生产资本相比，用于工资的生产资本越来越少。（1976a，431）

为了保持生产和积累的连续性，需要不断增加材料库存，这也刺激了资本对材料的需求。马克思在《资本论》第Ⅱ卷第六章“储备的形成”中阐述了这一点：

> 不变资本的物质存在形式——生产资料，不仅由这种劳动资料 109
> 构成，而且还由各加工阶段上的劳动材料和辅助材料构成。随着生

> 产规模的扩大，随着劳动生产力由于协作、分工、机器的应用等而提高，进入再生产过程的原料、辅助材料等的量也会逐渐增加。这些要素必须预先在生产场所准备好。因此，这种以生产资本形式存在的储备的规模是绝对增大的。要使生产过程流畅地进行，——不管这种储备可以逐日更新，还是只能在一定时期内更新——就要在生产场所不断准备好更多的原料等，比如说要多于一天或一周的消耗量。过程的连续性，要求它的各种条件的存在不会因为在每日购买上可能遇到的中断而受影响，也不会因为商品产品每日或每周出售，从而只能不规则地再转化为它的各种生产要素而受影响。(1967a，Ⅱ，141－42)

在材料短缺或储备不确定期间，对这种材料的库存需求预计会大大增加。上面这段话的另一个值得注意的方面是马克思对“各个加工阶段的劳动材料”和“辅助材料”之间的差异。辅助材料是指那些虽然不构成“产品主要材料”的部分，但仍被要求作为其产品的“附件”(1967a，Ⅰ，181)。它们帮助提供了必要的生产条件（热、光、化学和其他物理过程），这些条件不同于生产货物的劳动力及其工具对主要材料的直接加工。[2] 关键在于，马克思的分析正式纳入了资本对用作能源的辅助材料日益增长的需求，从而抓住了积累过程中所产生的不断增长的能量吞吐量。正如马克思所言：“资本家将更大的资本投入到机械中之后，他被迫花费更大的资本来购买原材料和驱动机器所需的燃料”(1976a，431；重点补充)。

资本主义条件下材料吞吐量增长的另一个来源是固定资本（fixed capital）的道德贬值，即机器和建筑的道德贬值——它们是通过开发更新的、更具生产力的机器和建筑，或通过生产这些机器和建筑的行业中劳动生产率的提高而实现的（Marx，1967a，Ⅰ，404－05，Ⅲ，113－14；参见 Horton，1997)。通过这种道德贬值，“竞争迫使旧的劳动工具在其自然寿命到期之前被新的工具所取代”（Marx，1967a，Ⅱ，170)。[3] 道德贬值的威胁（机器与建筑没有实现价
110 值的客观化）也促使个体企业通过延长工作时间和强化劳动来加速其固定资本存量的周转，进一步加速了材料和能量的吞吐量。[4]

总的来说，随着生产力的提高和技术的进步，资本必须占有的自然力和自然物的数量也在增加，作为生产的材料和工具，以实现价值和剩余价值的任何特定扩张。生产力的提高意味着每一个小时的抽象劳动都承载着越来越多的使用价值及其物质前提。从这个意义上说，资本积累包含着价值积累和依赖于自然条件的物质过程的积累之间日益加剧的数量失衡。正如马克思所言，用“价值……代表大量的使用价值”，“存在着劳动过程与增殖过程之间的差异增大的情况”（1988，325）。通过把这种不平衡与资本主义低估自然条件联系起来，约翰・贝拉米・福斯特认为

> 资本主义最大限度地提高了原材料和能源的生产能力，因为持续供应越大——从开采到最终产品交付给消费者的过程中——产出利润的机会就越大。通过有选择地专注于减少劳动力的投入，该系统促进了能源利用和资本密集型的高新技术的利用。所有这些都导致不可再生资源的更快消耗，以及更多的废物倾倒到环境之中。（1994，123）

福斯特的分析与马克思的分析是一致的，只要增加物质和能源生产量，就可以生产出含有剩余价值的额外商品。我已经说明了，在马克思看来，资本利用生产中的自然力和物来剥削劳动力的必要性，是自然条件转化为货币积累条件的反面（见第五章和第六章）[5]。尽管如此，这里将依次展开两种更为详细的阐述。

首先，从个体竞争企业的角度来看，“原材料和能源的产量最大化”显然并不总是导致“产生利润的更大机会”。虽然从工人身上榨取剩余劳动的机会，并将其物化为可出售的使用价值，往往会导致物质和能量吞吐量的增加，但竞争会惩罚“高于正常”的吞吐量，因为它不承认其中对象化的劳动时间是社会必要的、创造价值的劳动。在资本主义制度下，“对原材料或劳动工 111
具的一切浪费消费”，即超过每件商品生产的“正常”量的消费“都是严格禁止的”，因为“这样浪费的东西代表了多余的劳动，即不计入产品或产品价值的劳动”（Marx，1967a，Ⅰ，196）。而且，正常的浪费，即物化后不计入产

品价值的劳动，不包括可以用于生产其他商品而产生利润的任何丢弃的材料和工具：

> 假设在把棉花纺成棉纱的时候，每天 115 磅棉花中有 15 磅没有变成棉纱，而是变成了飞花。如果损失这 15 磅棉花是正常的，在棉花的平均加工条件下是不可避免的，那么这 15 磅棉花虽然不是棉纱的要素，但它的价值同形成棉纱实体的 100 磅棉花的价值完全一样，也加入棉纱的价值中。为了生产 100 磅棉纱，15 磅棉花的使用价值必须化为飞花。因此，这些棉花的损失是棉纱的一个生产条件。正因为如此，它们才把自己的价值转给棉纱。劳动过程中的一切废弃物都是这样，至少在这些废弃物不再形成新的生产资料，因而不再形成新的独立的使用价值的情况下是这样。例如我们在曼彻斯特的大机器制造厂内可以看到，被庞大的机器象刨花一样削下的铁屑堆积如山，傍晚用大车运到炼铁厂去，第二天变成铁锭再运回来。(1967a，Ⅰ，205；重点补充)

在马克思的分析中，个体企业不仅有动机避免任何超出正常水平的生产资料和工具浪费（因为这种浪费代表了资本的浪费），而且还鼓励将浪费降低到非正常水平，以牺牲竞争对手的利益，从而享受剩余利润（1967a，Ⅲ，194）。后一种激励措施包括开发新的、更有效的方法，有利可图地回收和再利用生产的副产品。在这些方面，“资本主义生产方式扩大了对生产废弃物的利用”（101）。[6]

然而，马克思的分析也表明，这种对废弃物的竞争性减少、回收和再利用是在一个不断提高劳动生产率的系统内进行的，其形式是将材料和能源大量加工成商品。在资本主义竞争下，“每一个资本家都有一个动机，通过提高劳动生产率来降低其商品的价格”（1967a，Ⅰ，317）。通过降低企业每种商品的单品生产成本，这种生产率的提高使企业能够以竞争对手为代价获得超
112 额利润和/或增加市场份额。随着劳动生产率的提高，每小时正常的物质和能源吞吐量不断增加，这并不会让参与竞争的企业担忧，企业仍然面临着将吞

吐量维持在正常水平或低于正常水平的压力，但这个正常水平本身就是持续的竞争压力以及提高每小时劳动产出（每小时商品处理量）以获取利润的积极激励因素的产物。

这一分析引发了福斯特（1994）对资本主义生产能力的第二个必要的补充，即资本对物质和能源的渴求不仅仅是数量上的反生态。资本主义根据必要工资劳动时间对生产量的估价是财富或使用价值的反生态表征（见第七章）。物质和能源生产量增长的竞争性“效率”源于劳动生产率的社会验证，就好像“正常”生产量为社会财富的净增加量可以简单地用它（直接或间接）客观化的工资劳动时间来衡量。这个衡量绕过了与物质和能源的“正常”占有、利用和处置有关的可支配自然财富。资本主义的“正常”生产量不是由社会和任何给定质量的自然的可持续共同进化的要求决定的，而是仅仅由竞争性货币积累的命令所决定的。正如安德烈·高兹（André Gorz）所观察到的那样，该系统的“生产力的经济要求与资源节约的生态要求完全不同”（1994，32；重点补充）。[7] 即使在资本主义循环利用和“废物管理”的行业中，这种基本张力也显示出：它主要是通过“能源和材料的新支出”创造了价值积累的新工具，而不是在生态可持续发展的方向上对生产进行根本性调整，从而成为“问题的组成部分”（Altvater，1993，213 cf. Gellen，1970；Fairlie，1992；Karliner，1994；Horton，1995）。

资本主义的加速生产能力涉及自然生产与吸收材料和能源所需的时间与在任何给定时间段内以所有可用的物质手段进行最大货币积累的竞争性强制动力之间的冲突。这种自然时间与资本的矛盾，不仅降低了人类发展自然条件的质量，而且破坏了资本积累本身的过程。

资本的物质需求、自然条件与积累危机[8]

马克思坚持认为，工农业剩余价值的生产，取决于使农业劳动者（包括 113
畜牧业、林业和渔业）能够生产超出自己生活资料的产品的自然条件，剩余价值的自然基础还包括生产主要和辅助材料所需的自然条件。[9] 自然材料——包括有生命和无生命的生物形式——当它们被雇佣劳动加工成可销售的使用价值时，它们就成为价值和剩余价值的承载者（见第三、五和六章）。

在这种背景下，马克思断言，资本积累的唯一真正普遍的危机是那些主要农产品短缺的危机，这些农产品作为工人的生活资料或工业原料，供应不足。这种农业短缺威胁到资本从工人中提取剩余劳动并将其物化为可销售使用价值所需的物质条件。例如，在《资本论》第Ⅲ卷中，马克思指出，“至少在资本主义发达国家中，生产性资本的真正缺乏可以说只存在于一般作物歉收的时期，无论是主要的粮食还是主要的工业原材料”（1967a，Ⅲ，484）。同样，作为他对1857—1858年全球经济危机有些过早的预测的一部分，马克思说：“冬季作物的现状是这样的，我确信危机将是应该发生的。只要主食——食物，仍然是相当丰富和便宜，再加上澳大利亚等国的情况，这种情况可能会持续很长时间。现在这一切都将被制止”（Marx to Engels，January 29，1853，in Marx and Engels［1983，275］）。

同样有趣的是，在描绘1853年末他看到的危机的可能走向时，特别是在“毕竟，灾难将在法国爆发”时，马克思从“玉米和葡萄收成的失败”开始，然后详细追溯这种农业中断对资本积累、信用体系、阶级冲突和路易斯波拿巴的政治制度的可能影响（Marx to Engels，October 12，1853，in Marx and Engels［1983，387－88］）。

马克思对物质短缺和积累危机的形式分析是在两个层面展开的。第一个层次规定了“危机的一般情况，只要它们独立于价格波动（无论这些波动是否与信贷系统有关）而有别于价值波动”（Marx，1968，515）。在这一层面上，危机的可能性是按照“资本主义生产的一般条件”来处理的，从涉及部门内部和部门间竞争的价格和生产的所有变化中抽象出来；因此出现了诸如材料价格投机和竞相寻找新材料供应的现象，更不用说房租了，其不包括在
114 内（515）。只有在资本主义和环境危机的情况下，价格变化才在这一层面上加以处理，它们反映了商品价值的变化。马克思指出，“危机可以在这个语境中出现：（1）在将［货币］再转化为生产资本的过程中；（2）通过生产资本要素价值的变化，特别是原材料的价值变化，例如当棉花收获量减少时。”“因此它的价值将上升”（515）。

马克思在这里的观点是，作物歉收会提高材料价格，即使这些价格是由价值决定的，因为农业劳动时间的每一小时现在都以较小数量的使用价值物

化。这种“原料价格的提高就会缩小或是阻碍全部再生产过程，如果出售商品所得的价格不够补偿商品的一切要素”（1967a，Ⅲ，109）。这些价格飙升及其对积累的破坏表明资本对自然条件的持续依赖：

> 如果原料的价格上涨了，那么，在扣除工资以后，它就不可能从商品的价值中得到完全补偿。因此，剧烈的价格波动，会在再生产过程中引起中断，巨大的冲突，甚至灾难。特别是真正的农产品，即从有机自然界得到的原料，由于收成的变化不定等……由于无法控制的自然条件、年景的好坏等，同量劳动可以体现为极不相等的使用价值量，因此，一定量的这种使用价值会有极不相同的价格。（117－18）

材料短缺不仅会通过提高不变资本的价值来破坏积累，而且它们还可能通过“使得无法按照其技术基础要求的规模继续该过程，在物理上破坏生产，从而仅一部分机器可以继续运行，或者所有机器只能正常工作的一小部分时间”（109）。在《剩余价值理论》中的一段有趣论述里，马克思分析了减少可用数量和增加材料价值的综合影响，再次强调“不可控制的自然条件”的作用：

> 由于原料的增加不仅仅取决于所使用的劳动，还取决于与自然条件相关联的劳动生产率，所以同样的劳动量的产品的数量（由于歉收）就有可能下降。因此，原材料的价值上升，它的数量减少了，
> 换句话说，为了继续按以前的规模生产，必须将货币重新转换为资 115
> 本的各个不同比例的组成部分。必须在原材料上花费更多，用于劳动力的剩余量必须减少，因而不可能吸收与以前相同数量的劳动力。首先，由于原材料的缺乏，这在物理上是不可能的；其次，因为必须将产品价值的更大一部分转换为原材料，从而留出更少的钱来转换为可变资本，这也是不可能的。繁殖不能以同样的规模重复。一部分固定资本闲置，一部分工人被赶上街头。利润率下降是因为不变资本的价值相对于可变资本的价值有所上升，而采用的可变资本

> 减少……因此，由于必须从产品价值中替代的那部分不变资本的价值增加，这对再生产过程造成了干扰。（1968，515－16）

尽管这种物料供应扰动涉及不可控的自然条件，但它们也暗示了不可控的资本积累。这部分是无政府竞争的问题，排除了事前计划的必要性，以最大程度地减少自然事件的破坏性影响（见下文）；但是在给定的自然和社会条件下，资本的无限扩张趋势与材料生产的极限之间也存在根本的不平衡。因此，自然条件以及市场规模对工业生产和积累的可行增长是最终的限制：

> 但是，一旦工厂制度达到一定的广度和一定的成熟程度，特别是一旦它自己的技术基础即机器本身也用机器来生产，一旦煤和铁的采掘、金属加工以及交通运输业都发生革命，总之，一旦与大工业相适应的一般生产条件形成起来，这种生产方式就获得一种弹性，一种突然地跳跃式的扩展的能力，只有原料和销售市场才是它的限制。（1967a，Ⅰ，450－51；重点补充）

马克思强调，物质供给有限造成的积累障碍，一方面表现为资本对生产和投资的加速，另一方面表现为支配物质生产的自然规律和时间节奏之间的矛盾：

> 按照事物的本性，植物性材料和动物性材料不能和机器以及其
> 116 他固定资本、煤炭、矿石等那样按同样的程度突然增加，因为前二者的生长和生产必须服从一定的自然规律，要经过一定的自然时段，而后面这些东西在一个工业发达的国家，只要具备相应的自然条件，在最短时间内就能增加。因此，由固定资本即机器等组成的不变资本部分的生产和增加，可能会并且在发达的资本主义生产中甚至不可避免地会比由有机原料组成的不变资本部分快得多，结果对有机原料的需求会比它的供给增长得快，因此，它的价格会提高。（1967a，Ⅲ，118）

自然时间和资本之间的这种紧张关系的“充分发展”必须包括“世界市场上的信用制度和竞争”；马克思把这第二层次分析的大部分留给了《资本论》的“最终延续”，而这是他永远也做不到的（110）。尽管如此，“为了完整起见”，资本主义总的倾向于通过竞争扰乱物质供应的修正在《资本论》第Ⅲ卷第五章（110，118）中被“一般性地讨论过”。在这里，马克思指出，材料价格的上涨可能会引发三种竞争性反应，似乎减轻了材料短缺的破坏性影响。首先，有问题的“原材料”现在可以“从更远的地方装运，因为不断上涨的价格足以支付更高的运费”；因此，可能会增加“从偏远的、以前较少采用或完全忽略的生产区进口”（118－19）。其次，更高的价格可能最终会引发积极的供应反应，即使是来自传统供应商，尽管这“增加了他们的生产……由于自然原因，在下一年之前，很可能不会增加产品的数量”（118；重点补充）。最后，“原材料价格的上涨自然会刺激废品的利用”以及“各种以前未使用的替代品的使用”（101，118）。

马克思对这些反应改善物质供应混乱的能力表示怀疑；事实上，他认为这可能会加剧原材料价格的不稳定性。当“价格的上涨开始对生产和供应产生显著的影响时，它表明在大多数情况下，由于原材料及其构成要素的所有商品价格的长期上涨，需求下降的转折点已经到来，引起原材料价格的反应”（118）。随着“原材料供应”现在“超过需求……这些高价的崩溃发生了”；而这种“原材料价格的突然崩溃阻碍了它们的再生产”（119）。所有这些都 117
会导致“抽搐……通过资本贬值的各种形式”，因为“原材料的生产范围，偶然地，先突然扩大，然后又急剧缩小”（118，120）。然而，即使材料价格下跌，在前一次繁荣时期对新老材料生产领域的投资——包括对替代材料生产的投资——也使材料生产投资的资本永久扩大和深化。正如马克思所说，“由于它所具有的推动力，原材料的再生产在更大的范围内进行”（119）。这导致材料生产商之间的竞争加剧，这种竞争加剧了材料价格的暂时低迷，自然有利于那些“享有最有利生产条件的生产国”（119）。[10]

因此，竞争倾向于强调“从有机自然中获得的原材料的相对升值和随之而来的贬值之间不断循环的交替”（121）。这就激励了资本家组成卡特尔来稳定材料价格，要么是高水平的卡特尔（cartels）（材料生产者的卡特尔），要么是低水平的卡特尔（材料购买者的卡特尔）。马克思认为，这种卡特尔不可能实现材料价格的长期稳定：

> 在原料昂贵时期，产业资本家就联合起来，组成协会来调节生产……但是，直接的刺激一旦过去，“到最便宜的市场上购买”（而不是像那些协会那样，力图提高各原出产国的生产能力，而不管这些国家当时能够提供产品的直接价格如何）——这个竞争的一般原则一旦重新取得统治地位，人们就会重新让“价格”去调节供给。一切企图对原料生产进行共同的、全面的和有预见的控制——这种控制整体说来是和资本主义生产的规律根本不相容的，因而始终只是一种善良的愿望，或者只是在面临巨大危险和走投无路时例外采取的一种共同步骤——的想法，都要让位给供求将会互相调节的信念。（119－20）

材料协议的短暂性在很大程度上归因于个体资本家从材料储存和材料价格投机中获利的机会。这种做法在短缺时期最为常见，这时候“生产资本的物质要素……从市场中撤出，只有等值的钱被扔到市场上”“结果是资本主义
118 和环境危机进一步上升”生产资料和生活资料的价格（1967a，Ⅱ，315）。事实上，“对这些商品的投机依赖于价格的进一步上涨，而使其上涨的最简单的方法就是暂时从市场上撤出一部分供应”（1967a，Ⅲ，514）。这些操作是由日益完善的信贷系统推动的，它为日益增长的“贷款资本需求”提供服务，“为了在不出售商品的情况下支付购买的商品”（514）。[11]然而，出于投机目的的信贷需求可能会对利率造成上行压力：

> 为了利用最有利的时机进行生产或预期价格会上涨，也可能发生投机性库存积压。在这种情况下，对贷款资本的需求可能会增长，而利率的上升将反映出生产性资本要素的剩余库存中的资本投资……然后，较高的利率反映出商品资本供应的人为减少。（514－15）

材料投机者支付较高利率而不会造成重大财务损失的能力通常取决于材料价格上涨的持续时间，因此，当价格下跌时，这对投机者的货币需求产生了巨大的上行压力。作为一种支付手段，要求信誉卓著的投机者只能通过苦苦销售原料库存和书面索赔来满足其需求，从而加快价格通缩（1967a，Ⅲ，516）。总而言之，信贷的使用加剧了原材料价格在上下两方面的不稳定，使得在竞争中的资本家之间维持原材料卡特尔更加困难。

尽管如此，原材料供应扰动和价格波动的最根本基础还是工业资本不断增长的原材料需求与原材料生产的自然条件之间的失衡。随着资本主义成熟到发展自己的机械制造工业的程度，这种失衡趋于加剧：

> 资本主义生产的发展越大，因此，突然和永久地增加由机器等组成的那部分固定资本的手段就越大，积累越快（特别是在繁荣时期），机械和其他固定资产的相对过剩就越大，动植物原料生产相对不足的情况更为频繁，而先前所说的价格上涨和随之而来的反应就 119
> 更加明显了。再生产过程中主要元素之一的价格剧烈波动所引起的动荡更为频繁。（118－19）[12]

在马克思看来，关于资本主义物质供应问题的“历史道德”是“资本主义制度与理性农业对抗，或者理性农业与资本主义制度不相容”（121）。同样的道理也适用于采矿业。在这两种情况下，“对原材料生产的共同、全面和有远见的控制”都需要“对相关生产者的控制”（120－21）。在马克思看来，为生产和物质吞吐量的革命性转变建立另一种动机很重要，这比资本主义材料供应骚乱和积累危机要重要得多。我将资本主义的环境危机趋势理解为人类发展危机。这种趋势暗示了资本主义生产的空间组织。

资本主义制度下的城镇和乡村

马克思和恩格斯经常从农业和非农产业的分工和相互作用，以及随之而来的“城乡对立”的角度来分析资本主义发展的环境影响（Engels，1939，323）。当然，“城乡分离”早于资本主义；事实上，马克思甚至断言，它不仅是“每一个发展良好的劳动分工的基础”，而且“整个社会的经济史都是在这种对立的运动中总结出来的”（1967，Ⅰ，352）。在《德意志意识形态》中，马克思和恩格斯断言，“城镇和乡村之间的矛盾始于从野蛮到文明、从部落到国家、从地方到民族的转变，并贯穿了整个文明史到今天”（1976，72）。[13]同时，他们认为“城镇和乡村之间的对比……被当今的资本主义社会带到了它的极端点”，而且“资本主义社会非但不能废除这种对立，反而被迫日益强化它”（Engels，1979，51）。为了理解城镇/乡村划分对环境的影响，有必要理解支撑这种强迫的力量。

首先，资本主义生产的起源及其国内市场的创建涉及通过资本主义和环
120 境危机将农业和工业分离，主要从生产的必要条件中征用农村生产者，特别是土地（见第五章）。在这个过程中，诸如“纺纱和织布”这样的活动“脱离了‘国内’工业和农业”，于是“所有［仍然］从事农业的人都成了纺纱工和织布工的市场”（Marx，1971，269）：

> 因此，与自给自足农民的生产资料被剥夺相伴随的，是农村家庭工业的毁灭，即生产和农业的分离过程。而只有农村家庭工业的破坏才能给一个国家的内部市场以资本生产方式所要求的延展性和一致性……从前，农民家庭生产生活资料和原材料，大部分是他们自己消费。这些原材料和生活资料现在已经成为商品；大农场主出售它们，他在制成品中找到了市场。羊、亚麻布、粗纺毛织品——这些东西的原料是每个农民家庭都可以得到的，是他们自己纺成的——现在变成了制造品，农村地区马上就可以向市场销售。（1967a，Ⅰ，747－48）

“资本摧毁手工业和手工劳动等工作小土地所有权”的过程随着“现代工业”的发展而达到高潮，“只有现代工业，最后，在机器中提供资本主义农业的持久基础，从根本上征用绝大多数农业人口，并完成农业和农村家庭工业之间的分离”（1973，512；1967a，Ⅰ，748－49）。然而，这种“释放一部分农业人口”如何导致工业和人口的城市集中仍有待解释（1967a，Ⅰ，745）。

这里的一个关键点是，随着“独立的、自给自足的农民的减少”，诸如“锭
子、织布机等原材料”之类的生产资料“现在从纺纱工和织布工的独立生存
手段转变为指挥他们和从他们那里吸取无报酬劳动的手段”（746）。由于对自
由劳动力的监管需要将大量劳动力聚集在一个屋檐下，资本主义对生产资
料的控制转化为工人和生产资料的更大空间集中。正如马克思所指出的，“以
前分散在全国各地的纱锭和织布机，（现在）与劳动者和原材料一起拥挤在几
个大的劳动兵营里”，这“导致了工业无产阶级的拥挤”（1967，Ⅰ，745 - 121
46）。

还有其他强大的力量迫使资本将工业活动集中在越来越大的个体工作场所和城市群。首先，从农村生产条件中解放出来的劳动者被潜在的工作机会和其他原有城镇提供的生存机会所吸引。这样，马克思指出，“对农业人口的征用和驱逐，时断时续，但一次又一次地更新，为城镇工业提供了大量的无产者，他们与企业工会完全无关，不受其约束”（745）。除了不断增长的可开发劳动力供应和原有城镇的其他优势（例如优越的金融、通信和交通设施），人口的高度集中为企业内部和企业之间的劳动分工创造了更多的机会。正如《资本论》所指出的那样：“正如一定数量的同时就业的劳动者是制造业分工的物质前提一样，人口的数量和密度也是如此，在这里，人口的数量和密度相当于一个车间的聚集，是社会分工的必要条件”（352）。马克思在《剩余价值理论》中更详细地阐述了这一点：

> 劳动分工的适当发展以一定的人口密度为前提。车间劳动分工的发展更取决于这种人口密度。在某种程度上，后一种划分是前一种划分的先决条件，反过来又进一步强化了前一种划分。它通过将以前相关的职业分成独立的职业，以及通过区分和增加他们需要的间接准备工作来做到这一点；由于生产和人口的增长以及资本和劳动力的解放，它创造了新的需求和满足这些需求的新方式。（1971，269）

马克思还认为，在其他条件相同的情况下，物理上较大的生产单位往往

会超过较小的生产单位，这是因为在将材料和生产工具加工成具有剩余价值的商品方面存在规模经济。[14]例如，资本“只有在大规模使用机械的情况下，才能大规模使用自然力，因此，也只有在劳动者相应地聚集和合作归入资本的情况下”（1994，32）。同样，在《英国工人阶级状况》中，恩格斯认为
122 “制造资本主义和环境危机”将财产“集中在少数人手中”，只要它“需要大量资本，去建立破坏小贸易资产阶级的庞大机构，用以迫使自然力量为其服务，从而把独立工人的手工劳动赶出市场”（1973，60）。另一种“通过大规模集中来节约生产资料”的方法涉及“从本质上讲，只适合于共同使用的劳动工具，例如机械系统”（Marx，1967a，Ⅰ，623），“通常在生产过程中由全体劳动者消费，而不是被大量断断续续经营的劳动者以小部分消费”（1967a，Ⅲ，79）。[15]

生产资料和劳动力集中化的竞争动力被企业间分工的集聚效应所强化，并反过来强化了这种集聚效应。更接近生产相关使用价值的企业可能会增加它们从彼此之间，以及从作为一个社会整体的生产单位分组中获得“外部经济”的能力。除了共同利用大型通信和运输设施所产生的潜在经济效益外，“一个工业部门的劳动生产率”还可以“作为一个杠杆，使另一个工业部门的生产资料廉价化和改进，从而提高利润率”（1967a，Ⅲ，85）。在这里，“任何一个生产线的劳动生产力的发展，例如，铁、煤、机械、建筑业的生产”，导致“其他工业生产线，例如纺织业或农业的生产资料的价值和成本的降低”（81）。考虑到运输成本，企业的空间分组可能使它们更容易从这些影响中获利。

一旦生产在某一特定地点集聚到一定程度，自然会吸引更多可利用劳动力的迁移，从单个企业的角度来看，它实际上是一种公共利益，为集聚提供了动力过程。在《英国工人阶级状况》一书中，恩格斯对这一点进行了有趣的讨论。他在书中描述了从一个小村庄到一个工业城市地区的发展：

> 人口也像资本一样集中起来；这很自然，因为在工业中，人——工人，仅仅被看做一笔资本，他把自己交给厂主使用，厂主
> 123 以工资的名义付给他利息。大工业企业要求许多工人在一个建筑物

里共同劳动；他们必须住得集中，甚至一个中等规模的工厂附近也会形成一个村镇；他们有种种需求，为了满足这些需求，还需要其他人，于是手工业者、裁缝、鞋匠、面包师、泥瓦匠、木匠等都搬到这里来了。村镇的居民，特别是年轻一代，逐渐习惯于工厂劳动，逐渐熟悉这种劳动；当第一个工厂很自然地已经不能保证所有的人就业时，工资就下降，结果就是新的厂主搬到这里来。于是村镇变成小城市，小城市变成大城市。城市越大，定居到这里就越有利，因为这里有铁路、运河和公路。挑选熟练工人的机会越来越多，由于附近的建筑业主和机器制造厂主之间的竞争，在这种地方开办新企业就比偏远地区花费要少，因为在偏远地区，建筑材料和机器以及建筑工人和工厂工人都必须先从别处运来，这里有顾客云集的市场和交易所，这里同提供原料的市场和销售成品的市场有直接的联系。这样一来，大工厂城市的数量就以惊人的速度增长起来。(1973，60－61)

马克思和恩格斯指出了限制资本主义城市工业和人口聚集的某些因素。例如，在给定空间中对工业活动的包装存在物理限制，这些限制产生了设施空间扩展的相反趋势，“的确，与手工业相比，大型工业可以将大量生产集中在一个较小的区域。然而，在任何给定的生产率水平下，总是需要一定的空间，而高层建筑的建造也有其实际的局限性”（Marx，1967a，Ⅲ，781）。

城市工业集中度也可能侵蚀当地的自然生产条件，以至刺激资本向工业化程度较低和城市化程度较低的地区迁移。恩格斯以工业供水为例说明了这一点：

如果说水力必然存在于乡村，那么蒸汽力却决不是必然存在于城市。只有蒸汽力的资本主义应用才使它主要集中于城市，并把工厂乡村转变为工厂城市。但是这样一来，蒸汽力的资本主义应用就同时破坏了自己的运行条件。蒸汽机的第一需要和大工业中差不多一切生产部门的主要需要，就是比较干净的水。但是工厂城市把所有的水都变成臭气熏天的污水。因此，虽然向城市集中是资本主义生产的基本条件，但是每个工业资本家又总是力图离开资本主义生产所必然造成的大城市，而迁移到农村地区去经营。(1939，322)

124 寻求更低的工资成本可能会进一步刺激这种工业分权，特别是如果农村地区和较小的村庄中仍有大量潜在的可利用劳动力储备。只要城市工人更有效地组织工会，这种动机就会得到加强。[16]正如恩格斯指出：“乡村……具有的优势是工资通常低于城镇，因此城镇和乡村处于不断竞争中；而且，如果今天的优势就在城镇那边，明天乡村的工资就会下降到同样低的水平，以至于在那里进行新的投资是最有利可图的”（1973，61）。

除了这些积极的离心力之外，还有一些使资本分散的一般条件。从经济上来说，“密度或多或少是相对的”，因为“一个人口稀少、通讯手段发达的国家，其人口密度要大于一个人口众多、通讯手段不发达的国家”（Marx，1967，Ⅰ，352－53）。交通工具也是如此（384）。运输和通信的发展可以支持更分散的生产模式，无论是在整个国家还是在特定的城市地区。在制度层面上，促使权力下放的一个主要因素是由资本家及其管理人员决定的企业内部的劳动分工与由无政府市场竞争决定的企业之间的劳动分工之间的对比：

工场手工业分工以生产资料集中在一个资本家手中为前提；社会分工则以生产资料分散在许多互不依赖的商品生产者中间为前提。在工场手工业中，保持比例数或比例的铁的规律使一定数量的工人从事一定的职能，而在商品生产者及其生产资料在社会不同劳动部门中的分配上，偶然性和任意性发挥着自己的杂乱无章的作用。(355)

上述观察表明了工业权力下放的另一个潜在载体，即新企业或“额外资本”倾向于“在正常的积累过程中形成”，因为“部分原始资本脱离自身，作为新的独立资本发挥作用”（625，628）。[17]这一趋势部分抵消了“许多小资本向少数大资本的转变”，因为“每个职能资本的增加都受到新资本的形成和

旧资本的细分的阻碍”。因此，在其他条件相同的情况下，限制了在个别企业 125
和工作场所集中大量劳动力和生产资料的趋势。资本积累现在“一方面表现为生产资料的日益集中和对劳动力的控制；另一方面，许多单个资本相互排斥”（625）。

马克思和恩格斯认为，这些分散的趋势不足以抵消迫使工业资本向城市群发展的向心力。就权力下放可能由新成立的企业主导而言，这种权力下放受到日益增长的趋势的阻碍，即这些资本“已经通过集中运动聚集在一起”，无论是在制度上还是在空间上（Marx，1967a，Ⅰ，628）。[18]通信和运输手段的改进可能使权力下放更加可行，但它们的生产需要大规模的工业设施，从而加强劳动力和生产手段的空间集中（384 – 85）。

最重要的是，工业设施的分散化本身有助于促进新的资本积累增长中心的形成，从而形成新的城市群。正如恩格斯所言：“在乡村建设的每一个新工厂都孕育着一个制造业城镇的萌芽”，“现代资本主义工业通过不断地从城镇逃到乡村，不断地带来新的大城镇”（1973，61；1939，322）。因此，“制造业的集中化趋势继续全力以赴”，但在一个扩展的基础上（1973，61）。换句话说，产业集聚并没有受到阻碍，而是被资本主义的分权扩大了。因此，通信和交通的改善转化为经济密度的增加，不仅在货币意义上，而且在扩大工业区的物质和能源的日益密集的社会交换（和环境吞吐量）的意义上。[19]

资本主义产业集聚的盈利性揭示了价值和资本的反生态特征。在这些领域，相互竞争的企业自由地利用其自然和社会环境的生产潜力作为开发劳动力的手段。在这样做的时候，他们忽略了不断增长的工业生产量和物质上密集的工业和人口，对构成人类发展最终自然基础的独特生态网络和生物圈联系的综合影响。马克思和恩格斯对城镇/乡村对立的分析通过其对资本主义制度下农业和制造业之间的交流的处理来解决这些影响。

资本主义与人类发展的自然条件 126

资本主义生产的空间和技术转变损害了作为人类发展条件的自然财富的质量。工业和人口在城市地区的集聚，以及基于自给自足减少和农村经济人口减少的农业工业化，产生了一种对环境不可持续和直接危害人类健康的物质社会循环。这种对资本主义生产的环境批判是马克思和恩格斯著作中反复出现的主题。

工业资本主义城市产生了两种类型的材料和能源吞吐量的增长。如前所述，工业劳动生产率的提高转化为生产和销售商品盈利所需的“正常”水平的材料和能源吞吐量。当工业劳动生产率本身受到集聚的推动时，这种生产能力就会加快。恩格斯在《英国工人阶级状况》一书中详细记录了工业废物对城市居民健康的不利影响。此外，城市吞吐量的很大一部分是以“消费排泄物。这些排泄物通过人体内物质的自然交换而产生，并部分作为消费后留下的物品”的形式出现的（Marx，1967a，Ⅲ，101）。这些排泄物对城市健康的影响，特别是在缺乏适当住房和卫生设施的工人阶级地区，不仅在恩格斯早期的经典著作中，而且在《资本论》第Ⅰ卷中都有描述，特别是在马克思关于“英国工业阶级的低收入阶层”和“游牧人口”的案例研究中，说明了“与资本积累相对应的苦难的积累”（1967a，Ⅰ，645，654－67）。[20]

马克思和恩格斯经常分析消费排泄物对城市健康的影响，作为他们对资本主义农业和城市工业分工所产生的物质循环的更广泛批判的一部分。他们认为，城市垃圾问题与土壤肥力下降同步增长，因为城市工业聚集区破坏了以前通过土地本身进行的材料循环：

> 资本主义生产使它汇集在各大中心的城市人口越来越占优势，这样一来，它一方面聚集着社会的历史动力，另一方面又破坏着人和土地之间的物质变换，也就是使人以衣食形式消费掉的土地的组成部分不能回归土地，从而破坏土地持久肥力的永恒的自然条件。
> 127 这样，它同时就破坏城市工人的身体健康和农村工人的精神生活。（Marx，1967a，Ⅰ，505）

显然，马克思对资本主义如何“破坏了维持物质流通的自然增长的条件”的分析涵盖了农业和城市工业领域（505－6）。这一点很重要，因为许多人认为马克思对资本主义环境失灵的认识基本上局限于农业。[21]例如，在《资本论》第Ⅲ卷中重申了城市工业集中与土壤肥力下降之间的联系，马克思认为

> 大土地所有制使农业人口减少到一个不断下降的最低限量，而同他们相对立，又造成一个不断增长的拥挤在大城市中的工业人口。由此产生了各种条件，这些条件在社会的以及生活的自然规律所决定的物质变换的联系中造成一个无法弥补的裂缝，于是就造成了地力的浪费，并且这种浪费通过商业而远及国外。(1967a，Ⅲ，813)

在同一卷书中，马克思对这种与“生命的自然规律”相“决裂”潜在的农业原材料的大规模浪费表示遗憾，——具体而言，就是未能回收“消费的排泄物”：

> 人的自然排泄物和破衣碎布等等，是消费排泄物。消费排泄物对农业来说最为重要。在利用这种排泄物方面，资本主义经济浪费很大；例如，在伦敦，450 万人的粪便，就没有什么好的处理方法，只好花很多钱用来污染泰晤士河。(101)[22]

资本主义对工业城镇和农业乡村的对比造成了一种物质循环，这种循环不仅腐蚀了农业生产的自然条件质量，而且也腐蚀了更普遍的人类发展的自然条件的质量。它违反了伟大的农业化学家尤斯图斯·李比希（Justus Liebig）提出的“要求”，即“人应该把他从土地上得到的东西归还给土地”(Engels，1979，92)。[23]不仅是“城镇的存在，特别是大城镇的存在”，使资本主义无法满足李比希的要求（92）。农业产业化进一步掠夺了土地的自然财富，而这不仅是城市工业废物的影响，而且是城市资本主义排泄物无法回收
利用和环境危机造成的（见第七章）。在对利润的竞争性追求下，农业技术利 128
用城市工业提供的机器和其他投入进行改造，从而加速了土壤的贫化，同时也加剧了农业劳动力的开发，而农业劳动力在农村非农产业遭到破坏的情况下，本身在很大程度上是季节性的。正如马克思所指出的：“资本主义农业的一切进步都是技术的进步，不仅是掠夺劳动者，而且是掠夺土地”（1967a，Ⅰ，506）。[24]资本主义农业和城市工业对劳动力及其自然条件的联合影响在《资本论》第Ⅲ卷中作了总结：

> 大工业和按工业方式经营的大农业共同发生作用。如果说它们原来的区别在于，前者更多地滥用和破坏劳动力，即人类的自然力，而后者更直接地滥用和破坏土地的自然力，那么，在以后的发展进程中，二者会携手并进，因为产业制度在农村也使劳动者精力衰竭，而工业和商业则为农业提供使土地贫瘠的各种手段。（Marx，1967a，Ⅲ，813）

总的来说，马克思对资本主义环境危机的分析不仅仅包括农业和城市工业的环境效应。它涵盖了资本主义“发展技术的整个过程，以及将各种过程结合在一起形成一个社会整体”（1967a，Ⅰ，506－07；重点补充）。资本主义在城市地区“集中了社会的历史动力”，从而造成了浪费和破坏生态的物质生产能力的集中；但这样做，它在治理农业的同时，也“彻底撕碎了在初级阶段把农业和制造业连在一起的旧联盟纽带”，同时利用农业来实现货币积累的数量无限的目标——利用城市工业提供的阶级剥削和反生态工厂化农场技术追求的目标（505）。在这整个过程中，资本最终“侵蚀了所有财富的原始来源，即土地和劳动者”（507）。

对马克思分析的几点补充

马克思的资本主义环境危机观是指资本主义生产的总体空间组织和技术组织。因此，它不仅依赖于马克思对农业和城市工业资本积累的全面分析，
129 而且是其最高点。（马克思分析的某些附加方面，包括资本对劳动力及其自然条件的有限弹性的过度扩张，将在第十章中讨论。）这一部分表明，马克思的分析是开放的，包括三个额外的问题，必须面对任何现实的环境危机的观点：在生产和消费中使用不可生物降解的合成物；全球范围的环境危机；以及根据热力学第二定律，人类生产所产生的能量增加的影响。

马克思不可能意识到资本主义越来越大规模地开发和处理环境中不易被先前存在的生态过程吸收的合成材料。首先，这类合成材料大体上是第二次世界大战后发展的，而马克思乐观地预测，在资本主义达到造成生态破坏的全部潜力之前，向环境可持续的共产主义生产体系的过渡将发生得更早

（Foster，1997，287）。但是，合成商品和生产量确实符合马克思的分析，即资本的强烈倾向是将劳动和自然分割和简化，而忽略了任何特定质量的自然财富再生产所需的生态联系（见第七章）。同时，合成材料是价值对使用价值种类的根本漠不关心的一种症状，即只要它们是可销售的，它就被对象化了（见第十一章）。总的来说，资本主义在城乡内部和城乡之间的合成物和有机物的浪费和不健康循环，清楚地体现了马克思的分析所揭示的价值和资本的反生态特征。同时，资本主义的城市工业集中和工业化农业产生了与自然物种多样性（包括有生命的和无生命的）不一致的人造材料产量和土地利用模式，从而“削弱”了自然财富丰富的多样性和弹性。[25]

马克思的观点在多大程度上涵盖了这些生态破坏的生物圈范围？尽管马克思和恩格斯在分析城镇和乡村的确切空间范围（包括农业和城市工业的相互作用）时往往有些模棱两可，但显然，基本动力不仅仅适用于个别地区和国家，而且还适用于全球范围。作为证据，首先可以指出马克思对资本主义原材料生产领域不断扩大的分析。我已经展示了周期性的材料短缺和价格上涨如何刺激了新的农业（和采矿）地区的发展。[26]材料生产的空间扩展和交换 130
也是世界市场、国际分工和工业生产全面扩张在竞争性货币积累刺激下的自然产物。《共产党宣言》概述了这一一般过程：

> 古老的民族工业被消灭了，并且每天都还在被消灭。它们被新的工业排挤掉了，新的工业的建立已经成为一切文明民族的生命攸关的问题；这些工业所加工的，已经不是本地的原料，而是来自极其遥远的地区的原料。（Marx and Engels，1968，39）

罗莎·卢森堡（Rosa Luxemburg）在其经典著作《资本积累论》中对材料全球化做出了更加丰富多彩的描述：

> 总体而言，迄今为止，资本主义生产主要局限于温带地区的国家，而东部和南部的进步相对较小。因此，如果它仅取决于在如此狭窄的范围内可获得的生产要素，那么它的目前水平以及实际上的

> 发展总体上将是不可能的。资本主义生产的形式和规律从一开始就旨在将整个地球构成生产力的储存。资本占有了一定的生产力以进行剥削，掠夺了整个世界，它从地球的各个角落采购其生产资料，并在必要时以武力从各种文明和各种形式的社会中夺取了这些生产资料。资本主义积累的物质要素问题，远没有被已经产生的剩余价值的物质形式所解决，而是有着截然不同的方面。资本有必要逐步地在全球范围内进行更充分地配置，以获取质量和数量都不受限制的生产资料选择，以便为已实现的剩余价值寻找生产性用途。(1964，358)

这段话揭示了工业化国家和地区在原始材料生产国和地区上覆盖的“生态阴影”的系统性根源（Dauvergne，1997）。卢森堡强调温带地区从工业化程度较低的东部和南部提取材料的过程中，几乎可以识别世界范围内的城镇/乡村对立面。这并不奇怪，因为马克思在《资本论》第Ⅰ卷中已经勾勒出了全球城镇/乡村分析：

> 一方面，机器直接引起原料的增加，例如轧棉机使棉花生产增
> 131 加。另一方面，机器产品的便宜和交通运输业的变革是夺取国外市
> 场的武器。机器生产摧毁国外市场的手工业产品，迫使这些市场变成它的原料产地……大工业国工人的不断“过剩”，大大促进了国外移民和外国的殖民地化，而这些外国变成宗主国的原料产地，例如澳大利亚就变成羊毛产地……一种与机器生产中心相适应的新的国际分工产生了，它使地球的一部分转变为主要从事农业的生产地区，以服务于另一部分主要从事工业的生产地区。(1967a，Ⅰ，451)

城镇/乡村对立的基本元素都在这篇文章中，但现在是在世界的范围内。这提供了一个框架，在这个框架内，人们可以处理资本主义的全球物质循环所造成的生态甚至生物圈的破坏，包括从非本土物种进口到不同物种的干扰生态区（Vitousek et al.，1997，498）。

资本主义城乡对立的全球范围似乎是一个恰当的注解，在这一点上，我们可以转向要考虑的最后一个问题，即马克思的框架是否能够纳入不断增长的能源产出的生物圈效应。在这里，马克思对资本不断增长的物质吞吐量的分析明确地包含了燃料和其他辅助材料的加工。结合马克思对货币积累的无限性作为生产目标的认识，这一分析有助于我们理解资本主义将越来越多的能源转化为不太有组织的倾向，以熵增的形式忽略了地球有限的不可再生能源供应和在不造成严重的气候和生物圈混乱的情况下有限吸收熵的能力。

时常敏锐的生态经济学家胡安·马丁内斯·阿里尔（Juan Martínez-Alier）最近质疑，马克思对政治经济学的批判是否对资本主义不可持续的能源加工提供了任何有意义的见解——他的主要证据是他所说的“恩格斯自己对谢尔盖·波多林斯基（Sergei Podolinsky）在1880年试图将人类生态能量论引入马克思主义经济学的消极反应”（Martínez-Alier，1995a，71）。但是，当我们研究恩格斯和马克思的相关通信时，就会出现更加细微的差别。恩格斯举例说，“劳动者不仅是现在的稳定者，而且在更大程度上是过去的太阳热能的挥霍者”，这些热能以不可再生能源和森林的形式存在。他继续感叹“我们所做的 132
事情浪费了我们的能源、煤炭、矿石、森林等储备……”（Engels to Marx，December 19，1882，in Marx and Engels［1992，411］）。这仅仅是一种“消极反应”吗？

恩格斯对热力学第二定律的认识并不如他对波多林斯基的评论的方法论内容那么重要。恩格斯所困扰的不是在马克思对政治经济学的批判中引入了生态能量学，而是波多林斯基试图“单纯地以物理手段表达经济条件”的尝试，这种尝试是纯粹的，鉴于所有经济现象的社会关系特征，是“绝对不可能的”。恩格斯抱怨说：“波多林斯基误入歧途……因为他试图在自然科学领域中找到关于社会主义正确性的新证据”，而没有在分析资本主义物质生产的特定社会形式的背景下应用“他的非常有价值的发现”。这就是波多林斯基“将物理与经济相混淆”的意义（Engels to Marx，December 19，1882，in Marx and Engels［1992，411－12］）。从这个角度来看，马丁内斯·阿里尔将恩格斯的评论定性为“消极反应”，这简直就是歪曲。

这里真正关键的问题是，马克思对政治经济学的批判是否否认了对资本主义生产的所有自然限制，甚至否认了历史上特定的限制。[27]马克思对资本主义的物质供应扰动和对城镇/乡村对立的分析，以及它对人类发展自然条件的掠夺，清楚地认识到资本占有的自然财富的有限性。下一章将进一步证明这种认识。

第十章

马克思的工作日分析与环境危机

俄国杰出的马克思主义政治经济学家鲁宾(I. I. Rubin)曾经观察到,“在资 133
本主义社会……不同生产要素的所有者之间不存在永久的、直接的关系”(1972,18)。这种暂时性不仅适用于工人与资本家之间的关系,而且适用于人与自然的关系。在资本主义制度下,这两种关系的再生产通常依赖于它们的货币盈利能力。这两种关系都倾向于根据私人盈利能力和竞争力的要求加以利用、重塑、扩展和放弃,而不是根据任何具有永久性或可持续性的社会和生态标准。

劳动和自然作为货币积累工具的这种相似之处,有助于解释为什么马克思把资本主义对劳动的异化与资本主义对生产者的自然异化结合起来看待。就资本主义的环境危机倾向而言,这种相似之处的一个重要方面是:资本对人类劳动力的剥削的限制,就像资本对自然条件的剥削的限制一样,并不完全由资本本身决定。在这两种情况下,限制都涉及不受特定社会生产形式改变的某些物质特征。然而,资本对劳动和自然的剥削的限制是弹性限制,这种弹性部分是由于劳动力和人以外的自然的自然特征,部分是由于这些限制本身的社会定义的特征。[1] 资本对劳动力和自然的破坏性影响是源于其利用这种弹性的倾向,
因为竞争性货币积累的压力将人类和人以外的自然力量推向了崩溃点——使 134
得对资本剥削两种基本财富来源的社会约束成为必要。从这个角度来看,马克思对工作时间、童工和工作日斗争的分析,为生态社会主义者提供了重要的

见解。

资本与工作时间的自然和社会限制

上述相似之处可以从马克思对工作日长度的“最终的，尽管非常有弹性的边界”的分析和资本将工作时间延长到“超出其自然极限——直到立法不得不采取措施”的趋势中看出（1976b，57；1988，319）。马克思认为，由于“工作日的变化”受制于“物质和社会的界限”，资本的“趋势……为了获得尽可能多的活劳动时间”本身“部分受到物质条件的制约，部分受到社会障碍的制约”（1967a，Ⅰ，232；1988，180）。

在马克思看来，资本有一种内在的倾向，即消除一切阻碍劳动时间延长的社会障碍。在这里，资本利用了劳动者需求的向下灵活性——这种灵活性是劳动力作为一种社会的、自然的再生产力量的基本特征。[2] 为了吸收“人类的积极存在”作为剩余劳动，资本利用了工人对“满足他的智力和社会需要的时间的需求的弹性，这些需求是由社会进步的总体状态决定的”（1991，493；1967a，Ⅰ，232）。工人的“发展空间”的收缩代表了“对工人的生命，精神和物质生活的占有”（1991，493）。资本不仅利用了劳动力需求的社会弹性，而且利用了劳动力需求的自然弹性，因为货币积累和竞争的力量促使资本“超越劳动时间的自然限制”，“因此而生产……不仅是人类劳动力的退化，因为它被剥夺了正常的、精神的和物质的发展和发挥作用的条件”，而且是“这种劳动力本身的过早衰竭和死亡”（1991，386；1967a，Ⅰ，265）。[3]

资本对“日常劳动时间的自然界限”的侵犯，它的“不变趋势……尽可能延长它的长度，因为在同样的程度上，剩余劳动和由此产生的利润将会增加”，这可以通过改变昼夜的社会定义，从而延长工作时间来证明（1988，181；1976b，52）。对马克思来说，不管每天工作时间的长短，夜班本身都包
135 含着一种不自然的“‘白天’和‘夜晚’的意义”，它利用了工人与自然进行健康新陈代谢的灵活性需求（1988，223）。[4] 在资本积累和竞争的影响下，“所有的界限……白天和黑夜被分解了”，就工作时间的延长而言，“甚至白天和黑夜的概念……都变得非常困惑，以至于一位英国法官……需要一定的犹太法典智慧来‘公正地’解释什么是白天，什么是黑夜”（1967a，Ⅰ，

278）。这种模棱两可的话“允许最大的纬度”用于“8、10、12、14、16、18小时的工作日，也就是最不同的时间长度”，甚至“马尔萨斯，一个你不会怀疑是多愁善感的人，也宣称……如果这样的事情继续下去，国家的生命将会从源头上受到攻击”（232；1976b，53）。[5]

因此，资本滥用劳动者恢复能力的弹性极限，正如它滥用特定生态系统的吸收能力和恢复能力一样，在这两种情况下都会导致自然力量的破坏。正如资本在利用其他生态系统继续发挥作用的同时，以其破坏特定地方和区域生态系统的能力威胁着生物圈的破坏一样，它也在一定的极限范围内，在代内和代际的基础上，对劳动阶级采取了同样的“刀耕火种”的做法。从资本的角度来看，“连续几代不健康、寿命短的人将使劳动力市场的供应与连续几代精力充沛、寿命长的人一样充足”（1976b，57）。[6] 尽管工作时间不自然地延长，但劳动力的可用性得到了资本“不断吸收……来自国家的物质上没有腐败的因素”的支持，也就是说，由于农业资本化和手工业在国内和世界范围内的竞争性破产而释放出来的“人口过剩”（1967a，Ⅰ，269，642）。资本主义对儿童的雇佣（见下文）也应该放在这样的背景下，即资本努力“超越由个人生活、工作日形成的自然限制……通过在同一时间在第一个工作日旁边设置另一个工作日——通过在空间上增加更多同时发生的工作日”（1973，400）。[7] 可剥削劳动力的供给也被资本的趋势所补充，通过劳动的机械化和集约化，“释放一定数量的劳动能力，使之成为可支配的”，也就是说，“把它们从……不同生产领域的过剩劳动力中驱逐出去”（1994，186）。[8]

通过增加资本主义在全球人口中所占的比例，通过机械化和生产率的提高产生多余的劳动力，资本暂时避开了劳动力的自然限制，实际上，“增加了构成资本剥削基础的活劳动能力的数量；从中提取剩余价值的有活力的物质” 136
（1994，10－11）。然而，就像在人以外的自然的情况下一样，资本从这些自然限制中获得的表面上的自由，只有以对自然力量（这里是劳动力的自然力量）进行更广泛、更深层次的剥削和掠夺为代价。

童工的自然和社会方面

滥用劳动力的自然弹性和社会弹性是资本雇佣儿童的一个重要方面。童工现象揭示了资本主义剥削的本质，尤其是因为“每个时代的真实特征都活在孩子们的本性中”（Marx，1973，111）。对马克思来说，人类退化到一种次自然状态不仅体现在“身体的退化……儿童和年轻人”受雇于资本，而且也体现在“道德退化造成的［这种］资本主义剥削”（1967a，Ⅰ，397，399）。马克思把“不成熟的人变成制造剩余价值的机器而人为造成的智力荒芜”描述为“一种与自然无知明显不同的精神状态，这种自然无知使思想处于休养状态，而不破坏其发展能力和自然的生育能力”（399）。[9]

因此，在马克思看来，自然退化和社会退化是资本主义童工不可分割的两个方面。儿童的雇佣涉及资本利用劳动力的“自然多样性”（“劳动力之间的差异……儿童和成人”），以降低其工资和获得更顺从的劳动力（519）。但是，资本对儿童的剥削也意味着，关于什么是健全工人的主流社会观念，甚至是关于童年和成年的主流社会观念，必须加以修正。

因此，“根据资本主义人类学，童年的年龄在 10 岁结束，或者超出这个范围，11 岁结束”（280）。与此同时，在资本主义经济框架内，童工隐含着特定的物质和社会过程。

例如，资本的生产机械化促使雇佣童工，因为“只要机器不需要肌肉力量，它就成为雇佣肌肉力量弱的劳动者和那些身体发育不完全，但四肢更柔软的劳动者的手段”（394）。这种“机械车间”通过相对减少对“熟练劳动力”的需求进一步促进了童工的使用，“熟练劳动力只能在更成熟的年龄开始
137 学习，然后只能通过多年的学徒期达到所需的精湛水平”（1991，493）。在马克思看来，当资本“在心智和身体还处于不成熟状态时就控制着其心智和身体”时，孩子的身心发展就会下降到一种次自然的状态。问题在于，这种“机器劳动不需要肌肉的全面运用”，而且“没有体力活动的机会；它也不允许任何精神活动”（494）。

此外，童工一旦在一定程度上普遍化，它就成为一种正常的、非自愿的养家糊口的手段。当儿童“成为其他工人的竞争对手”时，实际上，父母被迫“从事奴隶贸易”，因为他们“努力通过出售儿童来弥补成年工人在童工竞争中失去的东西”（1991，492）。在这种情况下，资本利用儿童个人较低的物质生活需要（以及对妇女和儿童的歧视），从多个家庭成员的雇佣中获得“范

围经济”，因为劳动力的价值是由家庭而不是个人决定的。正如马克思所说（以一个有两个孩子的传统家庭为例），雇佣儿童（和妇女）“将男人劳动力的价值分摊到他的整个家庭”，如此一来资本“提高了剥削的程度”，因为“为了维持一家的生活，现在四口人不仅要劳动，而且要为资本家耗费剩余劳动”（1967a，Ⅰ，395）。家庭雇佣劳动时间的延长还包括用购买商品来代替家务活动，因此“家务劳动支出的减少伴随着金钱支出的增加”。这样一来，家庭生活的范围和质量降低了，而“维持家庭的成本增加了，并与更高的收入相平衡”（395）。[10]

总的来说，马克思对童工的分析说明了资本对待人和人以外的自然之间的真正相似之处。正如资本主义倾向于重塑可接受的自然条件的社会标准以符合这些条件转化为货币积累的条件（除非被迫这样做）一样，这一制度还具有一种强大的内在倾向，即通过延长“工人家庭的每一个成员，不分年龄和性别”的雇佣劳动时间，在家庭和工作中降低工人阶级的社会和物质生活水平（394）。马克思本人明确地并反复地提出这种类比，这不足为奇。

资本主义与自然和人类极限的过度扩张 138

马克思经常注意到，资本通过延长超出人类恢复能力极限的劳动时间而消耗劳动力的自然力，与资本通过掠夺人类以外的自然来过度扩张土地的再生能力，这两者之间存在相似之处。例如，在考虑英国对工作时间的法律限制的起源时，马克思认为，“工厂劳动的限制是由在英国田野上散播鸟粪同样的必要性所决定的。这种对掠夺的盲目渴望在一种情况下耗尽了土地，而在另一种情况下，它从根上撕裂了国家的生命力”（1967a，Ⅰ，239）。

资本对劳动力和人以外的自然的掠夺都涉及以牺牲长期可持续性为代价获取短期收益：

> 对未来的预期——真正的预期——发生在与工人和土地有关的财富生产中。在这两种情况下，由于过早地过度劳累和精疲力竭，以及由于支出和收入之间的平衡受到干扰，未来确实是可以被预见和毁灭的。在资本主义生产中，这种情况既发生在工人身上，也发

> 生在土地上……在这里，被缩短的是权力，而这种权力的寿命由于加速消耗而缩短。(1971, 309 - 10)

对马克思来说，资本对劳动力和人以外的自然的双重剥削意味着对自然力的双重窃取。正如“贪婪的农民通过掠夺土地的肥力来攫取更多的农产品”一样，资本“侵占了人体生长、发育和维护健康的时间”，“窃取了消耗新鲜空气和阳光所需的时间”（1967a，Ⅰ，265）。马克思将劳动时间的过度延长视为对自然力的掠夺，这反映在他对资本的描述中，资本是一种社会物质的寄生虫，“像吸血鬼一样，只靠吸吮劳动为生，吸吮的劳动越多，它就活得越久”（233）。[11]这里被掠夺的不仅仅是私人的劳动力：它是“原始能源”或“人民的生命力”，这正是“恢复国家生命力的储备基金”（269；1967a，Ⅲ，813）。由于人类劳动力作为一种社会生命力，这种掠夺具有更广泛的社会意义。从社会再生产和发展的角度来看，劳动力是一种具有明确的（尽管是弹
139 性的）自然限制的公共资源。当资本把这种生命力作为私人货币积累的条件进行掠夺时，它在物质上和社会上都破坏了这种生命力。

马克思认为工作时间的过度延长是对公共资源的盗窃，这种观点似乎有些牵强；但马克思确实从这样的角度分析了资本主义对人类再生产的威胁。从个体竞争资本家的角度来看，可剥削劳动力的供应似乎是无限的，而且在任何情况下，与他们个人掠夺劳动力的努力相比，都是外生的。尽管如此，资本对工人阶级的整体剥削破坏并威胁着这种人类社会基本生命力的再生产。马克思用“公地悲剧”模型来处理这一动态，该模型是通过类比证券交易所的投机泡沫而发展起来的：

> 一般说来，经验向资本家表明：过剩人口，即同当前资本增殖的需要相比较的过剩人口，是经常存在的，虽然这些人发育不良、寿命短促、更替迅速、可以说尚未成熟就被摘掉……有如此“好理由”来否认自己周围一代工人的苦难的资本，在自己的实际运动中不理会人类在未来将退化并将不免终于灭绝的前途，就像它不理会地球可能和太阳相撞一样。在每次证券投机中，每个人都知道暴风

> 雨总有一天会到来，但是每个人都希望暴风雨在自己发了大财并把钱藏好以后，落到邻人的头上。我死后哪怕洪水滔天！这就是每个资本家和每个资本主义国家的口号。因此，资本是根本不关心工人的健康和寿命的，除非社会迫使它去关心。（1967a，Ⅰ，269－70）

总之，马克思强调，资本对劳动力的剥削和对自然条件的掠夺也表现出同样的内在倾向，即危害自身的物质基础。在这两种情况下，自然极限的过度延伸和社会最终清算日的到来，都是由于资本能够获得其直接物质需求（可剥削的劳动力和允许其剥削的条件），尽管资本主义剥削本身正在破坏这些自然条件。与此同时，资本的积累能力，尽管对其自身的人类和非人的条件有腐蚀作用，但却清楚地表明，在人与自然的可持续协同进化中，它的使用价值要求是如何与使用价值的必要基础相异化的。

社会约束对资本主义剥削的意义 140

马克思劳动时间分析的另一个维度对生态政治具有重要意义。它涉及马克思的建议，即对人类劳动能力的社会保护，不受资本“工作日的非自然延长”的影响，必须“采取阶级斗争的形式，从而要求国家权力的干预”（1967a，Ⅰ，266；1988，184）。马克思的理由如下：

> 至于工作日的限制，在英国和所有其他国家一样，除了通过立法干预之外，从来没有解决过。没有工人们不断的压力，没有这种干涉，就不会发生。但是，无论如何，这种结果不是工人和资本家之间的私人解决办法所能达到的。这种采取普遍政治行动的必要性本身就证明，资本在其纯粹经济的行动中是较强的一方。（1976b，59）

在这篇内容丰富的陈述中，有几个相互关联的论点。首先，马克思断言，对工作时间的有效调节不能私下实现。马克思在这里和其他地方都将可持续的工作日（与劳动力自然力量的日常再生相一致）视为一种公共利益。这与马克思从社会再生产和发展的观点出发，认为劳动力是一种有限的公共资源的观点相吻合。即使是新古典经济学家也认识到，由于竞争的力量和“搭便车”问题，不受监管的市场可能会低估公共产品的价值。然而，马克思对这一公共产品问题的分析是基于资本主义的阶级关系。[12]因此，他认识到劳动力的日常活力（即工人的自由时间）的低估程度取决于资本和劳动力作为一个整体的相对议价能力。在这里，马克思提出，如果不对工人的“普遍政治行动”和“不断的压力”进行“立法干预”，以资本对就业手段的控制和失业后备军的再生产为条件的阶级力量的总体平衡（“其仅仅是经济行为”），将倾向于资本而不是劳动力，其结果是“无限和不计后果地延长工作日”（1967a，Ⅰ，298）。

因此，马克思认为有必要通过工人阶级的普遍压力，并采取国家行动，以防止过度的工作时间，这是由于资本主义具有阶级偏见的经济动态和劳动
141 力作为自然财富的社会特征。这就是马克思那句令人费解的话背后的整体推理：“资本的无限需求永远不能被工人的孤立努力所控制”，因此“工作日的规定是斗争的结果，是集体资本（即资本家阶级）和集体劳动（即工人阶级）之间斗争的结果”（1988，184；1967a，Ⅰ，235）。[13]一旦人们认识到，非人类的自然条件和工人的自由时间都具有重要的公共利益和公共资源特征，这与其在劳动力的日常再生和长期再生产中的特殊作用有关，马克思关于环境监管推理的相关性就清晰地显现出来了。

到目前为止，人们一直认为资本的利益在于最大限度地延长工作时间。但马克思也认识到，从长远来看，在某些方面，即使对资本来说，对工作时间的限制似乎也是合理的。除了对资本的绝对使用价值要求（可剥削的劳动力）构成长期威胁外，无限的工作时间可能会增加工人的生存消费需求，从而对工资成本构成上行压力。超过一定的界限，工作时间的延长

> 缩短工人的寿命，缩短他们的劳动力发挥作用的时间，那么，已经消费掉的劳动力就必须更加迅速地得到补偿，这样，在劳动力的再生产上就要花更多的费用，正像一台机器磨损得越快，每天

> 要再生产的那一部分机器价值也就越大。因此，资本为了自身的利益，看来也需要规定一种正常工作日（1967a，Ⅰ，266；重点补充）。

此外，不受监管的工作时间所带来的负面“外部成本”可能会让资本家和工人都感到痛苦。马克思提到，“由于……过度的”工作时间，“爆发了流行病，其毁灭性的影响同样威胁着资本家和工人”，因此“国家……被迫在工厂实行正常工作日”（1988，216）。法律上对工作时间的限制也可以“将资本家从一个仅仅是资本化身的人身上解放出来，并且……给他一点学习‘文化’的时间”（1967a，Ⅰ，302）。[14]因此产生了这样一个问题：为什么马克思如此强调工人阶级的压力，以此来作为有效调节工作时间的条件。毕竟，基于“公共 142
利益”和“外部性”的论点，人们同意“只有政府强制才能限制劳动时间”，而不同意马克思的观点，即“工人阶级本身的反叛”是实施这种强制的“主要驱动力”（1988，226；1991，386）。事实上，马克思本人指出，英国的工作时间立法是“由国家制定的……由资本家和地主统治”（1967a，Ⅰ，239）。工人阶级压力的必要性和重要性从何而来？

马克思对这个显而易见的难题的回答似乎是双重的。首先，在这种情况下，工人个人和集体利益比资本的长期或短期利益更有效地符合整个现在和未来社会的利益。工人采取限制工作时间的普遍政治行动的根本基础，一方面是，工人对自身可持续和健康的兴趣，另一方面是，社会的历史进步体现在人的需要和能力的发展和实现上。

相比之下，即使从长远的角度来看，资本本身（金钱寻求更多的金钱）要求限制工作时间仅仅是为了确保可剥削劳动力的供应，而没有必要整体考虑社会的当前和未来财富。显然，工人阶级的立场更适合在任何“社会方面的反应中”占据主导的意识形态地位，“其生活来源”受到竞争资本家“过度延长工作日”的威胁（1967a，Ⅰ，409）。[15]

这里的第二个关键方面是，对工作时间的明确社会管理与资本主义竞争的基本原则相矛盾。这种管理代表着集体社会规划对以前由资本及其市场力量统治的领域的侵犯。虽然工作时间立法可能会得到个别社会开明资本家的支持，但作为一个整体在国家层面政治上组织起来的资本，通常不会限制资本主义和市场化决策的范围，而是支持代表劳工的明确的社会决策，除非受到工人阶级的压力。从这个意义上说，工作时间立法不仅是资本主义制度下工人的伟大胜利，也是社会主义制度的伟大胜利。正如马克思所指出的，参考英国十小时工作日法案（English Ten Hours Bill），

> 但是工人的这一措施的奇迹般的成就，除了有实际的重要性以
> 外，还有另一个重大的意义……这种围绕用立法手段限制工时问题
> 而展开的斗争所以更加激烈，撇开利润贪求者的惊慌不谈，是因为
> 143 这里的问题涉及一个大的争论，即构成资产阶级政治经济学实质的
> 供求规律的盲目统治和构成工人阶级政治经济学实质的由社会预见
> 指导社会生产之间的争论。因此，十小时工作日法案不仅是一个重
> 大的实际的成功，而且是一个原则的胜利，资产阶级政治经济学第
> 一次在工人阶级政治经济学面前公开投降了。（1974a，79）

马克思对资本如何“超越劳动时间的自然限度”的分析得出了这样的结论，“甚至强行迫使以资本主义生产为基础的社会……来限制正常工作时间”（1991，386）。这种分析对于生态政治的意义应该是明确的。正如对工作时间的合理规定与资本主义自由竞争的原则相矛盾，需要“由社会远见控制的社会生产”一样，人们只能“理性地调节他们与自然的交换”，因为他们的行为不是由竞争性资本积累的必要性决定的（1967a，Ⅲ，820）。与此同时，马克思的分析表明，就生产的可持续性方面而言，工人阶级的斗争不需要等到“革命之后”才能取得重要的历史进步。

对马克思来说，工作时间立法（以及由此引申的有意义的环境立法）并不体现资本主义本身的“现代化”或“人性化”。相反，它代表了资本主义内部的反资本主义的发展——预示着一种社会计划生产的新体系，在这种体系中，生产者及其社会团体在代内和代际的需求优先于资本的需求，资本具有利润驱动的供需力量。然而，马克思坚持认为，在可持续地利用社会生命力方面取得了重大进展，并将这种进展作为进一步斗争的跳板，均取决于明确的社会决策对以前为资本和市场保留的领域的侵入。这种“普遍政治行动”的必要性源于这样一个事实，即资本只需要人类和人以外的自然力量作为货币积累的条件，而工人，就像整个社会一样，显然对自然条件有更全面的兴趣，认为它是当前和未来人类发展的条件（见第十三章）。

第三部分　自然与共产主义

第十一章

自然与资本主义的历史进步性

马克思最常见的生态批评是，在称赞资本主义把发展生产力作为共产主 147
义的前提条件时，他屈服于“普罗米修斯主义”或“生产主义”的历史观。深深植根于启蒙运动传统的普罗米修斯主义认为，人类的进步取决于自然对人类目的的屈从。因此，人的发展是人与自然的斗争，人在其中占上风。批评者通常给马克思贴上普罗米修斯主义的标签，认为马克思预见到在共产主义的统治下，人类对自然的统治将继续甚至加强，它被认为是一个不断扩大人均物质生产和消费水平的社会，随着资本主义遗留下来的机械化技术的进一步发展，劳动时间减少。例如，在论证“工业生产的持续‘发展’与社会主义意识形态相一致”时，安德鲁·麦克劳夫林（Andrew McLaughlin）提出：

> 马克思称赞资本主义发展了生产资料，在社会主义制度下，生产资料的发展将有可能减少所有人类所需的劳动量，他设想普遍的物质丰富是共产主义的基础……劳动属于必需品的范畴。马克思主义承诺最大限度地从这个领域中解放出来，这种自由建立在生产资

料的发展和合理管理的社会组织的基础上。对于马克思主义来说，根本没有任何理由去承认将自然从人类统治中解放出来的任何利益。(1990，1995)

148 恩佐·明焦内（Enzo Mingione）也发现马克思身上存在一种普罗米修斯主义，它解释了“将马克思主义的发展与认真考虑‘自然’问题的方法相协调是多么困难”：

> 马克思认为，在人类社会的历史发展中，资本主义是一个必要的步骤——尽管它是痛苦的、不公正的并具有破坏性。他认为在这一点上没有太大的争论余地，在资本主义生产方式中，人类关系的组织以及人与自然的关系是相当僵化的。由此产生了一种社会批判，它形成了政治运动和工会的基础，并关注生产者推翻资本与劳动之间的剥削关系。无论是在数量上还是在质量上，这整个过程都与发展工业生产力量的必要性相联系。(1993，86)

同样，泰德·本顿断言，马克思关于资本主义的观点是“为未来人类解放准备条件”与“对已经存在于……的自然限制的盲目”相同，“19世纪工业主义的自发意识形态”：

> 资本主义经济关系所培育的现代工业生产，是未来共产主义社会的先决条件。资本主义的“历史任务”正是要超越早期与自然互动形式的有条件和有限性……在其他地方，人们认识到，为了生活的需要，与自然进行“斗争”的某些因素是不可避免的，解放的内容是将这种斗争所花费的时间减少到最低限度。不管怎样，人类解放的可能性是建立在这样一种潜力之上的：联合起来的人类具有变革性和生产性的力量，能够超越明显的自然限制，并拓宽人类意向性的游戏领域。(1989，74－77)

马克思相信人类超越自然的历史进步，这种信念使他看不到资本主义和共产主义下人类生产的所有自然限度，这种观念不仅在社会生态文献中，而且在所有政治派别的马克思主义者中都很普遍。例如，路易斯·福尔（Lewis Feuer）声称“马克思和恩格斯……如此相信‘经济史’的创造性辩证法，以至于他们不能认真地接受现代技术与地球自然环境相互作用可能使先进工业文明的整个基础失衡的假设”（1989，xii）。[1]

现在，先验地说，普罗米修斯式的解释似乎与马克思关于资本主义历史 149
必然性的许多论述是一致的。例如在《资本论》中，他说“发展社会劳动的生产力，是资本的历史任务和存在理由。资本正是以此不自觉地创造着一种更高级的生产形式的物质条件”（1967a，Ⅲ，259）。

因此，在马克思看来，关于资本主义为共产主义创造先决条件的普罗米修斯式的解释是正确的。尽管如此，我认为马克思对资本主义历史进步性的信仰并不是基于人类中心主义对物质财富而非自然的偏爱之上的。鉴于马克思坚持把自然条件作为财富的必要组成部分，以及对人类生产者的自然和社会性质的坚持，这种偏好至少是自相矛盾的。对马克思来说，资本主义的进步性并不意味着要克服人类生产的所有自然限制，如果没有别的原因，这就需要无限的可利用劳动力和剥削所需的物质条件。相反，资本主义是进步的，因为它发展和社会化了人类和人类以外的生产条件，它否定了剥削阶级关系的历史必然性（绝对物质稀缺性理论），同时消除了前资本主义对人类自然和社会发展的其他限制。马克思关于资本主义对人类发展的限制较少的观点，在质量上比普罗米修斯式的解释所呈现的大规模生产和消费形象更丰富，更有利于生态价值。

普罗米修斯式的解释也否定了马克思的论点，即尽管资本主义发展和社会化生产，为超越早期的、更有限的人类发展形式创造了基础，但由于其自身的阶级剥削和异化的生产关系，“它只是以对立的形式这样做”（1973，528）。对马克思来说，“早期与自然互动形式的有条件的、有限的性质”（Benton，1989，75）并不指历史上的自然限制，也不只是指前资本主义的人与自然关系的限制性（尽管它部分涉及这一点）。它首先指的是所有阶级社会特有的人类生产和人与自然关系的剥削性、无政府性和不安全性。这种有条件和有限的性质，以及它对人作为自然人和社会人的发展所施加的限制，在某种程度上被资本主义所复制，甚至在某些方面变得更糟，因为资本主义将
150 生产者与必要的生产条件，包括自然条件完全分开。因此，对自然的真正超越和资本主义的历史进步性，人类迄今为止有条件和有限的发展只有在共产主义的情况下才能实现；它不是资本主义的简单遗赠，而是需要生产者和他们的社会团体为与共产主义建立社会联盟而进行的长期斗争生产条件以及将这些条件转变为“自由的联合的劳动条件”（Marx，1985，157）。总之，在马克思看来，普罗米修斯式的解释严重曲解了资本主义的历史进步性和共产主义的任务。

在重新评价马克思资本主义观和历史进步观的生态内涵时，我首先详细阐述了马克思对生产者相对于必要的生产条件的社会分离的重要性，以及人类发展的社会和物质网络普遍化的相应趋势。其次，我考虑资本主义对自然科学的发展和应用以及对生态意识的影响。最后，从人的需要和消费的角度重新审视了马克思关于资本主义历史必然性和局限性的立场。一旦考虑到资本主义发展的对立特征，马克思的观点就显得不那么像普罗米修斯主义了。（马克思关于共产主义的设想中所谓的普罗米修斯主义，其关于增加自由时间的设想，在第十四章中有论述）

资本主义历史进步性的基本依据与限度

甚至在早期的《经济学哲学手稿》中，马克思就断言资本主义作为人类进步的一种形式的历史必然性和局限性：“分工和交换是私有财产的形式，这一情况恰恰包含着双重证明：一方面人的生命为了本身的实现曾经需要私有财产；另一方面人的生命现在需要消灭私有财产”（1964，163）。

马克思后来对资本主义历史进步性的论述，往往更多地表现在资本劳动关系与自然劳动和社会劳动综合生产力发展之间的相互作用。在这一背景下，马克思强调资本主义把生产者从社会生产的必要条件中分离出来，作为生产力发展的前提条件。这种发展受到劳动者之间直接和有限的社会关系与前资本主义形式的生产条件的阻碍，这些生产条件包括以“劳动者生产资料中的
151 私有财产”为基础的农民和小资产阶级形式（1967a，Ⅰ，761）。尽管“小规

模工业，无论是农业，制造业，还是两者兼而有之”可能是“发展社会生产和劳动者本人的自由个性的必要条件”，

> 这种生产方式是以土地和其他生产资料的分散为前提的。它既排斥生产资料的积聚，也排斥协作，排斥同一生产过程内部的分工，排斥对自然的社会统治和社会调节，排斥社会生产力的自由发展。它只同生产和社会的狭隘的自然产生的界限相容。(761 –62)

劳动和自然创造财富的力量的发展需要广泛而复杂的社会劳动分工，这与劳动者与生产条件的本地化和社会限制联系不相容：

> 工人和生产条件之间最初的统一（从奴隶制中抽象出来，在奴隶制中，工人本身属于客观的生产条件）主要有两种形式：亚细亚公社制度（原始共产主义）和以家庭为基础（与家庭工业相联系）的小农业。两者都是萌芽状态，都同样不适合把劳动发展为社会劳动和社会劳动的生产力。因此，劳动和财产的分离、决裂和对立是必然的（在这种对立中，生产条件下的财产是可以理解的）。这种决裂的最极端的形式，也是社会劳动生产力得到最有力发展的形式，就是资本。(1971，422 –23)

生产的进步意味着劳动和自然创造财富的权力必须成为集体社会的权力，而这与个体（个人，家庭或当地社会团体）劳动与生产条件的联系相矛盾。正如马克思所指出的那样：“工人个体只有使生产力和劳动的发展大规模分离，才能在生产条件下恢复为个人的财产”（1994，109）。然而，资本主义在生产条件下的财产是一种对立的财产形式，正是因为它将财产与劳动分开，
从而导致劳动和自然的综合生产力采取日益增长的私人资本的形式，而非对 152
社会生产和人类需求的满足。[2] 尽管如此，“这种财产与劳动的分离……是向生产条件下的财产转化为社会财产的必要过渡”，因为“个人对大规模生产条件的所有权不仅［是］不必要的，而且是不相容的”（109）。

简言之，资本主义的财产与劳动的分离是进步的，因为“由于劳动过程的组织和技术的巨大成就，使社会的整个经济结构发生变革，并且不可比拟地超越了以前的一切时期”（1967a，Ⅱ，35）。然而，必须记住，马克思并没有把这种累进性归结为人均生产和消费水平的上升。那会混淆目的和手段。对马克思来说，历史进步的内容在于人作为一个社会和自然物种的发展，这并不能简化为物质消费的上升。资本主义之所以进步，不仅仅是因为它发展了生产力，而是因为：（1）通过这样做，它否定了阶级垄断社会剩余劳动时间和产品配置的任何物质稀缺原理，从而否定了人类发展机会，只要这些机会是自由时间分配和物质生活水平和安全的函数；（2）它通过发展劳动和生产的合作和社会形式来实现这一目标，从而使人类能够克服前资本主义社会特有的社会和自然限制的发展形式。第一个方面是马克思在《资本论》中提出的：

> 资本的文明面之一是，它榨取这种剩余劳动的方式和条件，同以前的奴隶制、农奴制等形式相比，都更有利于生产力的发展，有利于社会关系的发展，有利于更高级的新形态的各种要素的创造。因此，资本一方面会导致这样一个阶段，在这个阶段上，社会上的一部分人靠牺牲另一部分人来强制和垄断社会发展（包括这种发展的物质方面和精神方面的利益）的现象将会消灭；另一方面，这个阶段又会为这样一些关系创造出物质手段和萌芽，这些关系在一个更高级的社会形式中，使这种剩余劳动能够同物质劳动一般所占用的时间的更大的节制结合在一起。（1967a，Ⅲ，819；重点补充）

恩格斯在《论住宅问题》中更有力地提出了同样的观点，他认为

> 153 “工业革命把人的劳动生产力提高到相当高的水平，以致在人类历史上破天荒第一次创造了这样的可能性：在所有的人实行明智分工的条件下，不仅生产的东西可以满足全体社会成员丰裕的消费和造成充足的储备，而且使每个人都有充分的闲暇时间去获得历史上

> 遗留下来的文化——科学、艺术、社交方式等等——中一切真正有价值的东西；并且不仅是去获得，而且还要把这一切从统治阶级的独占品变成全社会的共同财富并加以进一步发展。关键就在这里。人的劳动生产力既然已发展到这样高的水平，统治阶级存在的任何借口便都被打破了。为阶级差别辩护的最终理由总是说：一定要有一个阶级无须为生产每天的生活必需品操劳，以便有时间为社会从事脑力劳动。这种废话在此之前曾有其充分的历史合理性，而现在被近百年来的工业革命一下子永远根除了”。（1979，26－27）

如上所述，资本主义历史进步性的第二个要素涉及生产的社会化，它使人类能够克服前资本主义社会典型的人类发展的有限形式。《政治经济学批判大纲》将这一观点分为三个阶段：

> 人的依赖关系……是最初的社会形式，在这种形式下，人的生产能力只是在狭小的范围内和孤立的地点上发展着。以物的依赖性为基础的人的独立性，是第二大形式，在这种形式下，才形成普遍的社会物质变换、全面的关系、多方面的需要以及全面的能力的体系。建立在个人全面发展和他们共同的、社会的生产能力成为从属于他们的社会财富这一基础上的自由个性，是第三个阶段。第二个阶段为第三个阶段创造条件。（Marx，1973，158）

显然，区分这三个阶段的因素是第二阶段（资本主义）生产者与必要生产条件的社会分离（因此劳动对资本的“客观依赖”），以及第一（前资本主义）阶段与生产条件的“个人依赖”或限制形式的不分离。因此，第三阶段（共产主义）代表着回到劳动者和生产条件的统一，这是第一阶段的特征，但
却是以联合起来的生产者对社会化的劳动和自然创造财富的力量进行有意识 154
管理的、限制更少的形式来实现的。第三阶段“个人全面发展”本身取决于在资本主义下发展的“普遍关系、全面需求和全面能力”的明确公有化。这符合资本主义历史进步性的第一个方面，即否定人类发展机会的阶级垄断的

稀缺性原理。

马克思对资本主义创造的日益广泛和复杂的人类生产社会网络表示称赞。[3] 对马克思来说，资本主义发展的“交往的普遍性，从而产生了世界市场”意味着“个人全面发展的可能性……不是想象的或设想的全面性，而是他的现实联系和观念联系的全面性”（1973，542；重点补充）。正是考虑到人类社会的发展，而不是为了生产和消费的发展，马克思赞扬资本主义制度下“在普遍交换中产生的个人的需要、才能、享用、生产力等的普遍性”（488）。

如果我花了看似过多的篇幅来区分人类发展的内容和资本主义进步的生产形式，那主要是因为这种区分揭示了通过普罗米修斯式解释的生产主义视角来看待马克思的历史观点的错误。马克思认为资本主义的必要性不在于人类在以牺牲自然为代价创造的物质财富和自由时间的浪潮中简单地漂浮。马克思所预见的资本主义所预示的关键潜力是人类发展的一种较少受限制的形式，无论是社会发展还是相对于自然发展。资本对生产力的发展（因此否定了人类发展的阶级限制的稀缺性理论），以及它对社会分工和交换的广泛而密集的发展（因此，自由人类个性的潜在普遍化）是这里的载体，而不是人类进化的内容。

当从人与自然关系的角度来审视马克思的历史视野时，普罗米修斯式的解释代表了一种片面的生产力扭曲。马克思并没有把资本主义的进步性归因于人类征服自然或将生产与自然条件和限制脱钩的基础上。相反，资本主义是进步的，因为它为人与自然之间较少限制的关系创造了基础。“较少限制”在这种情况下不必意味着“反生态”；相反，它可以表示更丰富、更普遍的人
155 与自然关系，更有利于生态和生物圈意识的关系。对马克思来说，这种人与自然关系的普遍化，和它所起作用的社会经济关系的普遍化一样是进步的；两者都是资本主义创造自由人类发展潜力的一部分，不受阶级限制和其他物质和社会限制的阻碍。

反过来说，马克思并不认为资本主义比前资本主义社会更先进，因为前资本主义社会未能征服自然。前资本主义社会的相对历史落后性在于它与自然的关系更为有限，而这与它从个人自由发展的角度来看更为严格的社会关

系相对应。例如，在《德意志意识形态》中，马克思认为，在前资本主义社会中，“人们对自然界的狭隘的关系决定着他们之间的狭隘的关系，而他们之间的狭隘的关系又决定着他们对自然界的狭隘的关系”（Marx and Engels，1976，50）。马克思在另一篇关于“古代社会生产有机体”的题外话中指出

> 这些古老的社会生产有机体比资产阶级的社会生产有机体简单明了得多，但它们或者以个人尚未成熟，尚未脱掉同其他人的自然血缘联系的脐带为基础，或者以直接的统治和服从的关系为基础。它们存在的条件是：劳动生产力处于低级发展阶段，与此相应，人们在物质生活生产过程内部的关系，即他们彼此之间以及他们同自然之间的关系是很狭隘的。这种实际的狭隘性，观念地反映在古代的自然宗教和民间宗教中。（1967a，Ⅰ，79）

马克思关于前资本主义与自然关系的相对局限性的评论，往往被视为反自然偏见的证据，而不是对资本主义加强的更自由、更普遍的与自然关系的确认，这证明了生产力意识形态的力量。当马克思称赞“资本的伟大文明影响”时，“社会成员对自然和社会关系本身的普遍占有”，他并不是在贬低自然或人的本性，而是在认识到有可能减少限制，“人类与自然共同进化的更自觉的形式”，“与之相比，所有早期的人类共同进化都只是人类的局部发展和对自然的崇拜”（1973，409－10）。只要资本主义普遍化趋势所预示的自由发展的个人能够“把［他们］自己的历史作为一个过程来把握”，他们也将能够更自由地“认识自然……作为［他们的］真实的身体”（1973，542）。正 156
如恩格斯所说，他们将“不仅感觉到，而且也认识到自身和自然界的一体性”（1964a，183）。

普罗米修斯式的解释也倾向于淡化马克思观点中资本主义进步的矛盾性，从而错误地将资本主义对自然的占有的过于肯定的论断归咎于马克思。而认识到资本的“无限的致富动力”转化为对“生产力的无限增长”加强了人的发展的不受限制的形式，马克思很难赞同“劳动的客观条件的异化形式……以资本主义社会的活劳动”为例（1994，11，29）。在资本主义制度下，“劳

动生产力的每一次提高……表现为独立于劳动而与劳动对立的资本的生产力”（11，227）。这种“劳动的社会力量”的异化包括“自然力和科学知识”，而“自然力和科学知识”也“最突出地表现为不仅与工人格格不入的、属于资本的力量，而且以敌视和压倒性的方式指向资本家的利益……作为社会力量的精髓和个体劳动者面临的共同劳动形式”（29－30）。

尽管资本主义的发展和生产的社会化扩大了自由人的发展的历史可能性，包括较少受限制的人与社会和自然的互动形式，但这并不是资本的主要方向。对于资本而言，目标仅仅是单纯的价值扩张和货币积累，因此“生产力和社会关系——这二者是社会个人的发展的不同方面——对于资本来说仅仅表现为手段，仅仅是资本用来从它的有限的基础出发进行生产的手段”（Marx，1973，706）。这一点，再加上生产者相对于必要生产条件的社会分离，造成了一种情况，即“他们的劳动的社会特性，可以说是以资本形式出现在工人面前”（1977，1055）。这就是“自然力和科学的力量”，现在也受制于资本的剥削形式的社会化，“作为资本的力量来对抗工人”（1055）。因此，工人与自然条件的异化是资本主义“面对以资本为代表并集中于资本的共同体，将个人劳动降低到无助的程度”的一个核心方面（1973，700）。

在资本主义条件下，自然条件并不是作为发展更普遍、多样化的人类个性形式的物质和审美工具，而是“直接作为武器出现”，借助资本对科学的占
157 有（见下一节），“这种武器部分是用来把工人抛向街头，把他变成多余的人，部分是用来剥夺工人的专业和消除以专业为基础的各种要求，部分是用来使工人服从工厂中精心建立的资本的专制制度和军事纪律”（1994，29）。

因此，资本主义将“劳动条件”的发展转化为“工人的相异环境”，即“工人个人被动地忍受，并以牺牲自己为代价取得进步”（1991，480；1977，1055）。这种异化不仅表现在“将社会劳动应用于科学、自然力和劳动产品……只不过是剥削劳动的手段”（1977，1055）；“支配着生产和交换的一个个资本家”必然采取的关于自然效用的狭隘观点也表明了这一点（Engels，1964a，185）。正如恩格斯所观察到的，相互竞争的资本家

> 所能关心的，只是他们的行为的最直接的效益。不仅如此，甚

> 至连这种效益——就所制造的或交换的产品的效用而言——也完全退居次要地位了；销售时可获得的利润成了唯一的动力……在今天的生产方式中，面对自然界和社会，人们注意的主要只是最初的最明显的成果，可是后来人们又感到惊讶的是：取得上述成果的行为所产生的较远的后果，竟完全是另外一回事，在大多数情况下甚至是完全相反的。(1964a，185－86)

第二部分讨论了人类和人类以外的自然转化为货币积累的反生态效应。这里要强调的一点是，这些环境紧张关系在逻辑上包含在马克思关于资本主义"进步"的更广泛的历史概念中。这使人们对普罗米修斯式的解释产生了进一步的怀疑，根据这种解释，马克思认为资本主义对自然的"支配"是通向共产主义的高生产和高消费道路的质量基础。鉴于资本主义的发展和物质生产力的社会化，社会与自然的非剥削性和可持续性的共同进化，需要生产者及其社会对这些生产力进行明确的社会控制。但是，共产主义生产，随着人类个性的更自由发展，不仅仅是从资本主义继承而来，只需要由新当选的社会主义政府签署成为法律。它需要"经过一系列历史过程的长期斗争，改
变了环境和人"(Marx，1985，76)。在《法兰西内战》的手稿中，马克思清 158
楚地表明，在这些长期的斗争中，将有一场对新的物质生产形式的斗争：

> 工人阶级知道，他们必须经历阶级斗争的几个不同阶段。他们知道，以自由的联合的劳动条件去代替劳动受奴役的经济条件，只能随着时间的推进而逐步完成（这是经济改造）；他们不仅需要改变分配，而且需要一种新的生产组织，或者毋宁说是使目前（现代工业所造成的）有组织的劳动中存在着的各种生产社会形式摆脱掉（解除掉）奴役的锁链和它们的目前的阶级性质，还需要在全国范围内和国际范围内进行协调的合作。他们知道，这一革新的事业将不断地受到各种既得利益和阶级自私心理的抗拒，因而被延缓、被阻挠。(1985，156－57)

这种对一种新的、非异化的生产组织的呼吁与普罗米修斯式的解释相矛盾，普罗米修斯式的解释认为，马克思赞同资本主义将人类和人以外的自然机械化地大量加工成物质产品，作为共产主义发展质量的合理基础（Mingione，1993，86）。[4] 马克思和恩格斯并不认为资本主义直接提供了共产主义人与自然关系的技术基础，这一点在仔细考虑他们对资本主义和科学的立场后变得更加清晰。

资本主义、科学和自然

历史上，“资本不创造科学”；尽管如此，“资本利用科学，并把它用于生产过程”（Marx，1994，33）。[5] 事实上，“资本主义生产方式第一次使自然科学系统地、经常性地为直接生产过程服务”（32）。第五章和第六章谈到了资本对科学的占有在其开发性发展和生产社会化中的作用。只有通过“利用科学本身就像利用身体和精神素质一样”，才能“建立在资本基础上的生产创造出普遍的勤劳……一种对自然和人类品质进行剥削的制度”（1973，409）。无论是否被自由占用，资本对科学的生产性应用有助于解释它如何“摧毁一切阻碍生产力的发展、需求的扩大、生产的全面发展以及自然力和脑力的开发和交换的障碍”（410）。因此，它也有助于解释资本如何为不那么受限制的人
159 类发展形式开辟可能性，因为它不断地“超越国家壁垒和偏见，也超越自然崇拜，超越所有传统的、狭隘的、自满的、固步自封的对当前需求的满足，以及对旧生活方式的复制”（410）。

事实上，科学是系统地“由资本招募”，这并没有耗尽资本主义在这一领域的进步性（1994，38）。马克思还认为，资本主义积极鼓励“发展……自然科学的最高点”（1973，409）。这种积极评价的根本依据是“知识……变得独立于劳动”正是因为它“为资本服务”；换句话说，“这一过程一般说来属于生产条件成为与劳动相对立的独立力量这一范畴。并且正是科学的这种分离和独立（最初只是对资本有利），同时成为发展科学和知识的潜力的条件”（1994，57）。

因此，资本主义鼓励科学知识的发展和应用，就像它加速所有生产力的发展一样：在社会上将这种生产条件从直接生产者的控制中分离出来，并将

其转化为竞争性货币积累的工具。就资本主义而言，

> 科学作为应用于生产的科学同时就和直接劳动相分离，而在以前的生产阶段上，范围有限的知识和经验是同劳动本身直接联系在一起的，并没有发展成为同劳动相分离的独立的力量，因而整个说来从未超出传统的手艺积累的范围，这种积累是一代代加以充实的，并且是很缓慢地、一点一点地扩大的。(1994，33)

因此，资本主义将科学从直接劳动中分离出来，包括“集中”和“发展成为一门靠经验传下来的知识、观察和职业秘方的科学，用以分析生产过程，把自然科学应用于物质生产过程”（34）。资本的这种改革和“科学的应用”，“完全建立在把生产过程的智力潜力同单个工人的知识、理解和技能分离开来的基础上，正如生产（其他）条件的集中和发展一样……取决于工人与这些条件的分离”（34；参见 Braverman，1974）。

一旦资本主义对科学的占有被认为是劳动及其必要条件被社会分离的过
程的一部分，以及资本主义的历史进步性，并为追求私人利益而重新组合的 160
过程的一部分，就可以清楚地看到，资本在生产中占有和应用自然条件是如何鼓励科学发展的。使用“机器形式的劳动工具”作为剥削手段，不仅需要事先对劳动进行去技能化，而且“需要用自然力代替人力，需要有意识地应用科学，而不是凭经验”（Marx，1967a，Ⅰ，386）。从这个意义上说，资本主义“在第一种生产方式中，实际问题［经常］会被提出，只能用科学方法来解决”（1994，32）。此外，资本的“雇佣……只有在大规模使用机械的情况下，才有可能出现大规模的自然力，因此，有相应的聚集和工人在资本下的合作的地方才有可能”（32；重点补充）。这种集中的“使用自然因素”本身也鼓励“将科学知识作为生产过程中的一个独立因素加以发展”（32）。[6] 通过这种方式，资本主义生产自然引起科学发展，通过使其成为“科学的任务，使其成为财富生产的手段［作为］致富的手段”（32）。与此同时，资本主义的发展在非常实际的意义上“为理论上征服自然提供了手段”，它“通常首先产生了科学的研究、观察和实验的物质手段”，同时增强了对科学工作的

金钱激励，特别是对更“实用”的类型：

> 由于自然科学被资本用做致富手段，从而科学本身也成为那些发展科学的人的致富手段，所以，搞科学的人为了探索科学的实际应用而互相竞争。另一方面，发明成了一种特殊的职业。因此，随着资本主义生产的扩展，科学因素第一次被有意识地和广泛地加以发展、应用并体现在生活中，其规模是以往的时代根本想象不到的。(32，34)

在注意到资本主义鼓励科学活动的同时，马克思认识到资本“对科学的剥削，对人类理论的进步”(1994，33)的剥削的不那么进步的特征。随着生产者相对于必要生产条件的社会分离，以及这些条件作为资本权力的科学发展，“科学似乎是一种与劳动格格不入、敌视并支配着劳动的潜力”(34)。例如，

> 从机器体系随着社会知识的积累、整个生产力的积累而发展来
> 161 说，代表一般社会劳动的不是劳动，而是资本……并且在物质上作为资本同工人相对立。在机器体系中，对工人来说，知识表现为外在的异己的东西，而活劳动则从属于独立发生作用的对象化劳动。(1973，694－95)

资本“在生产过程中应用科学”，以及由此产生劳动的去技能化和机械化，因此

> 科学在生产过程中的上述应用和在这一过程中压制任何智力的发展。当然，在这种情况下会造就一小批较高级的工人，但是，他们的人数决不能同“被剥夺了知识的”大量工人相比……只有资本主义生产才把物质生产过程变成科学在生产中的应用——被运用于实践的科学——但是，这只是通过使劳动从属于资本，只是通过压

制工人本身的智力和专业的发展来实现的。(1994，34，38)

科学和自然的生产性利用只发生在劳动服从资本的条件下，这一事实显然阻碍了有关人类生产和再生产的自然条件的科学知识的社会传播。

科学受制于资本具有反生态的特征，根源于资本将自然视为生产可销售的使用价值的工具。在资本主义生产中，“自然界才真正是人的对象，真正是有用物，它不再被认为是自为的力量，而对自然界的独立规律的理论认识本身不过表现为狡猾，其目的是使自然界（不管是作为消费品，还是作为生产资料）服从于人的需要”（1973，410）。这种对自然的工具性加工，在货币积累的数量无限和质量同质的目标的驱动下进行，对支配人类和非人类的自然的再生产的多样性、相互联系和有限的调整能力没有任何根本的关注（见第七章），因此，资本主义所取得的所谓“人对自然的胜利”往往是虚幻的，正如马克思的终身战友所指出的：“对于每一次这样的胜利，自然界都对我们进行报复。每一次胜利，起初确实取得了我们预期的结果，但是往后和再往后却发生完全不同的、出乎预料的影响，常常把最初的结果又消除了”（Engels，1964a，182）。

恩格斯还观察到资本对劳动和自然的包容是如何给科学的发展打上反生态的印记的。相互竞争的资本家的担忧，与他们最直接的、有好处的行为相
伴出现，以一种折射的形式出现在科学实践未能充分考虑到生态相互联系的 162
情况下：“在自然界中任何事物都不是孤立发生的。每个事物都作用于别的事物，反之亦然，而且在大多数场合下，正是忘记这种多方面的运动和相互作用，才妨碍我们的自然科学家看清最简单的事物”（1964a，185，180）。[7]

另一个阻碍生态知识发展和应用的因素是资本主义倾向于低估科学知识的总体价值。正如马克思所说：“一切科学劳动，一切发现，一切发明，它部分地以今人的协作为条件，部分地又以对前人劳动的利用为条件”（1967a，Ⅲ，104）。因此，“脑力劳动的产品——科学——的价值总是远远低于它的［实际］价值，因为复制它所需的劳动时间与它最初生产所需的劳动时间完全没有关系”（1963，353）。这种低估不仅抑制了科学的普遍发展，而且使科学工作偏向于生产能够产生租金的垄断形式的知识。因此，社会与自然可持续

共同发展所需的各种生态见解的发展和运作往往被社会低估。

资本主义，随着其对自然日益全球化和密集的占有，其新的环境功能障碍，及其自然科学的发展（无论多么有偏见），不能不产生新的、更普遍的生态意识形式。“当代生态学”无疑是“反映了人类社会中已经存在的社会化和自然化过程，即人与人、人与自然的结合过程”；它不能不“反映人的生产方式，他的社会化生活和工作与自然的关系”（Parsons，1977，88－89）。从这个意义上说，资本主义确实为人类与自然的共同进化创造了更少对抗和限制的可能性：

> 因此我们每走一步都要记住：我们决不像征服者统治异族人那样支配自然界，决不像站在自然界之外的人似的去支配自然界——相反，我们连同我们的肉、血和头脑都是属于自然界和存在于自然界之中的；我们对自然界的整个支配作用，就在于我们比其他一切生物强，能够认识和正确运用自然规律……事实上，我们一天天地学会更正确地理解自然规律，学会认识我们对自然界习常过程的干预所造成的较近或较远的后果。（Engels，1964，183）

163 尽管如此，只要人类生产是由价值和资本、市场和私人盈利决定的，这种生态潜力就将仍然是相对不发达和利用不足的“正外部性”，在反生态资本主义发展的边缘徘徊。有用的、对环境无害的前资本主义和当代技术将继续被商业上“可行”的过程和产品所取代。[8] 生态学本身在很大程度上仍然是许多科学专业中的一个（尽管是跨学科的），通常被用于商业或官方“发展”目的，但不能有效地作为一个总体框架来运行，以确保科学实践作为一个整体朝着社会和自然的可持续和人类进步的共同进化方向发展。

资本主义使人类“学会认识并从而控制［那些］至少是由我们的最常见的生产行为所造成的较远的自然后果”，这并不意味着这种潜力可以在资本主义下实现；这样的“调节……仅仅有认识还是不够的。为此需要对我们的直到目前为止的生产方式，以及同这种生产方式一起对我们的现今的整个社会制度实行完全的变革”（Engels，1964，183－84）。这场革命的一项重要任务将是“把科学从阶级统治的工具变为人民的力量”，从而“把科学家本人从阶级偏见的兜售者、追逐名利的国家寄生虫、资本的同盟者，变成自由的思想家”。当生产者不再对其生产和再生产的物质条件产生社会异化时，也就是说，“在劳动共和国里面”，“科学才能起它的真正的作用”（Marx，1985，162）。

资本主义与消费:反生态的视野?

我已经表明，在普罗米修斯式的解释中，马克思称赞资本主义以牺牲自然为代价建立了通往共产主义的高生产率道路，但这并不能解释马克思对资本主义生产的定性批判。马克思认为，资本主义为人类发展创造了较少限制的潜力，但他坚持认为，这一体系的阶级剥削关系及其狭隘的利润驱动的自然占有阻止了它实现这一潜力。这种认识要求对资本主义制度下发展的生产力和关系进行质的重组，由生产者及其社会团体集体占有这些条件。在这里，我评估了同样是普罗米修斯式的解释基础的观念，即马克思的历史进步观取决于同一种基本类型的由资本主义生产的反生态的大众消费在社会上的 164
扩大和深化。再次，我将证明普罗米修斯式的解释绕过了马克思主义对资本主义创造的实际人类发展潜力的认识（资本主义不能被简化为大众消费的潜力），以及马克思对资本主义消费关系的定性评论。

因为普罗米修斯式的解释绕开了马克思对资本主义作为一种特定的阶级生产形式的定性分析，所以它也忽略了马克思对与这种“特定的生产方式”有关的“特殊的消费方式”的分析（Marx，1988，69）。[9] 这种消费方式的历史可追溯性首先源于以下事实，即资本主义“是一种不受预先确定的需求水平约束的生产形式”（1977，1037）。[10]竞争性的货币积累“促进了人类生产力的发展，从而激发了人类向新方向发展的倾向”，“扩大了社会需求领域和满足他们需求的手段”（1988，199）。正如第五章所讨论的，“正是这种生产方式所发展的劳动生产率、生产量、人口数、过剩人口数，又与游离出来的资本和劳动一起，不断产生出新的经营部门”（1977，1037）。考虑到可盈利的销售能力而产生使用价值的个体公司并不限制自己使用能够满足先前表达的需求的价值。他们不仅要争夺以前由其他公司服务过的客户，而且还试图通过降低成本和降价策略以及区分产品并开发满足新需求的新产品来创造新的市场销售。随着生产的去技能化和机械化，以及大量固定资本的使用，竞争企业“生产的连续性变得绝对必要”，这进一步推动了销售努力，并在生产和消费方面创造了新的需求（1987，530）。这样，“生产规模不是决定于既定的需要，相反，产品量决定于生产方式本身所规定的和不断增长的生产规模”（1977，1037－38）。尽管每个资本家的“生产的目的是使单个产品等包含尽可能多的无酬劳动……而这一点只有通过为生产而生产才会达到”（1038）。这一点，连同上面提到的“创造新的生产分支”，意味着资本主义不能不创造“需要的一个不断扩大和日益丰富的体系”（Marx，1973，409）。

165 马克思在这一需求创造过程中看到的人类潜能不能被归结为反生态的大众消费主义。要理解这一点，请思考马克思在《政治经济学批判大纲》中列出的三种方式，其中资本的“生产相对剩余价值，即以提高和发展生产力为基础来生产剩余价值，要求生产出新的消费；要求在流通内部扩大消费范围”。马克思指出：“第一，要求在量上扩大现有的消费，第二，要求把现有的消费推广到更大的范围来造成新的需要；第三，要求生产出新的需要，发现和创造出新的使用价值”（1973，408）。

注意这三个要求中，只有第一个是纯量化的。第二个是定性的，因为它涉及更广泛的使用价值的途径（下文将进行更详细的说明）。与此同时，第三个要求马克思所强调的是纯粹的质的要求，指的是使用价值构成的丰富，而不是消费总体水平的提高。综上所述，这三项要求与人类消费在质量上较少受到限制的愿景是一致的，不仅是因为消费机会扩大到以前被排除在外的人，而且因为这些机会及其满足的需求具有更丰富、更多样的自然和社会内容。事实上，在上述列举之后不久，马克思就用这样的定性术语详细说明了由资本主义的“新需求的发现、创造和满足”所预示的人的潜力，作为

> 培养社会的人的一切属性，并且把他作为具有尽可能丰富的属性和联系的人，因而具有尽可能广泛需要的人生产出来——把他作为尽可能完整的和全面的社会产品生产出来（因为要多方面享受，他就必须有享受的能力，因此他必须是具有高度文明的人）。（1973，

409）

这种定性的解释也与马克思的主张相一致，即“历史的需要（生产本身
所创造的需要）和社会的需要（本身是社会生产和社会交往的产物）越是被
认为是必要的，现实财富发展到的水平也就越高”（1973，527）。马克思在这
里所指的质的丰富实际上是双重的，因为它不仅涉及一般需要的社会化，而
且涉及特别是“必要的”需要，即直接生产者的需要。资本主义对生产者需
求的社会化隐含着一种更少地在社会和自然上限制这些生产者作为人的发 166
展的可能性。马克思从取代奢侈品和必需品之间的先前对立的角度发展了这
一点：“奢侈品是自然必需品的对立面。必要的需求是指个人自身的需求，而
这种需求被归结为一个自然的主体。工业的发展中止了这种自然的需要以及
这种以前的奢侈”（1973，528）。

资本主义通过发展广泛而复杂的劳动网络，越来越普遍和深入地与自然条件相结合，以及随之而来的劳动和自然创造财富能力的增加，放松了对普遍需求的社会和物质限制。但它不止于此：它还否定了少数人、剩余占有阶级垄断相对较少的社会和自然限制需求的历史理论基础。在这两个方面，资本主义为奢侈品/必需品二分法的“暂停”创造了基础。

这一论点引出了资本主义消费方式的另一种历史上进步的方面，进一步突出了马克思论证的阶级关系基础。马克思认为，资本主义将生产者与必要的生产条件进行社会分离，自相矛盾的是，在消费领域，即与工人及其消费在社会上联系在一起的制度相比，劳动阶级的社会地位有了进步（参见 Fine and Leopold，1993；Fine，1994）。例如，在封建制度下，工人的“生活方式完全由（封建）等级规定”，而在资本主义制度下，“工人可以用他的钱做他想做的事”——因此，至少在这个意义上，资本主义是第一个“一切宗法的关系都破坏了”，劳动者第一次“摆脱了对某种特定关系的服从”的制度（Marx，1976a，436－37）。事实上，一旦工人用自己的劳动力获得了货币工资，她/他“作为劳动力的占有者”就维持着在一般流通中与任何其他“货币持有者”相同的关系（1987，507）。正如它对所有其他市场主体所做的那样，这些货币（至少“在其价值量级范围内”）代表着“普遍的财富，以普遍社

会形式存在的财富……所有满足的可能性”（507）：

> 由于他将自己的［劳动力］换成一般的财富形式，因此他成为共同财富的共同参与者，但不能超过其同等水平……既不受特定对象的束缚，也不受特定的满足方式的束缚。他的消费领域不受质的限制，只受量的限制。这使他与奴隶、农奴等人区别开来。（1973，283）

167 简言之，在资本和劳动之间，雇佣劳动者的“消费……的经济关系之外”，这“本质上改变了他与其他社会生产方式下工人的关系”（283－84）。第十三章讨论了这种修改对生态斗争的一些影响。与此相关的是马克思对由劳资关系向劳动阶级开放的消费机会的定性、关系方法。他的主要重点是减少工人的消费机会的限制，使其富有，而不是仅仅提供给工人和由工人消费的物质商品。例如，在讨论工人如何“在生意好的时候扩大他的娱乐范围”时，马克思并不是指享乐主义物质消费的狂热，而是“工人对更高，甚至文化的满足感的参与。为自己的兴趣而激动，订阅报纸，参加讲座，教育他的孩子，发展他的品味等等，这是他与奴隶区别开来的唯一文明部分”（287）。简言之，资本主义在消费领域的历史进步，并没有什么与生俱来的反生态性。

总而言之，马克思的确将资本主义社会和物质基础的发展视为更高的水平，它提高了工人阶级的消费质量，这是该制度历史进步性的更重要方面之一。考虑到他那个时代，甚至今天地球上大多数工人的消费水平和质量都极低，谁能指责马克思坚持这一点呢？尽管如此，只有忽略马克思的论点的质性和关系性，他才能被描绘成支持资本主义的反生态形式的大规模物质消费，将其作为人类发展的历史进步基础。当人们考虑马克思对资本主义条件下工人阶级的消费机会质量进行批判性分析时，这一点就变得更加清楚。这种分析的基本出发点是，在“交换”中，工人表现为“相对于资本家而言是平等的”。就像其他所有交换方一样，在生产中，实际上，在交换之外，这种平等已经被“工人与资本家的关系”扰乱了（1973，284）。[11]

劳资关系如何“扰乱”工人阶级的消费？首先，为了使工人完全获得货币工资，剥削工人在生产中的劳动力必须是资本家的有利可图的命题，这限制了资本家可以支付的货币工资，从而限制了工人的消费，因为消费需要购
买商品。不仅是消费量受到限制，而且质也受到限制，因为工资水平的限制 168
迫使工人消费劣质商品：

> 为什么棉花、马铃薯和烧酒是资产阶级社会的基石呢？因为生产这些东西需要的劳动最少，因此它们的价格也就最低。为什么价格的最低额决定消费的最高额呢？……这是因为在建立在贫困上的社会中，最粗劣的产品就必然具有供给最广大群众使用的特权。(1978a，57)

尽管资本主义倾向于消除支撑先前奢侈/必需品二分法的物质和社会限制，但“它只是以对立的形式这样做，因为它本身只是把另一种特定的社会标准作为必要的，与奢侈相对立”（1973，528）。这种“必要的”“特定的社会标准”受到资本的绝对物质要求的限制：可剥削的劳动力的再生产以及其可盈利的剥削的条件（请参阅第五章）。结果，奢侈品和必需品之间的对立面以一种新的形式再现，因为资本家和其他占有剩余价值的阶级的奢侈品消费对于资本实现从生产工人中提取的剩余价值而言是必要的。“就机器劳动而言……增加了在同一劳动时间内生产的商品的数量”，例如，这种生产率的提高通常被用作“劳动量的增加”。因此，“扩大了基础，可以培育大量上层阶级”，而不是放宽对工人阶级消费质量和数量的限制。正如马克思所说，“奢侈品绝对是一种生产方式，为非生产者创造财富，因此必须以仅允许享受者获得财富的形式提供这种财富”（1977，1046）。[12]因此，资本生产更广泛、更少限制的消费圈的趋势遇到了由其自身的阶级剥削性质造成的障碍，即“需求范围的扩大和满足需求的手段受到工人被生活的必要要求所束缚的制约”(1988，199)。从这个意义上来说，资本主义的“需求和满足需求的手段的倍增导致了生产者自身的需求和手段的缺乏”（1964，149）。

资本主义对工人阶级生活的限制包括工人在生产和消费方面的自然需求的丧失。至于消费，马克思指出，特别是在收入最低的工人中：

169 对于工人来说，甚至对新鲜空气的需要也不再成其为需要了。人又退回到洞穴中居住，不过这洞穴现在已被文明的污浊毒气所污染，而且他在洞穴中也是朝不保夕，仿佛这洞穴是一个每天都可能离他而去的异己力量，如果他付不起房租，他每天都可能被赶走。他必须为这停尸房支付租金……光、空气等等，甚至动物的最简单的爱清洁习性，都不再是人的需要了。肮脏，人的这种堕落、腐化，文明的阴沟（就这个词的本义而言），成了工人的生活要素。完全违反自然的荒芜，日益腐败的自然界，成了他的生活要素。他的任何一种感觉不仅不再以人的方式存在，而且不再以非人的方式因而甚至不再以动物的方式存在……他甚至连动物的需要也不再有了。(1964，148－49)

在马克思和恩格斯的著作中，资本主义剥夺了工人的自然消费需求，从而使工人沦为亚自然状态是一个重要的甚至是中心的主题（见，例如，Marx，1967a，Ⅰ，654－67；Engles，1973，*passim*；1979，40－46）。关于工人在生产领域的自然需求的丧失资格，第十章讨论了马克思对资本内在地倾向于不自然地延长工作时间的趋势的分析。资本对固定资本和其他费用的节约以牺牲工作场所安全、使工人遭受本可避免的工业“事故”、“缺乏通风”和“有毒空气等”为代价，也体现了工人沦为非人的“背负着沉重负担的野兽”(Marx，1971，257；1967a，Ⅲ，94)。[13]生产中这种“浪费劳动者的生命和健康”本身将工人的闲暇时间和消费质量降低到自然水平以下（1967a，Ⅲ，86)。确实，在工作时间涉及“抢劫”工人的“正常的、精神和身体的，发展和功能条件”的情况下（1967a，Ⅰ，265)，它怎能不损害消费质量、闲暇时间和家庭生活呢?[14]在生产中经历的异化，“工人的活动不是他的自发活动［而是］他自我的丧失”，往往会造成这样一种情况：

人（工人）只有在运用自己的动物机能——吃、喝、生殖，至多还有居住、修饰等等——的时候，才觉得自己在自由活动，而在运用人的机能时，觉得自己只不过是动物。动物的东西成为人的东

> 西，而人的东西成为动物的东西。吃、喝、生殖等等，固然也是真正的人的机能。但是，如果加以抽象，使这些机能脱离人的其他活动领域并成为最后的和唯一的终极目的，那它们就是动物的机能。（Marx，1964，111；参见 Engles，1973，141－42）

异化劳动在自由时间和消费中的再生产，从而使工人进一步脱离他们自 170
己的自然存在和自然，正如恩格斯用机械化工厂劳动的例子所指出的：

> 工人的劳动减轻了，肌肉不紧张了，工作本身是无足轻重的，但也是极其单调的。这种工作不让工人有精神活动的余地，并且要他投入很大的注意力，除了把工作做好，别的什么也不能想。这种强制劳动剥夺了工人的一切可支配的时间，工人只有一点时间用于吃饭和睡觉，而没有时间从事户外活动，在大自然中获得一点享受……这种工作怎能不使人沦为牲口呢？（1973，158）

对恩格斯来说，工业工人阶级生活的悲剧之一是，工人“在工作时间长的情况下，永远不会在他的大城镇里瞥见大自然”（1973，275）。这种观点当然很难与马克思和恩格斯的反生态解释相一致。然而，这里最重要的一点是，马克思和恩格斯用辩证、定性和关系的术语来对待资本主义对需求和消费的发展。他们在认识到资本主义对人类发展的限制形式较少的同时，指出了该系统对需求满足的基于阶级的限制如何阻止其从质或量上实现这种潜力。马克思对能够体现价值和剩余价值的各种使用价值的批判性评论进一步说明了这种方法与普罗米修斯式大众消费主义的解释之间的明显区别。

首先，“随着资本主义生产的发展”和劳动生产率的提高，“商品数量，必须出售的物品数量增加了”；因此，“不断扩大市场成为资本主义生产的必要条件”（1977，967）。资本为实现这一必要性所做的努力得益于对使用价值特殊性的价值形式上的抽象（见第七章），这意味着“使用价值的性质、商品的特定使用价值就其本身而言，与资本无关（1973，284）。由于重要的是商品的获利能力（作为实现剩余价值的货币实现的工具）”，因此其“对社会，即购买者的使用价值”可能是“真实的或想象的”（1988，315）。因此，资本不断地努力克服自己的阶级关系对有效需求的限制，并“寻求刺激［工人］消费的手段，赋予他的商品新的魅力，通过不断的喋喋不休等激发他
171 们的新需求”（1973，287）。这样，资本主义的“产品和需求的延伸落入了对非人的、不自然的和想象的欲望的刻意的和不断计算的屈从”（1964，147）。资本家

> 迎合他人的最下流的念头，充当他和他的需要之间的牵线人，激起他的病态的欲望，默默地盯着他的每一个弱点，然后要求对这种殷勤服务付酬金……正像工业利用需要的讲究来进行投机一样，工业也利用需要的粗陋，而且是人为地造成需要的粗陋来进行投机。因此，对于这种粗陋来说，自我麻醉，这种对需要的虚假满足，这种包容在需要的粗陋野蛮之中的文明，是一种真正的享受。（148，153）

随着资本主义极度商业化的消费关系，“艺术的胜利”越来越多地被“品格的丧失”所收买，“为生产而生产因而表现为它的直接对立物……生产不是作为人的生产率的发展，而是作为与人的个性的生产发展相对立的物质财富的生产”（1969，500；1994，109）。这种使用价值的异化代表着货币作为“纯粹抽象的财富，在其中每一种具体的使用价值都被消灭”的社会力量的进一步发展；在“占有者和商品之间的每一种个人关系”中，这种力量倾向于将个人转化为“一个抽象的人，将自身个性视为完全陌生和外在的东西”（1987，451）。鉴于货币的社会力量根植于资本对生产中的劳动和自然的力量（见第五章和第七章），马克思将这种使用价值的异化与“从物质方面来看，劳动过程便只是作为资本价值增殖过程的一个环节而被包括进来”联系起来，应不足为奇（1973，693；重点补充）。事实上，资本的机械化“规模巨大的生产……产品同生产者的直接需要的任何联系也都消失了，从而同直接使用价值的任何联系也都消失了”。马克思坚持认为，这种结果“产品生产的形式和产品生产的关系已经意味着：产品只是作为价值的承担者被生产出来，而

它的使用价值只是实现这一目的的条件”（694）：

> 作为产品的一般必要形式……随着资本主义生产的发展而造成的大规模生产中，表现在产品的片面性和数量庞大上；这就使产品必然具有一种同社会关系紧密联系在一起的性质，但又使产品作为使用价值同满足生产者需要之间的直接关系，表现为某种完全偶然的、无关紧要的和无足轻重的东西。（1977，953）

马克思不可能预见到资本主义“日益片面和大规模”的生产和消费在二 172
十世纪最终会采取的反生态形式。但马克思和恩格斯确实指出了将劳动和自然转化为竞争性货币积累的条件时会不可避免地对物质自然循环造成不健康干扰和过度扩张（人类和人类以外的）自然极限的趋势（见第七、九和十章）。马克思对资本消费模式的批判性评论——尤其是对其人为创造需求，从而使其“大众产品”能够“被商业吸收”（1977，953）的评论——当然对资本主义从根本上反生态的特征有更多的见解。所有这些都表明了普罗米修斯式解释的扭曲的不公正性，根据这一解释，马克思不加批判地将共产主义下的生活基本上视为资本主义大规模生产和消费的数量增加。

结束语

马克思认为，尽管资本主义为人类发展创造了较少限制的潜力，但这种潜力只能通过共产主义对资本主义下发展的力量和生产关系的质的转变来实现。普罗米修斯式的解释武断地将马克思关于较少限制的人类发展的定性观点转变为一种去社会化的、主要是定量的人类进步概念，即以牺牲自然为代价的大规模生产和消费。这种错误的认同忽视了马克思对资本主义生产和消费的定性和阶级关系的批判。也许马克思的批评者在这里走上了错误的道路，因为他们没有认识到人类发展的社会对抗性和限制性，到目前为止，源于它的阶级剥削性。通过否定阶级剥削的物质匮乏理论，资本主义否定了这种社会对抗和限制的历史必然性：

> 资产阶级的生产关系是社会生产过程的最后一个对抗形式，这里所说的对抗，不是指个人的对抗，而是指从个人的社会生活条件中生长出来的对抗，但是，在资产阶级社会的胎胞里发展的生产力，同时又创造着解决这种对抗的物质条件。因此，人类社会的史前时期就以这种社会形态而告终。(Marx，1970，21－22)

173 尽管马克思在1859年的序言中没有明确指出这一点，但他对资本主义的分析表明，阶级对立和对立的人与自然的关系是一致的。因此，资本主义关闭了人类社会的史前史，因为它是基于对立的人与自然关系的人类生产的最后形式。从这个角度来看，普罗米修斯式的解释将人类发展的对抗性、限制性形式与马克思认为的共产主义承诺的较少限制性、社会非对抗性的发展形式混为一谈，前者是人类历史上阶级分裂的特征。正如共产主义下的人类发展不再以牺牲大多数人类个体为代价，人类生存的自然条件也不再受到损害。[15]事实上，在马克思看来，鉴于人类的自然和社会特征，人类史前运动的这两个特征必然是一致的（见第四章和第十四章）。

第十二章

自然与资本主义的历史局限性

本章将自然和环境危机置于马克思分析资本主义历史局限性的背景下。 175
这些历史局限性不仅仅包括马克思指出的资本过度积累和利润率下降的趋势。它们还包括资本主义关系的全面危机，这是以利润为目的的生产和以人类需求为目的的生产之间基本矛盾的历史顶点——这种矛盾有多种形式，包括（但不仅仅是）积累危机。[1] 通过将环境危机作为资本主义关系的这一历史危机的一部分进行分析，人们可以看到生态冲突在从资本主义向共产主义过渡中的潜在作用。

马克思本人没有把生态危机和资本主义的历史危机联系起来，尽管他确实分析了资本主义对自然的对抗，以及任何名副其实的共产主义都必须建立的环境可持续性（见第十四章）。在他的分析中，这种差距的原因很简单："马克思倾向于革命乐观主义，他相信资本主义将被一个自由联合的生产者社会所取代……早在他观察到的生态问题变得真正严重之前"（Foster，1997，287）。尽管如此，本章表明，资本主义的生态危机倾向不仅与马克思对资本主义历史危机的预测相一致，而且在很大程度上丰富了马克思对资本主义历史危机的预测。这不仅为将生态关切纳入马克思对向共产主义过渡的预测提供了基础，也为反驳马克思对资本主义危机的分析与环境问题（包括生物圈危机的前景）无关的流行观点提供了基础。

托马斯·韦斯科夫（Thomas Weisskopf，1991）举例说明了后一种观点， 176

他认为对马克思来说，“产生危机的机制……资本主义生产方式下积累过程的内在矛盾性；正如他在《资本论》第Ⅲ卷中所说：‘资本主义生产的真正障碍是资本本身’”（71）。这种解释将生产的自然和社会条件置于马克思分析“资本本身”作为资本主义生产的“真正障碍”的外部，从而将马克思对资本主义危机的分析简化为对“扰乱积累过程”的非自然化和去社会化盈利能力问题的建模（71）。因此，韦斯科夫将任何“对最终有限的环境对经济活动所施加的限制的关注”描述为“与其说马克思主义，不如说是李嘉图主义”，而任何“对不受约束的市场体系的破坏性社会后果的关注”被认为“从根本上说是波兰式的”（86，89）。[2] 绕过马克思对资本主义基本矛盾的分析，而不仅仅是周期性或长期盈利能力危机，将“最终威胁生产模式本身的生存能力”，韦斯科夫认为“马克思危机理论——以任何形式”都变得“越来越无关紧要……对于分析当代资本主义的演变和潜在矛盾”（70、71、74；重点补充）。简言之，有人建议放弃马克思主义，而不认真研究马克思的历史观点作为资本主义走向“普遍危机”的窗口的优点（70）。

在提醒人们不要如此简单而仓促地抛弃马克思对资本主义历史局限性的观点时，我首先要明确马克思对资本主义基本矛盾的概念以及自然条件在其中的作用。从1844年开始，这个概念在马克思的著作中反复出现。然后我记录了马克思对积累危机的处理，作为资本主义基本矛盾的许多表现之一。马克思对资本主义关系的历史危机的预测可以被解释为资本主义发展加剧了这一基本矛盾，因为生产资料中的“私有制”“在所有方面都是自相矛盾的，并消灭了自己”（Marx and Engels，1980，52）。最后，我将环境危机纳入马克思关于资本主义历史危机的观点，并将这一观点与詹姆斯·奥康纳最近提出的关于资本主义矛盾的另一种观点进行对比（1988，1991a，1998）。

资本主义的基本矛盾

马克思认为，资本主义的基本矛盾在于“各种形式的社会统一”的“对
177 立性质”，资本主义通过这种“对立性质”来发展“生产的物质条件和相应的交换关系”（1973，159）。马克思在这里谈论的对立面是为私人利润而生产和为人类需要而生产之间的矛盾，这一点从韦斯科夫（1991，71）部分引

用的段落中可以清楚地看出：

> 资本主义生产的真正限制是资本自身，这就是说：资本及其自行增殖，表现为生产的起点和终点，表现为生产的动机和目的，生产只是为资本而生产，而不是反过来生产资料只是生产者社会的生活过程不断扩大的手段。(Marx，1967a，Ⅲ，250)

显然，马克思没有将资本主义的“真正限制”与盈利能力危机联系起来。相反，这一限制位于更基本的生产“动机和目的”层面，即私人利润（“资本及其自我扩张”)，而不是人的需求，特别是社会发展的需求或生产者的“生活过程”。事实上，在几页之后，马克思明确指出了资本主义生产的同样的障碍或限制，即生产“不是取决于生产和社会需要即社会地发展了的人的需要之间的关系，而是取决于无酬劳动的占有以及这个无酬劳动和对象化劳动之比，或者按照资本主义的说法，取决于利润以及这个利润和所使用的资本之比，即一定水平的利润率”(1967a，Ⅲ，258)。生产的动机和目的与人类社会需求的这种异化涉及利润驱动的占有和生产必要条件的发展，这是根据生产者相对于这些条件的社会分离（见第五章)。因此，历史上的“资本的产生”是“剥夺劳动，进行异化的过程，借以其自身的社会形式被表现为外来力量”（1988，311)。由此可见，资本主义的基本矛盾或“实际限制”可以表示为“社会生产条件与实际生产者分离而在资本家身上人格化的异化过程也在增长”(1967a，Ⅲ，264)。

在马克思看来，“生产的社会条件相对于这些条件的真正创造者所取得的独立地位”代表了“资本壁垒”，正是因为它的“整体发展……生产力、一般财富、知识等的锻炼以这样一种方式出现，即劳动者个人的自我异化；与他的劳动所带来的条件无关，因为他的劳动不是他自己而是外来的财富和他自己的贫穷”（1991，144；1973，541)。工人“自己的劳动”的“社会性”和“赋予生产条件的社会性，作为社会团体联合劳动的生产条件”都被异化了，在“作为资本主义，独立于工人，存在于生产条件本身”的情况下“作 178
为存在于他们外部的力量而疏远了……只是剥削劳动的手段”（1977，1052－

53，1055）。

随着劳动和生产条件的这种异化，“社会劳动生产力的发展和这种发展的条件表现为资本行为”，而不是与自然相融合的集体劳动（Marx，1963，392）。资本对生产的私人控制“越来越表现为社会权力，这种权力的执行者是资本家……资本表现为异化的、独立化了的社会权力，这种权力作为物，作为资本家通过这种物取得的权力，与社会相对立”（1967a，Ⅲ，264）。[3]“事实上，资本家对工人的统治只不过是劳动对工人独立条件的统治。工人，使自己独立于他的条件”（1977，989）。因此，资本主义的“真正限制”或根本矛盾也可以表达为“由资本形成的一般的社会权力和资本家个人对这些社会生产条件拥有的私人权力之间的矛盾，越来越尖锐地发展起来”（1967a，Ⅲ，264）。这种“社会生产与资本主义占有的不相容性”（Engels，1939，296）相应地在马克思和恩格斯对资本主义历史危机的预测中发挥了关键作用（见下文）。[4]

总之，以利润为目的的生产和以人的需要为目的的生产之间的冲突，生产条件相对于生产者及其社会团体的异化，社会生产和私人占有之间的紧张关系，在马克思看来都是资本主义基本矛盾的等价表现。无论使用哪种表述，这种“资本主义生产的真正障碍”显然包括资本对自然条件的利润驱动的占有，以及伴随而来的这些条件与生产者的需求和整个社会的“生活过程”的异化。第六章和第十一章记录了马克思对“生产条件的异化”的分析如何明确地包含“自然要素本身”（Marx，1963，345）。马克思把“自然力”包括在生产条件中，而在资本主义制度下，这种力量“只出现在生产条件中……作为占有剩余劳动的手段，从而对抗作为属于资本的权力的劳动力”（391－92）。对马克思来说，自然环境——像所有必要的生产条件一样——被赋予了社会性质，以至于它成为社会联合劳动的条件。这种社会特征是资本主义的，
179 因为自然被资本按照竞争性货币积累的要求所占有、改造和掠夺（参见第七章至第十章）。生产自然条件的异化，使生产者成为“自然的奴隶”，体验“感性的外部世界”。自然，作为一个与他们对立的陌生世界，“因此是马克思提出的资本主义基本矛盾的中心：‘生产是由资本家的利润决定的，而决不是由生产者的需要决定的’”（1964，109，111；1968，527）。

在这里，应该指出的是，对资本主义生产的描述是“矛盾的生产和对生产者的漠不关心”，这在马克思的著作中随处可见（1977，1037）。马克思在他的《1844年经济学哲学手稿》中断言，在资本主义制度下，“物质世界价值的增加与人类世界的贬值成正比”，因为“劳动越强大，工人就越无能为力；劳动越巧妙，工人就越不聪明”（1964，107，109）。因此，工人的“人的品质”作为一种社会的和自然的存在“只存在于他们作为对他来说陌生的资本而存在的范围内”（120）。年轻的马克思经常用一种作为社会存在的所有人共有的精神的异化来表达资本主义的异化：

> 人类通过激活他们的本性创造并产生了人类共同的生活，这种社会本质不是抽象地反对单个个体的普遍力量，而是每个单个个体、他自己的活动、他自己的生活、他自己的精神、他自己的财富的本质或本性……然而，只要人不承认自己是人，不以人的方式组织世界，这种共同的生活就以异化的形式出现，因为它的主体人是一个与自己异化的存在。（1967b，271－72）

尽管有些人可能会争辩说，这样的表达暴露了年轻马克思的理想主义残余的存在，但即使是《政治经济学批判大纲》（肯定是一部“成熟的”著作）也表明，在资本主义制度下，“劳动的社会精神获得了一种与个体工人分离的客观存在”，因为“活劳动只不过是这样一种手段，它使对象化的死的劳动增殖价值，赋予死劳动以活的灵魂，但与此同时也丧失了它自己的灵魂”（1973，529，461；重点补充）。无论如何，重要的不是精神表达方式，而是关于资本主义生产的根本矛盾和异化性质的基本主题的连续性。这个主题也出现在马克思和恩格斯的唯物主义历史观的第一部作品中，即《德意志意识形态》。在这本书中，他们指出，资本主义和其他阶级社会中异化的“社会活 180
动的固定化”：

> 我们本身的产物聚合为一种统治我们、不受我们控制、使我们的愿望不能实现并使我们的打算落空的物质力量，这是迄今为止

> 历史发展中的主要因素之一。受分工制约的不同个人的共同活动产生了一种社会力量，即成倍增长的生产力。因为共同活动本身不是自愿地而是自然形成的，所以这种社会力量在这些个人看来就不是他们自身的联合力量，而是某种异己的、在他们之外的强制力量。关于这种力量的起源和发展趋向，他们一点也不了解，因而他们不再能驾驭这种力量，相反，这种力量现在却经历着一系列独特的、不仅不依赖于人们的意志和行为反而支配着人们的意志和行为的发展阶段。(1976，53 –54)

此外，“要消除人们对自己的产品的这种异化态度”，就需要“对生产进行共产主义调节”，从而“人们再次获得对交换、生产和他们对彼此的行为方式的控制”（54）。因此，对资本主义基本矛盾的否定是马克思对共产主义预测的核心原则（见第十四章）。

资本主义的基本矛盾和积累危机

对于马克思来说，资本主义的基本矛盾不能归结为积累危机。相反，这种危机“揭示”了这种基本矛盾，从而表明资本主义只是“一种过渡的历史形式”的生产（1971，84）。正如马克思在《政治经济学批判大纲》中所说的那样，“社会的生产发展与其迄今存在的生产关系之间的不相容表现为痛苦的矛盾，危机，痉挛”（1973，749；重点补充）。[5]《资本论》中人们了解到，“资本主义生产的特殊障碍”，即一方面为牟利而进行的生产与另一方面为生产者及其社会团体带来的“创造财富”之间的“冲突”，“部分地出现在周期性危机中”（1967a，Ⅲ，263 –64；重点补充）。马克思在讨论利润率下降趋势的背景下扩展了这种关系：

> 资本主义生产方式的限制表现在：(1) 劳动生产力的发展使利润率的下降成为一个规律，这个规律在某一点上和劳动生产力本身的发展发生最强烈的对抗，因而必须不断地通过危机来克服。
> 181 (2) 生产的扩大或缩小，不是取决于生产和社会需要即社会地发展

> 了的人的需要之间的关系，而是取决于……一定水平的利润率。(258)

显然，马克思并没有按照韦斯科夫（1991，71）的建议，将资本主义的基本矛盾简化为“产生危机的机制”。相反，资本主义的历史“局限性”，作为一种基于利润而不是人类社会需求的生产体系，以利润下降的形式“浮出水面”——一种“必须通过危机不断克服”的趋势。例如，只要资本通过实施低工资、强化劳动、倒退的国家预算政策或“通过强制破坏大量生产力”来克服危机，作为利润率恢复的条件，这很难表明克服了资本主义的基本矛盾（Marx and Engels，1968，41）。相反，这种对“生产者社会的生活过程”的攻击，以及“对资本的暴力破坏……作为其自我保存的条件”，“生动地表明，社会生产条件已经成为由竞争性货币积累的要求而不是社会发达的人类的要求驱动的外来财富的程度”。简言之，资本积累的危机和复苏是“最引人注目的形式，在这种形式中，建议［资本主义］消失，给更高的社会生产状态留出空间”（Marx，1973，749－50）。[6]

这种观点的一个重要含义是，工人阶级为改善生活和工作条件而进行的斗争在危机和资本重组时期具有更大的意义，此时私人盈利能力和人类社会需求之间的矛盾最为激烈。在马克思看来，这些斗争的总体成功取决于他们的主角首先认识到“危机［作为］指向资本主义之外的一般暗示”的程度，然后创造性地根据这种“推动采用新的历史形式的冲动”采取行动（1973，228）。可以预见，资本试图通过进一步资本化自然（通过削弱或规避环境法规和自然资源私有化）来提高私人盈利能力，以及反对这种资本化和争取新的、更可持续的、人类需求驱动的与自然互动形式的大众斗争，很自然地进入了马克思的危机战略方法。

这里的基本观点是，积累危机是资本主义基本矛盾的表现，永远不应与
自然和资本主义的历史局限性等同起来；因为这种认同假定对资本有益的东 182
西对社会也是有益的。马克思讨论的资本主义基本矛盾的许多其他表现间接支持了目前的解释。例如，随着资本对生产的“异化的社会权力”，“不断增加的人民群众因此被剥夺了生产条件”（1991，144）。在《资本论》中，马

克思将这种不断增长的失业——这绝不仅限于危机时期——称为“资本主义积累的绝对普遍规律”（1967a，Ⅰ，644）。此外，正如我已经表明的那样，生产相对于直接生产者的异化表现为劳动的去技能化，因为资本“将大量劳动与技能相结合，但以这样一种方式，前者失去了它的体力，技能不在于工人，而在于机器，以及两者作为一个整体在工厂中的具体结合”（1973，529）。结果，资本主义的基本矛盾表现为“劳动条件趋向于甚至在技术上支配劳动，同时［替代］，抑制劳动并使其以其独立形式多余”（1977，1055）。资本主义的“无政府竞争体系”进一步体现了为牟利而进行的生产与人类社会需求之间的矛盾，资本主义的“无序竞争是对劳动力和社会生产手段的挥霍无度，以及创造的大量就业机会，这些就业机会目前是必不可少的，但就其本身而言是多余的”（1967a，Ⅰ，530）。最后，资本倾向于“仅通过消灭所有财富的原始来源－土壤和劳动者”来发展生产力的趋势（507）也是资本主义“真正的障碍”或基本矛盾的重要体现（见第九章和第十章）。[7]

资本主义关系的历史危机

上一节表明，马克思将积累危机视为资本主义基本矛盾的众多症状之一。这对马克思将“最终威胁生产方式本身的生存能力”的“结构性危机”归结为利润下降的危机的观点提出了严重的质疑（Weisskopf，1991，71）。马克思所设想的历史悠久的资本主义关系危机，最好被解释为资本主义基本矛盾的顶点，即生产者与生产者的需求异化，而不是加剧积累危机的简单作用。换句话说，即使没有利润问题，从原则上讲，资本主义在满足人类需求的能力
183 上也很有可能经历历史性危机。例如，如果在积累危机之后，资本恢复私人盈利所需的措施与生产者及其社会团体的需求日益冲突，就可能出现这种情况。[9]

如前所述，资本主义将生产者从必要的生产条件中分离出来，这具有历史进步的一面，因为它使劳动和自然的生产力作为社会生产力得到了更普遍的发展，从而创造了较少限制发展和满足人类需求的潜力。当然，不利的一面是，这种发展只是作为竞争性货币积累的一种手段。资本开发和利用劳动和自然的形式不是直接由与自然相融合的较少限制的人类发展的要求决

定的，而是由通过从工人那里提取剩余劳动并将其对象化为有利可图的可销售的使用价值来生产和实现剩余价值的必要性决定的。资本的生产社会化是一种剥削性的、异化的社会化，表现为资本家对社会生产条件的私人权力。

资本主义在历史上是进步的，在人类需求方面是异化的，这一事实表明，相对于历史的进步性，资本主义的历史局限性包含着异化越来越大的内在趋势。例如，当资本的生产发展本身使资本主义关系越来越不适于生产力的进一步发展时，就会发生这种情况，生产力是根据满足资本主义发展的需要的能力来定义的。生产者与生产条件的异化，以及对其劳动的剥削和这些条件作为竞争性货币积累的工具，总是在资本主义社会制造紧张局势。问题是，这些紧张关系何时会达到这样的程度，即它们的可管理性与资本和劳动之间的阶级关系的再生产相矛盾。在马克思看来，当在这种阶级关系中或通过这种阶级关系产生的生产发展与这种阶级关系的再生产不相容或产生不一致的需求时，就会发生这种情况。在这一点上，“资本本身”——理解为资本和劳动之间的阶级关系——表明自己是“资本主义生产的真正障碍”（1967a，Ⅲ，250）。

如果问题是这样提出的，那么资本主义历史危机的基本来源就不难找到了。它归结为这样一个事实，即使资本主义通过生产社会化发展了劳动和自然的财富创造能力，但这种社会化本身使得私人的、竞争性的货币积累越来 184
越不足以满足人类进一步生产的需求。正如马克思所说：“资本主义生产的内在进步在于私人生产的不断增加的替代”，从而“工人与生产条件的关系发展成为与共同的社会规模的关系”（1994，230－31）。最终，资本的“生产资料的集中化和劳动的社会化……达到一个点，它们变得与它们的资本主义外衣不相容”，也就是说，“资本的垄断成为生产方式的羁绊，这种生产方式随之出现并繁荣”（1967a，Ⅰ，763）。[10]

马克思和恩格斯从三个相互联系的角度思考资本主义关系的这一历史危机：社会生产和私人占有之间的矛盾日益加剧；作为财富衡量标准的价值越来越不足；以及阶级剥削作为生产发展的一种社会形式越来越不恰当。

社会生产和私人占有之间日益紧张的关系部分源于这样一个事实，即资本的生产社会化“破坏了商品生产的基础，因为后者涉及独立的个人生产和所有者之间的商品交换，即等价物的交换”（Marx，1977，951）。这在《反杜林论》中进行了雄辩的总结，恩格斯首先描述了一个假设的前资本主义商品生产体系，即私人个体劳动者拥有自己的生产资料——一个以“占有为基础的体系……自己的劳动”（1939，295）。随着资本主义及其劳动者与生产资料的社会分离然而现在由资本家控制，

> 生产资料开始集中在大的作坊和手工工场中，开始变为真正社会化的生产资料。但是，这些社会化的生产资料和产品还像从前一样仍被当做个人的生产资料和产品来处理……而现在，劳动资料的占有者还继续占有产品，虽然这些产品已经不是他的产品，而完全是别人劳动的产品了。这样，现在按社会化方式生产的产品已经不归那些真正使用生产资料和真正生产这些产品的人占有，而是归资本家占有。生产资料和生产实质上已经社会化了。但是，它们仍然服从于这样一种占有形式，这种占有形式是以个体的私人生产为前提，因而在这种形式下每个人都占有自己的产品并把这个产品拿到市场上去出卖。生产方式虽然已经消灭了这一占有形式的前提，但
> 185 是它仍然服从于这一占有形式。赋予新的生产方式以资本主义性质的这一矛盾，已经包含着现代的一切冲突的萌芽。新的生产方式越是在一切有决定意义的生产部门和一切在经济上起决定作用的国家里占统治地位，并从而把个体生产排挤到无足轻重的残余地位，社会化生产和资本主义占有的不相容性，也必然越加鲜明地表现出来。（295－96）

这样，私人占有和社会生产之间的紧张关系表现为来自社会生产的私人报酬和贡献之间日益武断和不和谐的联系。这种随意性不仅涉及资本和劳动的不平等报酬，也涉及工人的工资本身主要是由资本先前从工人身上榨取的累积剩余价值支付的这一事实。[11]更根本的是，它告诉我们，资本是社会集体劳动在自然的帮助下产生的财富的私人占有。从这个角度来看，社会生产和私人占有之间的紧张关系代表着商品本身固有的使用价值和交换价值之间

矛盾的进一步发展。通过将生产转变为客观的集体操作，“外部性”成为常态而非例外，资本本身否定了私人货币计算、竞争和盈利的社会合理性。[12]

马克思提出了一个建议，以衡量资本主义侵占在何种程度上与“将劳动本身组织成社会劳动”相矛盾：他建议考察“矛盾形式”在何种程度上出现了，从而资本主义“废除了［个体］私有财产和私人劳动”而没有废除资本主义占有（1967a，Ⅲ，266；重点补充）。在这种矛盾的形式中，马克思特别强调金融资本，特别是股票公司，表示“在资本主义生产本身的框架内废除资本作为私有财产”。正如马克思所说：

> 但是，这种剥夺在资本主义制度本身内，以对立的形态表现出来，即社会财产为少数人所占有……但是，这种向股份形式的转化本身，还是局限在资本主义界限之内；因此，这种转化并没有克服财富作为社会财富的性质和作为私人财富的性质之间的对立，而只是在新的形态上发展了这种对立。(436，440)

然而，这一类剥削阶级的准社会产权还包括“通过限制自由竞争，似乎 186
使资本的统治更加完善，但同时也预示着资本的解体和依赖于资本的生产方式的解体”（Marx，1973，651）。人们只要看看最近的北美自由贸易协定（NAFTA）和关贸总协定（GATT）的“自由贸易”协定，就能找到资本“寻求庇护”的这种形式的例子，“它们对社会生产的知识的私人垄断和自然资本化规定过多……一旦它开始感觉到自己并意识到自己是发展的障碍（它就会寻找庇护）”（1973，651）。这些矛盾的社会财产形式如雨后春笋般出现，表明资本主义生产已成为一种寄生的寻租过程，以社会产生的生产能力为食，而这一过程又根据竞争性货币积累的必要性来限制其利用和发展。[13]这种资本主义历史演进的退化不能归结为单个企业和部门的相对回报率的扭曲；相反，这涉及资本对社会和自然条件的自由分配在整个资本收益中的比重越来越大。

社会生产和私人占有之间日益加剧的紧张关系还表现在该体系不断制造新的社会弊病和机能障碍（以及不断改造旧的社会弊病和机能障碍），而这些只能通过集体努力来解决。利用市场、雇佣劳动和个人或准社会形式的私有财产的联系来解决这种集体问题的错误尝试进一步加剧了这种趋势。例如，通过迫使人们完全按照资本条件进入劳动力市场来“消除”失业和福利依赖，通过将社会保障私有化来“解决”支持老龄化人口的问题，通过将公共服务私有化来“平衡”国家预算，以及通过将学校公司化或降低教师的工作保障来提高教育“质量”。基本上，在所有这些情况下，要解决的问题都被重新定义为货币获利能力和竞争力的问题，而“解决方案”在满足人类需求方面的任何实际成本都由工人阶级及其社区承担。社会生产和私人占有之间的矛盾给社会带来的挑战，即寻找适合于客观社会化生产系统的新的集体民主机制，但这一挑战被回避了，取而代之的是阶级统治的再生产和加强。因此，“我们的技术创造力与我们在社会组织中的无礼行为之间的累积脱节”仍然存在
187 (Singer，1993，210)。结果，这个系统的繁荣货币指标（国内生产总值、利润、股市价值）越来越与人类福祉脱节。问题在于，在一个生产日益社会化的世界里，对人类能力和需求限制的进一步放松越来越难以通过竞争性货币积累体系来实现，这种体系不仅产生的输家比赢家多，而且使财富生产过程偏向赢家的私人利益。马克思在1856年的一次演讲中生动地描述了这种矛盾：

> 一方面产生了以往人类历史上任何一个时代都不能想象的工业和科学的力量；而另一方面却显露出衰颓的征兆，这种衰颓远远超过罗马帝国末期那一切载诸史册的可怕情景。在我们这个时代，每一种事物好像都包含有自己的反面。我们看到，机器具有减少人类劳动和使劳动更有成效的神奇力量，然而却引起了饥饿和过度的疲劳。财富的新源泉，由于某种奇怪的、不可思议的魔力而变成贫困的源泉。技术的胜利，似乎是以道德的败坏为代价换来的。随着人类愈益控制自然，个人却似乎愈益成为别人的奴隶或自身的卑劣行为的奴隶。甚至科学的纯洁光辉仿佛也只能在愚昧无知的黑暗背景上闪耀。我们的一切发明和进步，似乎结果是使物质力量成为有智慧的生命，而人的生命则化为愚钝的物质力量。现代工业和科学为一方与现代贫困和衰颓为另一方的这种对抗，我们时代的生产力

> 与社会关系之间的这种对抗，是显而易见的、不可避免的和毋庸争辩的事实。(1969，500－1)

可以说，马克思认为迫在眉睫的历史危机现在正如火如荼地进行着："在目前这种错误的基础上，劳动生产力的每一次新的发展都必然倾向于加深社会对比，指出社会对立"(Marx，1974a，77－78)。

使资本主义关系日益成为人类发展的"虚假基础"的一个相关因素是，作为财富衡量标准的价值越来越不足。问题是生产社会化降低了直接物化在商品中的劳动时间（包括直接物化在机器和其他不变资本要素中的劳动）作为使用价值来源的相对重要性。商品和服务越来越成为社会分工及其利用社会发展的科学知识对自然条件的占有的公共产品，而不是个人企业所耗费的劳动的私人产品。因此，除了价值从自然对财富的贡献中的基本抽象之外(见第七章)，正如马克思指出的那样，直接劳动时间越来越不适合作为使用 188
价值的社会尺度：

> 劳动时间——单纯的劳动量——在怎样的程度上被资本确立为唯一的决定要素，直接劳动及其数量作为生产即创造使用价值的决定要素就在怎样的程度上失去作用，而且，如果说直接劳动在量的方面降到微不足道的比例，那么它在质的方面，虽然也是不可缺少的，但一方面同一般科学劳动相比，同自然科学在工艺上的应用相比，另一方面同产生于总生产中的社会组织的、并表现为社会劳动的自然赐予（虽然是历史的产物）的一般生产力相比，却变成一种从属的要素。于是，资本也就促使自身这一统治生产的形式发生解体。(1973，700)

随着使用价值与直接劳动的对应性日益减弱，资本对作为价值和剩余价值载体的自然条件和社会条件的利用日益表现为对这些条件的无偿占有。[14]价值作为衡量财富的尺度越来越不充分是与私人占有和社会生产之间日益加剧的紧张关系紧密联系在一起的。正如马克思所指出的，只要商品是"孤立的直接劳动的产品”，那么“在直接交换中，个别的直接劳动表现为在特定的产品或产品的一部分上实现，而它的公共的、社会的性质，即它作为一般劳动的对象化和一般需要的满足的性质”，或多或少“仅通过交换就充分地”得到了“证明”（1973，709）。然而，随着“大规模工业”的资本发展，“直接劳动本身不再是生产的基础，因为……更确切地说，社会活动的结合表现为生产者”（709）。因此，私人商品销售所实现的价值越来越不适合用来衡量单个企业对社会财富的贡献；“因此交换价值不再是使用价值的尺度”（705）。[15]

价值作为衡量财富的标准的充分性下降，标志着资本主义剥削作为一种社会生产形式的历史局限性。随着生产的社会化，财富越来越成为社会分工和一般科学知识与自然条件相结合的一种功能，越来越少依赖于个人直接劳动及其特定的物质工具。因此，财富生产的进步越来越不依赖于资本对直接剩余劳动的提取及其对越来越大的物质生产资料集群的再投资（作为剩余价值）。换句话说，“对外来劳动时间的占有，随着它的发展，不再构成或创造财富”（Marx，1973，709）：

> 189 但是，随着大工业的发展，现实财富的创造较少地取决于劳动时间和已耗费的劳动量，较多地取决于在劳动时间内所运用的作用物的力量，而这种作用物自身——它们的巨大效率——又和生产它们所花费的直接劳动时间不成比例，而是取决于科学的一般水平和技术进步，或者说取决于这种科学在生产上的应用。……现今财富的基础是盗窃他人的劳动时间，这同新发展起来的由大工业本身创造的基础相比，显得太可怜了。（704－5）

从这个角度来看，资本越来越依赖于对客观公共条件（特别是劳动、科学和自然条件的分工）的无偿占有，这本身就表明了这样一个事实，“群众的剩余劳动不再是一般财富发展的条件”（Marx，1973，705）。这一点更加正确，因为这些社会团体条件的利用和再开发作为一种较少限制的人类发展形式，要求生产者及其社会团体将其生产作为一个日益普遍的自然和社会过程来把握。马克思在谈到社会化生产时指出：“表现为生产和财富的宏大基石的，既不是人本身完成的直接劳动，也不是人从事劳动的时间，而是对人本身的一般生产力的占有，是人对自然界的了解和通过人作为社会体的存在来对自然界的统治，总之，是社会个人的发展”（705）。资本本身创造了将生产者发展成这种社会个体的潜力，因为它否定了社会财富和直接劳动之间的对应关系——从而否定了“少数人的非劳动不再是人类头脑的一般能力发展的条件”的历史必要性（705）。但这样做否定了雇佣劳动关系的历史合理性。

资本主义在历史上是进步的，因为它发展并社会化了生产，达到了这样一种程度：作为满足人类需要的一个体系，生产要取得进一步的发展，主要依赖于作为自然存在物和社会存在物的人的普遍发展。资本主义关系特别不适合的恰恰是后一种任务，资本不是促进生产者及其社会团体的普遍发展，而是无偿地占有自然和社会条件，并将其转化为剥削生产者的手段，从而根据竞争性货币积累限制工人和社会团体的发展。“生产力和社会关系——这二者是社会个人的发展的不同方面——对于资本来说仅仅表现为手段，仅仅是 190
资本用来从它的有限的基础出发进行生产的手段”（1973，706）。[16]资本使人的生产和发展社会化；而资本“使生产的主力即人本身成为片面的、局限的等等”（422）。这就是资本作为人类生产的一种形式如何创造它自己的历史局限性。[17]

资本主义的历史局限与环境危机

前面的解释表明，马克思并没有把资本主义的历史局限性归结为资本自身不断恶化的积累危机。对马克思来说，资本主义的历史危机是资本的生产社会化加剧了为利润而生产和为人类需要而生产之间的矛盾。因此，作为人类需求满足和人类发展的一种形式，它代表了资本主义关系的普遍危机，这不能归结为长期盈利能力问题。马克思没有明确地将环境危机纳入这一预测；然而，他的框架有助于这样的整合，因为它将资本主义的历史危机视为生产条件社会化的特定阶级剥削形式的危机。

马克思对社会生产和私人占有之间日益紧张的关系的分析告诉我们，鉴于资本主义生产的发展是一个社会化的、普遍的劳动占有自然的过程，问题不再是社会是否应该为了人类的目的而占有自然，而是这些目的应该是什么。考虑到人类目的的社会结构，这个问题归结为各种社会关系，这些社会关系在与自然条件的新陈代谢的联系中，并通过这种联系，将使它们自己具有较少限制和更可持续的人类发展形式。总之，自然是否要被社会化是一个有争议的问题，真正的问题是将发生什么样的社会化（参见 Harrington，1989，8－9，17，196）。它是在竞争性货币积累的范围内的社会化，还是，相反，由可持续人类发展的要求调节的社会化，承认自然对人类财富的永恒贡献，包括它对审美和精神使用价值的贡献——对无限多样的人类精神的贡献？

资本的异化社会化产生了集体问题，它无法像解决所有社会生产条件那
191 样解决与自然条件相关的问题（Harrington，1989，184－85）。竞争性的、利润驱动的生产发展创造了一个越来越密集、大规模的、从自然中占有的生物圈系统，这要求一种集体民主的社会调节形式，不仅要保护剩余的自然财富，还要将社会化劳动和生产重组为更适合自然和社会人类的形式。劳动的社会化，通过人与自然新陈代谢的社会化，为全球范围内的所有社会、生产者和社会团体创造了有效的利益，将这种新陈代谢转化为支持他们自己和他们的孩子较少限制但更可持续的发展。

尽管资本将对自然的占有转化为普遍的公共努力，但这一财富创造过程仍然是一个竞争性货币积累的过程。随着生产的社会化，私人积累过程变得越来越依赖于自然条件的无偿占有，包括直接占有和无偿占有社会生产的科学知识和自然被分配到生产中的合作形式。资本非但不承认今世后代在自然和社会中的共同利益是人类发展的条件，反而将自然和社会条件转化为单纯的剥削和货币积累手段。由此产生的生态危机趋势表明，任何社会经济系统，如果其主要监管形式（在这种情况下是价值、资本和竞争）系统地将系统的必要条件与人类需求相分离，就会在这些条件下造成失衡，而"失衡"是根据财富生产的质量和数量的可持续性来定义的。资本的异化社会化越来越破坏了人类生产与其自然和社会条件的必要统一（参见 Rader，1979，86，119－20）。这就是为什么资本主义最终限制了人类的发展，尽管它已经放松了对人类发展的限制。

马克思对价值作为财富的一种形式的历史局限性的分析也揭示了类似的

含义。对马克思来说，资本对社会化生产力的发展降低了直接劳动时间作为财富来源的重要性，使用价值越来越成为整个劳动体系的产物，并在社会生产的科学知识的指导下从自然中普遍占有。劳动的社会化和自然的社会化是同步进行的，其基础是劳动与自然条件的社会分离，以及资本作为竞争性货币积累的物质载体进行的剥削性重组（见第五章）。从这个角度来看，作为财富形式的价值的历史局限性在更普遍的层面上代表了第七章中讨论的基本价 192
值——自然矛盾的进一步发展。价值总是从自然对财富的贡献中抽象出来，但资本的生产社会化加剧了财富社会表征的这种扭曲。虽然生产是一种日益普遍的与自然的社会新陈代谢，但价值继续以货币形式通过私人组织的抽象直接劳动时间来代表财富。

价值总是从所有未被私人登记为货币交换价值的生态使用价值中抽象出来——无论它们的破坏对任何给定质量和数量的资本主义财富生产的持续前景有多大影响，更不用说对更丰富、较少限制的人类与自然共同进化的更广阔前景了。然而，生产的社会化加剧了这一问题，因为它使环境使用价值和生态破坏越来越不可登记为市场价格，这正是由于它们日益普遍的公共性质。一方面，选择越来越成为资本的无偿占有和扭曲估价，而另一方面，选择成为明确的社会估价和监管——从而挑战（全球）社会构建后者的集体民主形式（见第十四章）。马克思的方法再次揭示了环境问题是一个涉及自然社会化冲突形式的问题，而不是关于自然是否应该社会化的抽象问题。

正如在日益社会化的生产体系中，总价值越来越不能有效地对应于总财富和人类需求，剩余价值也越来越不适合作为社会化劳动和自然相结合的满足需求的力量增长的一种手段和形式。有两种基本方式，剩余价值不能充分代表与占有自然相关的人类需求——超越价值的反生态定性特征（见第七章）。首先，人类从自然中占有任何给定的使用价值都要受到数量上的生态和生物圈限制——如果超过这些限制，可占有的自然财富就会在质量上恶化。然而，货币剩余价值积累的目标在数量上是无限的：无论其对环境的影响如何，只要资本能够获得有利于生产可销售使用价值的生活、可开发的劳动力和物质条件，它就能够并将继续在物质和社会两方面积累。我们可能不喜欢它，但事实是资本主义可以在人类灭绝之前的任何生态灾难中幸存下来，再

193 加上其加剧和普遍化自然财富处理的趋势，这正是资本主义产生超过以往所有社会经济制度的环境危机的能力的原因——至少从人类自然需求的角度出发，而不是从价值积累的疯狂的最低自然需求出发来看是这样（参见第五章）。

其次，如上一节所述，生产的社会化越来越意味着财富的增长不再取决于工人的剩余价值的提取及其对物质生产资料的再投资，而是取决于社会团体生产力的普遍发展——尤其是科学及其在集体劳动分工及其自然条件中的应用。对人类发展的限制的进一步放松不再取决于少数人从事许多剩余劳动，而是取决于生产者及其社会团体掌握和重新发展他们的劳动和从自然中占有的普遍社会制度的能力。简言之，普遍存在的个人发展机会已成为进一步发展人类生产的满足需求能力所需的主要“生产力”。这样一来，一般的阶级剥削，特别是资本主义的剥削，已经耗尽了其历史的必要性。请注意，由于这种历史性的枯竭是根据对人类需求的无效满足来定义的，包括对与自然之间健康，可持续的互换的需求，因此，这与商品生产的持续增长和资本积累（例如按实际人均 GDP 衡量）完全一致。不同于韦斯科夫（1991）的解释，资本主义只有在积累被获利能力危机所阻碍时才达到历史极限，而马克思的历史危机概念包含了人类和社会危机，而人类和环境危机并没有有效地被价值和资本的货币形式所记录。

资本主义的历史局限和奥康纳的“两个矛盾”

资本对自然和社会条件的占有在马克思对资本主义基本矛盾和历史局限的分析中起着关键作用。奥康纳（1988，1991a，1998）对将人及其自然和社会条件作为资本积累手段所产生的矛盾进行了另一种分析。奥康纳认为，资本主义存在两个基本矛盾，这两个矛盾共同解释了为什么“今天的资本和国家”“对于可能为资本积累提供连贯框架的新形式的监管完全混淆了”（1991a，108）。

194 奥康纳的第一个矛盾涉及由于无法通过商品销售实现商品所客观化的剩余价值而导致积累危机的危险。这种危机的根源是工人阶级的消费相对于所产生的价值的限制，这是由于剥削率（剩余价值除以所付工资的价值）上升而引起的限制。这里的基本问题是，“资本对劳动力行使了太多权力”，由此导致的消费不足趋势表现为资本为应对这一挑战而采取的“大量信贷结构，激进的营销，持续的产品创新和激烈的竞争”加剧了“实现危机的风险”（107）。

奥康纳随后辩称，由于成本上升，资本积累出现了第二种矛盾，这种矛盾表现在盈利能力问题中。奥康纳认为，第二个矛盾更直接地涉及生产的自然和社会条件。具体来说，资本有侵蚀其自身生产条件的趋势，特别是在“个体资本……将成本外部化至生产条件（自然，劳动力或城市），以捍卫或恢复利润。”生产条件恶化的“意想不到的影响”是“增加了其他资本的成本（并限制了整个资本），降低了生产利润”（1991a，108）。当“社会运动要求资本更好地提供维护和恢复”自然条件时，例如“当他们要求更好的医疗保健，抗议土壤被破坏并以增加资本成本的方式捍卫城市社会团体时，利润将进一步减少，资本灵活性也将进一步降低”（1998，242）。

奥康纳的“两个矛盾”框架令人满意，因为它暗示凯恩斯主义的需求方政策或新古典的供应方或成本方政策都无法克服资本积累的矛盾。此外，奥康纳的第二个矛盾，就像马克思关于资本主义的基本矛盾和历史局限的观念一样，认识到资本的生产发展是基于自然和社会条件向竞争性价值积累工具的转化，从资本主义作为一种财富生产体系的增长和发展的角度来看，这种转化产生了非理性的结果。尽管如此，奥康纳的构想还是存在一些严重问题。

基本的困难在于，奥康纳人为地将他的第一个矛盾与生产条件区分开来，甚至断言“资本主义的第一个矛盾……与生产条件无关，无论是从经济角度还是从社会政治角度解释生产条件”（1991a，107）。如果第一个矛盾是由剥 195
削率上升所产生的，那么“表达了资本的社会和政治力量的过度劳动”（107），如何将其与生产条件分开？正如已经讨论过的，至少在马克思的分析中，资本对劳动的权力和剥削率的提高（特别是通过劳动生产率的提高，这降低了劳动力的价值）牢固地扎根于资本对自然和社会条件的占有，以及资本。将这些条件转化为利用劳动力的手段，并使剩余劳动力具有可利用的使用价值。这种对自然和社会条件的剥削性占有不仅发生在商品的商品化过程中，而且还通过资本的无偿占有而发生（见第五章和第六章）。因此，从马克思的角度来看，奥康纳试图将资本的生产条件社会化转变为“第二个”成本方面的矛盾简直是不可行的。

根据第二个矛盾，尚不清楚因资本利用自然和社会条件而增加的“外部成本”是否需要转化为整个资本的盈利问题。所有资本积累所需要的是可利用的劳动力和有利于剩余劳动的榨取并将其物化为可销售的使用价值的物质条件。劳动力、生产条件和生产使用价值的质性在历史上是可能的。污染控制和废物处置，监狱（利用被监禁的劳动力）以及警察和安全服务部门都是非常有利可图的部门，即使从许多企业的角度来看，它们代表私人成本和/或税单。事实是，资本积累的“外部成本”不仅为单个企业而且为整个资本创造了生产和实现剩余价值的获利机会。一方面，资本通过开发和销售具有生态和社会破坏性使用价值的新产品（例如，塑料包装、快餐、汽车、杀虫剂）来应对其积累过多的问题。另一方面，资本积累越来越多地采取商品和服务的形式，其必要性或有用性源于资本主义生产和消费的“外部成本”。例如，整个汽车/石油/房地产综合体都从资本主义的“负外部性”中汲取了最大的力量，这有助于它们的产生。医疗和法律行业也是如此。污染控制和废物处理行业在 1990 年的年销售额在 200 亿到 3000 亿美元之间（超过整个全球航空航天业），它仅仅是这种以外部性为基础的行业的最新成员（Karliner，1994）。

196 这种基于破坏性和/或外部性的活动的盈利能力并不能解决资本主义的“第一矛盾”。事实上，由于私营企业自然倾向于最有利可图的污染控制和废物管理活动，潜在剩余价值过度积累的问题可能会相应恶化——尤其是当这些活动越来越多地被少数较大、相对有利可图的公司垄断时。在这方面，环境产业与其他垄断资本主义部门没有什么不同。尽管如此，环境工业会造成过度积累问题，这非常清楚地表明，资本主义真正的根本矛盾是生产条件对工人和社会团体的异化。奥康纳的“两个矛盾”都是这个更基本矛盾的症状。

一旦奥康纳的两个矛盾的内在统一性被认识到，人们就能更清楚地看到绿色资本主义的改良主义愿景的局限性。环境产业不仅无法解决过度积累的问题，它也无力解决资本主义的环境危机。污染控制、废物管理和回收利用可能是有利可图的活动，但它们不能直接解决竞争性资本主义增长和任何给定质量的自然条件的有限性之间的紧张关系。就目前情况而言，环境产业本身的竞争性“成功”依赖于资本主义生产在生态上不可持续的增长，并为此作出贡献。“环境维护”本身就是一个“增长产业”，这揭示了资本积累所需条件与人类和社会可持续发展所需条件之间的冲突。说白了，资本原则上可以在任何自然条件下继续积累，无论如何退化，只要人类生命没有完全灭绝。这使得区分资本积累的环境危机与作为自然和社会物种的人的发展条件普遍恶化的环境危机变得至关重要。后一种类型的危机绝不自动意味着前者，尽管两者都是资本主义的产物——也就是说，从人类发展的角度来看，资本主义是一个生态和社会不合理的系统。

奥康纳指出，资本对生产条件的破坏性影响“不仅威胁到利润和积累，而且威胁到社会和自然环境作为生活手段和生命本身的生存能力”（1998，12）。他还将生态和社会运动描述为“确定实际上会是什么样的使用价值生产条件”的斗争（14）。然而，通过将生产条件视为资本剥削劳动的“外部”， 197
奥康纳的“两个矛盾”二分法倾向于淡化资本主义生产所需条件和人类发展所需条件之间的区别。这种淡化的效果是人为地划分劳动和生态斗争——后者仍然基本上被定义为“非阶级”斗争（1998，14－15）。

对马克思来说，资本主义的基本矛盾是资本的财富与生产者及其社会团体的财富之间的矛盾——后者不是根据资本积累的最低限度的物质和社会要求来定义的，而是根据限制较少、更可持续的人类发展的条件来定义的（参见 Lebowitz，1992b）。马克思并没有人为地把资本对劳动及其条件的控制权力分成两种不同的权力。在马克思看来，剥削加剧、生产过剩危机、生产“外部成本”的增加以及人类、自然和社会财富的退化都是必要的，它们相互构成了资本主义基本矛盾的各个方面。因此，马克思的分析并没有将工人的利益先验地限制在“工资和工作”的经济领域，也没有在工人运动和围绕生态问题的“激进民主”斗争之间建立错误的区分（O’Connor，1998，14－15）。第十三章相应地考虑了马克思的整体的、非经济的阶级斗争观的亲生态潜力。

第十三章

资本、 自然和阶级斗争

199 本章考虑了环境冲突在从资本主义向共产主义过渡中的作用，环境冲突被认为是生产者及其社会团体为控制生产的自然和社会条件而进行的斗争。在这里，就像在第十二章一样，马克思没有直接讨论这一主题。尽管他确实将环境问题纳入了他对共产主义的预测中（见第十四章），但这些问题在他对从资本主义向共产主义过渡的论述中并不明显。尽管如此，我还是认为马克思对过渡的分析方法包含了对环境和阶级斗争统一的重要见解。然而，为了理解这些见解，有必要避免将马克思的方法简化为片面的工业家视野。因此，在阐述马克思的一般方法的主要要素及其与环境斗争的相关性之前，我先讨论一下更标准的工业家解释的局限性——这种解释似乎在马克思和恩格斯的著作中有着坚实的基础。

工业家的革命愿景

根据马克思的观点，资本主义的生产社会化否定了对人类发展的优先的基于阶级的限制的必要性，从而创造了“一个新的社会状态的历史前提”（1973，461）。这是至关重要的，因为“如果我们在现在这样的社会中没有发现隐蔽地存在着无阶级社会所必需的物质生产条件和与之相适应的交往关系，那么一切炸毁的尝试都是唐·吉诃德式的荒唐行为”（Marx，1973，159）。与此同时，马克思认识到资本主义无法实现其创造的历史潜力。更具体地说，

马克思将资本主义的历史局限性视为为利润而生产和为人类需求而生产之间 200
基本矛盾的结果——这一矛盾因资本对劳动及其自然条件的剥削性社会化而加剧（见第十二章）。总之，资本把生产发展成“大量对立的社会统一形式”，它们的对立性质使它们成为资本主义社会的“许多爆炸的地雷”（1973，159）。

然而，必须有人引爆这些地雷，在较少阶级限制的基础上重建生产及其自然和社会条件。如果这个革命力量要成为一个可信的力量，那么它必须在资本主义内部并通过资本主义发展。马克思和恩格斯经常指出，这种革命力量是工人阶级的产业部分，即最先进的生产力量集中的商品生产部门（工业、矿业、农业）的工人。在高度社会化的工业生产中，工人的聚集和联系将产生一个有阶级意识和生产能力的工业无产阶级——一个为资本主义“掘墓”和引导社会走向共产主义的合适力量。这一愿景在《共产党宣言》中措辞丰富：

> 但是，随着工业的发展，无产阶级不仅人数增加了，而且结合成更大的集体，它的力量日益增长，而且它越来越感觉到自己的力量……资产阶级无意中造成而又无力抵抗的工业进步，使工人通过结社而达到的革命联合代替了他们由于竞争而造成的分散状态。于是，随着大工业的发展，资产阶级赖以生产和占有产品的基础本身也就从它的脚下被挖掉了。它首先生产的是它自身的掘墓人。资产阶级的灭亡和无产阶级的胜利是同样不可避免的。（Marx and Engels，1968，43，46）

同样，在《资本论》中，马克思认为，随着工业的发展和社会化，“贫困、压迫、奴役、退化和剥削的程度不断加深，而日益壮大的、由资本主义生产过程本身的机制所训练、联合和组织起来的工人阶级的反抗也不断增长”（Marx，1967a，Ⅰ，763）。

从生态学的角度来看，这种工业家的革命主体概念有两个密切相关的问题。首先，它似乎不能充分防止工业无产阶级在获得对生产及其自然条件的

201 权力时，可能以工具主义的方式使用和发展它们，这与它们作为竞争性货币积累的条件的资本主义使用没有本质上的区别。换句话说，工业家对过渡的看法没有充分地将自然和社会条件下的公共利益作为社会团体综合劳动（不仅仅是工业劳动）的条件和整个社会团体个人和集体发展的条件。因此，工业家的观点似乎并没有像它应该的那样，对依照环境问题的考量对生产进行的变革的需求持足够开放的态度。例如，这与马克思从整个“生产者社会的生活过程”，即从“社会发达的人的要求”——自然包括不仅限于工业工人需要的公共环境问题的分析——对资本主义生产的异化及其自然条件的分析形成对比（1967a，Ⅲ，250，258）。

工业家对革命的看法是不能令人信服的，因为工业无产阶级应该接受、保持、操作和改造生产条件，而资本主义系统地疏远了这些条件。《共产党宣言》中描绘的纪律严明、有阶级意识、在经济和政治上强大的工业军队，与马克思在其他地方展示的“虚拟的贫民”形成鲜明对比，这是资本主义异化的逻辑产物：

> 自由劳动者的概念中已经包含了他是一个穷人：虚拟的贫民。根据他的经济条件，他只是一个活的劳动力……各方面的必要性，没有实现自己作为劳动能力所必需的客观性。如果资本家没有使用他的剩余劳动力，那么工人就不能进行必要的劳动；也不生产他的必需品。那么他就不能通过交换获得它们；更确切地说，如果他真的得到了它们，那只是因为施舍是从税收中扔给他的。只有当他用自己的劳动能力去换取构成劳动基金的那部分资本时，他才能以工人的身份生活。这种交换与对他来说是偶然的条件联系在一起，与他的有机存在无关。因此，他实际上是个穷光蛋。（1973，604）[1]

在资本主义制度下，工人的劳动力“本身仅仅是劳动的可能性，可以利用并限制在工人的活体中，这是一种可能性……完全脱离其实现的所有客观条件”（Marx，1988，39－40）。后者的条件，的确是“物质财富的整个世
202 界”。“将［工人］视为外来商品和外来货币……独立于资本、自然和阶级斗

争而存在”（39－40）。劳动力的无能为力和资本的巨大异化力量似乎为革命工业无产阶级的爆发提供了一个非常不合适的环境。正如马克思指出的那样：

> 劳动的社会生产力随着资本主义生产方式的发展而发展，与工人相对立的已经积累起来的财富也作为统治工人的财富，作为资本，以同样的程度增长起来，与工人相对立的财富世界也作为与工人相异化的并统治着工人的世界以同样的程度扩大起来。与此相反，工人本身的贫穷、困苦和依附性也按同样的比例发展起来。（1977，1062）

产业劳动的异化与其革命使命之间的明显矛盾在《资本论》第Ⅰ卷的一段话中表现得最为明显，马克思在其中考虑了劳资关系的实施依赖于公开强制的程度：

> 单是在一极有劳动条件作为资本出现，在另一极有除了劳动力以外没有东西可出卖的人，还是不够的。这还不足以迫使他们自愿地出卖自己。在资本主义生产的进展中，工人阶级日益发展，他们由于教育、传统、习惯而承认这种生产方式的要求是理所当然的自然规律。发达的资本主义生产过程的组织粉碎一切反抗；相对过剩人口的不断产生把劳动的供求规律，从而把工资限制在与资本增殖需要相适应的轨道以内；经济关系的无声的强制保证资本家对工人的统治。超经济的直接的暴力固然还在使用，但只是例外地使用。在通常的情况下，可以让工人由“生产的自然规律”去支配，即由他对资本的从属性去支配，这种从属性由生产条件本身产生，得到这些条件的保证并由它们永久维持下去。（1967a，Ⅰ，737）

就我的目的而言，重要的一点不是这种言论对无产阶级战斗性和自我解放的悲观含义，而是将资本主义产生的自然和社会条件视为“不言而喻的自然法则”的无产阶级的生态含义。如果由资本发展起来的工业无产阶级对自然和社会条件的极端屈从真的是“永久保证”，那么很难看出由同样的无产阶级领导的革命如何能够从根本上亲生态的。同样，问题是如何确保生态条件
203 适合于可持续但较少限制的人类发展，因为这是一个不可简化为工业生产及其直接人类动因的公共过程。

在接下来的内容中，我将表明，在马克思对资本主义异化和工人阶级组织的分析中，可以找到不那么片面的实业家和更亲生态的革命方法的基本要素。这并不是否认马克思著作中工业家解释的明确基础。我的目的是强调马克思更一般的分析方法可以为涉及生态学的过渡性问题带来的积极资源。这些资源涉及三个相互关联的领域：（1）劳资关系内部的使用价值和交换价值之间的紧张关系；（2）工人阶级必须克服资本主义的竞争以满足自己的需要；（3）资本的生产社会化以及随之而来的社会生产条件对资本和劳动的战略重要性的提高。在论证了这三个领域与过渡问题的相关性之后，我具体说明了它们与环境斗争的共同联系。

资本主义基本矛盾再探[2]

前一节强调了工人阶级的解放命运和同一阶级相对于生产条件的异化之间的明显矛盾。只要生产条件的异化力量被资本所代表和利用，相应的劳动的无力感似乎就排除了工人阶级对资本主义关系的任何全面反抗，特别是将生产条件转化为在社会和自然中或通过社会和自然实现较少限制和更可持续的人类发展的条件。然而，到目前为止，我只谈到了劳资关系紧张的一面。对马克思来说，财富从劳动中异化只是以利润为目的的生产和以人为本的生产之间矛盾的一面。另一面是，资本积累要求剥削体现在活生生的、有思想的工人身上的劳动力，对他们来说，交换价值（工资）只是达到使用价值或人类发展目的的手段。从这个意义上说，劳动代表了对资本把使用价值仅仅作为价值扩张手段的结构性对立。

鉴于劳动是“调节使用价值和创造交换价值的活动”，资本（寻求更多金钱的金钱）必须掌握“劳动能力的真正使用……劳动本身”（Marx，1988，
204 40）。资本不仅建立在必要的生产条件与工人的异化的基础上；它还依赖于工人的实际活动。这并不是否认劳资关系的不平等和剥削性质。关键是，异化

劳动和资本对劳动的依赖，同样是利润生产和人类发展生产之间根本紧张关系的必要因素。的确，“劳动……是资本本身的使用价值……资本增加的中介活动”揭示了资本主义的基本矛盾，即资本的纯工具性使用价值要求和由有意识的、有主观意愿的、自然的和社会的人所代表的这些要求的现实实体之间实际存在的矛盾（170）。由此可见，资本主义的基本矛盾既有“消极”的一面，也有“积极”的一面：

> 作为非资本、非对象化的劳动，劳动能力表现为：
>
> 1）消极。不是原材料，不是劳动工具，不是产品，不是生活资料，不是货币，而是同一切劳动资料和生活资料分离的劳动，同它的全部客观性分离的劳动，它只是一种可能性。这种完全的剥夺，这种没有任何客观性的劳动的可能性。劳动能力是绝对贫困，也就是说，完全剥夺了客观财富。劳动能力所具有的客观性只是劳动者自身的肉体存在，是劳动者自身的客观性。
>
> 2）积极。非对象化的劳动，即劳动本身的非客观的、主观的存在。劳动不是作为对象，而是作为活动，作为有生命的价值源泉。资本是一般财富的现实性，与资本相反，资本是一般财富的一般可能性，在行动中表现出来。（1988，170－71）

在这里，马克思表达了资本主义的基本矛盾，即作为财富必要来源的人类劳动和工人相对于财富的异化之间的紧张关系。在马克思看来，这种紧张关系随着资本生产的发展而增长，因为工人从日益社会化的生产条件中异化出来，最终限制了从人类发展角度理解的财富生产本身（见第十二章）。这种紧张关系已成为劳资关系的一部分。正如马克思指出的那样：“一方面，劳动是绝对贫困的客体，另一方面，是财富作为主体和作为活动的一般可能性，这两种完全相互矛盾的陈述是相互决定的，并且是从劳动的本质出发的，正如资本假定劳动是矛盾的，是矛盾的存在”（1973，296）。马克思经常用资本作为物化劳动和劳动的主体性构成价值的活实体之间的“对立”来表达这种紧张关系：

> 205 另一个对立的观点是：与作为对象化劳动的货币（或一般意义上的价值）相反，劳动能力表现为生活主体的能力；前者是过去的劳动，已经完成的劳动，后者是未来的劳动，其存在只能是活的活动，活的主体本身的当前活动……代表价值的资本家面对的是纯粹简单的劳动能力的工人，而不是一般的工人，因此，自我价值的价值、自我价值的物化劳动和创造价值的活劳动之间的对立构成了这种关系的重点和实际内容。他们作为资本和劳动，作为资本家和工人相互对抗。（1988，41）

客观资本和主观劳动之间的这种对比有助于对资本主义的基本矛盾和向共产主义的过渡进行更具对抗性和质量上更具变革性的解释，而不是片面关注以前被异化的工业劳动对工业资本的征用。从劳动反对资本是资本本身的一个必要因素的意义上来说，劳动现在看起来是一种在结构上反对资本的活跃的、积极的力量。换句话说，资本作为财富的一种形式包含着它自己的否定。正如马克思所观察到的，资本的“对立面”是“物化的”或

> 存在于空间中的过去劳动，就是存在于时间中的活劳动。作为目前存在的、未被物化的（因而也还没有被对象化的）劳动，它只能作为有生命的主体的力量、潜能、能力、劳动能力出现。资本作为独立的、坚定地自给自足的客观劳动的对立面是活劳动能力本身……劳动是唯一能够作为资本与货币对立和互补的使用价值，它存在于作为主体而存在的劳动能力中。货币只有在同非资本、同资本的否定联系起来的时候才作为资本而存在，因为只有在同非资本联系起来的时候，货币才是资本。劳动本身是真正的非资本。（1987年，502－3）

如果资本和劳动力拥有相同的目标，那么这种结构性对立就不会是对抗性的。但在马克思看来，情况并非如此。对于资本来说，劳动力和自然的使用价值仅仅是价值积累的手段。相比之下，对于劳动来说，价值（以工资的

形式）仅仅是获得必要使用价值的一种手段：

> 工人经历 C－M－C 的循环形式。他为了买而卖。他用自己的劳动能力交换货币，以便用货币交换商品——在某种程度上，商品是
> 使用价值，是生存手段。目的是个人消费……相反，资本家经历M－ 206
> C－M。他购买是为了卖出，此举的目的是交换价值，即财富。(Marx，1988，135)

对资本来说，交换和生产的唯一目的是竞争性的价值积累，与资本不同，对于工人而言，

> 重要的是，对他来说，交换的目的是满足他的需要。他的交换对象是直接的需要对象，而不是交换价值本身。他确实获得了金钱，这是事实，但仅是作为硬币；也就是说，只是作为一种自我中止和消失的中介。因此，他从交换中得到的不是交换价值……而是维持生计的手段，维持生命的对象，满足他的一般需要，物质的，社会的等等。(1973，284)

对于工人而言，交换价值是获得使用价值的必要手段（反之则不行）。这与工人在生产中的劳动异化相结合，意味着“对于工人……劳动只有在交换价值的范围内才具有使用价值”，也就是说，当它产生工资时才有使用价值(Marx，1988，160)。劳动的使用价值取向自相矛盾地表现为“劳动对工人来说仅仅是一种交换价值”（159）：

> 可是，劳动力的表现即劳动是工人本身的生命活动，是工人本身的生命的表现。工人正是把这种生命活动出卖给别人，以获得自己所必需的生活资料。可见，工人的生命活动对于他不过是使他能够生存的一种手段而已。他是为生活而工作的。他甚至不认为劳动是自己生活的一部分；相反，对于他来说，劳动就是牺牲自己的生

> 活。劳动是已由他出卖给别人的一种商品。因此，他的活动的产物也就不是他的活动的目的……他为自己生产的是工资……对于他来说，在这种活动停止以后，当他坐在饭桌旁，站在酒店柜台前，睡在床上的时候，生活才算开始。在他看来，12 小时劳动的意义并不在于织布、纺纱、钻孔等等，而在于挣钱，挣钱使他能吃饭、喝酒、睡觉。(Marx，1933，19)

简言之，不仅资本和劳动力在结构上相对于财富处于相对的位置，而且劳动力的使用价值目标，其生活活动在结构上也受到资本将劳动力转化为价值积累手段的制约。资本限制了为了积累价值而必须利用的同样主观的人类
207 生命力量。因此，以利润为目的的生产和“生产者社会的生活过程”的生产之间的紧张关系被纳入“资本本身”，被理解为雇佣劳动关系（1967a，Ⅲ，250）。因此，一个较少限制的人类发展需要废除这种关系。

竞争与联合

资本和劳动力相对于使用价值和交换价值的对立地位与它们在竞争方面的同等结构性对立平行。竞争不仅仅是在相互自治的企业中组织社会生产的必要形式；它是资本积累的真正引擎。在市场竞争中，特定的私人劳动被确认（或未被确认）作为社会必要劳动时间的一部分；资本的竞争性集中和集中化是加速价值积累的主要因素，而这是资本积累的结果。简言之，资本的“内在本质”或“本质特征”作为价值扩展只能在“竞争……许多资本相互之间的相互互动，即内在趋势作为外部需要”中得到“实现”（Marx，1973，414）。这并不是要否认竞争对个人资本构成持续威胁。关键是“自由竞争是资本生产过程的适当形式”，因为它迫使整个资本实现最大的价值积累。从这个意义上说，“自由竞争是资本的真正发展”（650－51）。[3]

相比之下，对于劳工而言，竞争不仅对单个工人构成持续的威胁，而且对工人的工资，工作条件和整体生活水平构成持续威胁。由资本“提供”的工作和投资竞争直接限制了工人和社会团体的发展。而“对资本家来说”，“竞争……仅仅是一个利润问题，对工人来说，这是他们生存的一个问题”

（1976a，423）。工人也经常容易受到由于资本主义企业之间竞争不平衡而导致的各种混乱的困扰。对于工人和社会团体来说，自由竞争会导致源源不断的实际或威胁性的企业破产、地点变动、裁员和工作加速，并产生相应的压力，以保持工资和工作场所的需求，资本税以及健康和环境法规在竞争水平之内，以免损害“商业信心”。简言之，尽管自由竞争促进了资本的自由发展，但它系统地限制了生产者及其社会团体的发展。因此，为了维持和改善他们的工作和生活条件，工人必须“相互联系……以联合的形式”（1978a，168）。

这种联合的必要性是马克思对向共产主义过渡的分析的一个重要特征， 208
因为与前面讨论的片面的工业家观点不同，它没有将工人阶级的结合视为工业劳动和生产资料集聚的一个简单功能。工作和生活条件竞争的下行压力，以及相应的为捍卫和改善这些条件而结社的需要，不仅适用于产业工人，也适用于所有生产者及其社会团体。事实上，结社的必要性并不是严格意义上的工业主义，这至少应该部分缓解人们对马克思过渡方法中可能存在的反生态偏见的担忧。

在马克思和恩格斯的著作中，竞争压力在煽动工人阶级结合中的作用往往与工业发展和集聚的影响混在一起。这并不奇怪，因为当时工业是资本主义发展和竞争的主要场所。例如，在《哲学的贫困》一书中，马克思观察到“现代工业和竞争发展得越多，就有越多的要素唤起和加强结合”（1978a，166）。在《共产党宣言》中也有类似的陈述（Marx and Engels，1968，42－43）。与此同时，这些作品中的其他段落表达了不限于工业领域的竞争所产生的联想动力；因此《共产党宣言》指出：

> 资产者彼此间日益加剧的竞争以及由此引起的商业危机，使工人的工资越来越不稳定；机器的日益迅速的和继续不断的改良，使工人的整个生活地位越来越没有保障，单个工人和单个资产者之间的冲突越来越具有两个阶级的冲突的性质。工人开始成立反对资产者的同盟，他们联合起来保卫自己的工资。他们甚至建立了经常性的团体，以便为可能发生的反抗准备食品。（43）

在《哲学的贫困》中，马克思同样观察到，虽然“竞争分割了［工人的］利益”，但情况仍然是，“工资的维持，这种他们反对老板的共同利益，将他们团结在抵抗这种竞争的共同思想中”，即“结合”（Marx，1978a，168）。这种联想倾向本身不是工业家的观点。相反，基本点是资本主义竞争（要求最大化价值积累）和工人阶级联合（要求捍卫和改善工人的人类发展条
209 件）之间不可削弱的对立——这种对立清楚地表明了资本和劳动相对于使用价值和交换价值的对立地位。当马克思和恩格斯考虑工人工资斗争的成功前景时，这一点就更加清楚了。马克思和恩格斯认为即使“工人胜利了……在一段时间内”，在这样的斗争中，“战斗的真正果实不在于直接的结果，而在于不断扩大的工人联盟”（1968，43）。正如马克思所指出的那样，尽管“反抗的第一个目的仅仅是维持工资，但起初是孤立的组合，却组成了群体……面对始终团结一致的资本，对他们来说，维持协会比维持工资更有必要”（1978a，168）。

简言之，工人阶级联合所取得的真正胜利是捍卫作为人类发展条件决定因素的联合原则而不是资本主义竞争（参见 Lebowitz，1992a，67）。这两个原则之间的对立在《资本论》中表现得很明显，当时马克思讨论了就业工人和失业工人之间交往的必要性。在这里，马克思指出，“一旦”工人

> 发现他们本身之间竞争的激烈程度完全取决于相对过剩人口的压力，一旦工人因此试图通过工联等等在就业工人和失业工人之间组织有计划的合作，来消除或削弱资本主义生产的那种自然规律对他们这个阶级所造成的毁灭性的后果，这时，资本和它的献媚者政治经济学家就大吵大叫起来，说这是违反了“永恒的”和所谓“神圣的”供求规律。也就是说，就业工人和失业工人之间的任何联合都会破坏这个规律的“纯粹的”作用。（1967a，Ⅰ，640）

对马克思和恩格斯来说，工人阶级组合的维持和增长代表了作为人类生产组织方式的联合对竞争的胜利。因此，它预示着向共产主义的过渡，在共产主义中，资本及其竞争被生产的合作民主控制所取代。[4] 这是判断工会和其

他工人组合的标准，而不是它们维持和增加工资的确切程度：

> 如果在协会中，这确实只是看似是什么的事情，即工资的确定，
> 如果劳资关系是永恒的，那么这些组合就会因事情的必要性而受到
> 破坏。但是，它们是团结工人阶级，为资本、自然和阶级斗争做准
> 备的手段，以阶级矛盾推翻了整个旧社会。从这个角度来看，工人 210
> 们嘲笑聪明的资产阶级教师是对的，他们向工人们计算这场内战给
> 他们造成的伤亡和经济损失。想打败对手的人不会和他讨论战争的
> 代价。(Marx，1976a，435)

换句话说，马克思和恩格斯认为工人阶级的结合具有历史意义，因为他们追求的目标超越了工资劳动关系。这意味着不仅要捍卫特定工人群体的工资利益，还要捍卫工人阶级反对资本主义竞争的更广泛原则。当然，日复一日的工资斗争仍然意义重大，因为如果工人们放弃这种斗争，“他们将退化到一个层次，成为一群经过拯救而崩溃的可怜虫”（Marx，1976b，61）。此外，“由于在与资本的日常冲突中怯懦地让步”，工人们“肯定会丧失发起任何更大运动的资格”(61)。关键是工人们不应该“完全沉浸在这些不可避免的游击战中，这些游击战是由于资本的不断侵蚀或市场的变化而不断出现的……而不是利用他们有组织的力量作为工人阶级最终解放的杠杆，也就是说，最终废除工资制度”(61－62)。后一个目标要求劳工联盟不仅要捍卫特定工人群体的利益，还要努力实现竞争性工资劳动关系中无法包含的阶级和社会目标。

因此，在第一国际的“临时中央委员会就若干问题给代表的指示”中，马克思建议，为了最大限度地发挥“他们反对工资奴役制度本身的力量”，工人的组合不应该“太远离一般的社会和政治运动”，事实上，“必须学会为了工人阶级的彻底解放的广泛利益，自觉充当工人阶级的组织中心。他们必须帮助每一个倾向于那个方向的社会和政治运动”（引自 Lapides，1990，64－65）。

这一愿景的社会广度远远超出了马克思和恩格斯在其他地方阐述的工业

化转型概念。马克思在 1871 年的一次采访中重申了更广泛的概念：

> 我们的目标必须如此全面，以包括工人阶级活动的每一种形式。
> 要使它们具有特殊的性质，就必须使它们适应某一部分的需要……
> 211 该协会不决定政治运动的形式；它只需要一个关于他们的目的的承
> 诺。这是一个遍布劳动世界的附属协会网络。在世界的每一个地方，
> 这个问题都有一些特殊的方面，那里的工人以他们自己的方式来考
> 虑这个问题。（引自 Lapides，1990，81）

同样，在 1881 年的一篇文章中，恩格斯展望了一个运动，在这个运动中，“工会……不再享有作为工人阶级唯一组织的特权”，而是成为“总工会，工人阶级作为一个整体的政治组织”的一个组成部分（引自 Lapides，1990，129）。然而，这种广泛联系的愿景的生态潜力只有在资本生产社会化的背景下才能得到充分发挥，这加剧了作为替代生产模式的竞争和联系之间的紧张关系。

社会化和生产条件

尽管生产的社会化越来越多地创造出社会需求、能力和需要集体管理的问题，但资本的私人、竞争性占有的阶级剥削制度阻碍了合作和民主的监管。因此，生产的社会化表现为资本越来越依赖于：（1）自然和社会条件的无偿占有；（2）非民主的准社会形式的财产和市场监管；（3）国家管理的生产条件彻底私有化，作为价值积累的手段。这些资本主义形式的社会规则排除了人类发展机会的普遍性（包括雇佣劳动时间的普遍减少），而这是社会化生产力的合作民主管理所需要的，是人类发展较少受限的条件。（参见第十二章对资本主义历史局限性的分析。）

从劳动者的角度来看，社会生产和私人占有之间日益紧张的关系表现为对工人个人和集体自我发展的限制的增加——这些限制在雇佣劳动关系本身的范围内越来越无法消除。尽管个人工资和私人消费水平显然对工人来说仍然很重要，但工人阶级生活的问题越来越需要明确的社会解决方案，这些

解决方案与私人雇佣劳动和劳动力市场竞争的原则直接冲突。

毫不奇怪，这些问题往往涉及工人与日益被资本侵占的社会生产条件的联系——教育、交通、通信、医疗保健、卫生、警察和安全服务，当然还有自然条件。因此，资本异化的生产社会化扩大了工人为实现其使用价值目标 212
而进行组合的必要性。这种必要性越来越超出了狭义的工作场所关注点（工资和工作条件），包含了只有通过工人和社会团体的阶级组织才能实现的协会目标。

因此，问题越来越明显地出现了：生产的社会条件是为了谁的利益而被占有和发展——资本的社会条件（即只确保那些使用资本主义关系再生产所需的价值，从而把人和他们的生产条件当作价值扩大的工具）还是整个生产者社会的社会条件（把个人和集体的需求置于生产的支配之下，从而把生产转变为一种自由和相关的人类发展的形式）？这是一场斗争，资本的剥削性、异化的社会化与工人和社会团体更具代表性的民主和自我管理的社会化之间的斗争。这是一场全社会的阶级斗争，人们的需求与资本对财富的工具性处理相冲突。狭隘的工业主义阶级斗争观再次被取代。马克思和恩格斯计划扩大阶级斗争的范围，使之超越“纯粹的经济运动”，而成为“一种政治运动，也就是说，一种阶级运动，其目的是以一般形式加强其利益”（Marx to Bolte, November 23, 1871, in Marx and Engels [1975, 255]）。[5] 就目前的目的而言，需要强调这种扩大的两个方面。

首先，鉴于大众对资本的斗争越来越多地包括对非商品化或部分商品化的社会生产条件的斗争，任何“从工人阶级的角度评价阶级斗争”都必须“认识到它的出发点：阶级在其所有社会场所的自我活动”，而不仅仅是由资本本身定义的“工作场所”（Cleaver，1979，44）。资本显然“外在”的社会条件之争，往往是作为资本和劳动及其各自的再生产和发展条件之间的对立关系的真正资本总体的内部斗争。这种斗争往往以“非经济”社会运动的形式出现，这有助于解释为什么前者往往独立于传统的更狭隘的经济性质的工人阶级结构而发展，如官方工会和附属政党。正如哈里·克里弗（Harry Cleaver）所观察到的，这些自我激活运动的“自主现实”表现在它们“反复向前涌动的趋势上……不受工会或党的影响，并经常与之对抗”（1979，45，

52）。

213 一旦人们抛弃了严格意义上的工业主义生产和阶级斗争的概念，人们就会清楚地认识到，所有围绕现有社会条件的自发的群众斗争，以及为适应较少限制的人类发展的新条件而进行的群众斗争，都是走向一种相关生产形式的总运动的组成部分，这种生产形式被认为是生产者及其生产的社会条件的新联盟。[6] 这场总运动包括文化和个人消费领域的群众斗争。的确，考虑到资本必须将异化的消费方式用于财富的持续资本化，以及工人阶级的消费和资本主义商品生产相对的“自主”生活的相对自主权，如果生产者和社区为争取较少受阶级限制的人类发展条件而自发进行的斗争没有扩展到消费和文化生产领域以及其中包含的性别关系领域，那将是令人惊讶的（见第十一章）。[7]

其次，尽管许多当代工人阶级运动具有明显的“工业化程度较低”的特征，但马克思将共产主义过渡为生产者及其社会团体重新适应生产的社会条件的愿景仍然很重要。它的重要性不仅仅是因为作为决定全球资本主义体系核心地区和边缘地区人类生存状况的一个因素，工业生产和组织占据着显著地位。如上所述，更普遍的生产社会化增加了非工业生产条件对资本和劳动力的重要性。资本积累越来越依赖于这些条件，不仅是传统民营工业和服务业生产和积累的必要“背景”条件（例如，考虑到计算机工业和服务业时代教育和通信的作用增强），而且（通过以前的国营活动的私有化和/或私营服务业的增长，例如“娱乐”和新兴的信息部门）本身的利润积累领域。同时，工人与这些相同的社会生产条件的关系越来越限制着人类的发展机会（他们的生活方式和生活机会）。例如，一个年轻人的发展机会在很大程度上取决于他或她的父母是否有医疗保险的工作，或者取决于其所在社区的公立学校和交通系统，更不用说企业资本对生产、消费和文化的日益商业化对一个人的发展产生的质的影响了。

214 因此，即使考虑到发达资本主义社会的“去工业化”特征，我们也绝不能因为片面的工业主义革命观而抛弃对生产条件的掌控这一关键要素。这一点至关重要，因为非工业生产条件是或可以由相关部门的雇员和消费者共同生产的。[8] 这种共同生产尤其适用于具有战略重要性的教育、通信、运输和保健部门。这些领域和其他领域的联合生产为将传统的工作场所关切与围绕生产和消费条件的更广泛的社会斗争联系起来创造了新的可能性。这种潜力不仅表现在反对公共服务私有化的自卫斗争中，也表现在争取这些服务的非等级管理形式的斗争中，即生产者和社会团体对生产条件的自我管理。合作生产的斗争自然与减少工作时间的传统斗争产生共鸣，因为有关部门的工人和消费者可以利用更多的空闲时间作为自我管理的资源，以提高他们的管理能力，并规划新形式的合作生产——新的财富形式。[9] 此外，自我管理的合作生产有可能扩展到新兴的私营服务部门，在那里，它可以使工人和社会团体能够捍卫和维护他们在这些迄今为止基本上未城市化的领域的需求和能力（Negri，1997）。在所有这些方面，反对生产条件资本化的群众斗争指向了社会财富向公共财富的真正转化。[10]

为自然的真正社会化而斗争

马克思和恩格斯对待阶级斗争和向共产主义过渡的方法不仅仅包含《共产党宣言》和《资本论》中不时强调的狭隘的工业主义动力。马克思和恩格斯设想工人和社会团体为控制社会生产条件与将生产转变为自由和相互联系的人类发展条件而进行更广泛的斗争。这并不是说工业工人和生产手段在更广泛的过渡概念中没有发挥不可或缺的作用。资本对工业的阶级剥削性发展仍然是私人利润和人类社会需求之间日益加深的紧张关系的核心来源，也是工人们为实现人类发展目标而进行合作的相应要求的核心来源。我现在考虑自然条件和环境斗争如何适应前面三节概述的广泛的革命愿景。

鉴于使用价值的自然基础和实质，资本和劳动相对于使用价值的对立地 215
位包含了对自然条件的同样对立的地位。[11] 资本把使用价值仅仅看作是竞争积累的手段，同时也对自然条件进行同样的工具性处理。对于资本来说，自然仅仅是从自由劳动力中提取剩余劳动力并将这种剩余劳动力物化为可销售的使用价值的不可避免的先决条件。这种对自然的工具性处理表现为劳动时间的价值形式，它以货币为代表，构成了资本积累的社会物质。价值的实质——抽象劳动时间——从人类劳动和财富的自然基础——从它的质的多样性、它的相互联系以及它在空间和时间上的数量限制中正式抽象出来。事实上，价值和资本的同质性、可分性和无限性与作为生产条件的自然的这些特征是直接对立的（见第七章）。

劳动对于使用价值和自然的地位是完全不同的。它们与必要生产手段的社会分离，以及它们作为人生存和发展的使用价值的需要，使工人的交换和生产活动充满了资本中不存在的非工具性使用价值的必要性。工人出售他们的劳动力并参与生产不是为了积累价值，而是为了获得使用价值。此外，对于工人来说，使用价值本身并不是达到某种其他目的的手段；它们将人类发展视为手段和目的。工人既是自然力量，也是社会力量；他们有一种天然的本质，他们作为人只能在与自然和社会的不断融合中发展。因此，对于劳动来说，自然财富不仅仅是产出人类的生产函数的输入，而且是人类发展本身的实质——劳动的“真实身体”，正如马克思在《政治经济学批判大纲》（1973，542）中所说的那样。这也说明劳动并不像资本那样对自然产生必要的对抗。就人类需求和能力的自由发展涉及多样性、相互联系以及人类之间的相互尊重和宽容而言，这种发展有助于并确实需要对自然的多样性、相互联系和局限性采取一种关心、培养的态度——这与资本倾向于产业分工、简化和自然条件过度扩张的趋势相反。还有一个简单的事实，那就是基于对自然财富不可持续的开发的“自由”人类发展根本不是自由的，因为它会无意识地、无政府地、破坏性地产生自己的限制。[12]

216 劳动与自然的非工具性关系至少在原则上对应于对自然的一种估价，这种估价本身就是对自然条件的可持续和人类发展的占有所需要的目的。然而，从资本工具的角度来看，“环境条件似乎是限制经济增长的生产能力的目标”，需要的是一个“视角……将生态生产力与社会生产过程相结合”，使得“自然和文化过程被纳入生产力发展的新层面”（Leff，1995，111）。显然，后一个维度必须用自然和社会的术语来定义，不能简化为盈利能力、竞争力和“成本效益”的货币标准。相对于自然和社会条件而言，劳动的非工具性地位代表了一种机构，在结构上是资本主义社会的核心，能够定义这些术语。事实上，劳动的使用价值取向意味着它与资本对自然退化的斗争和它对资本剥削劳动的抵抗一样不可避免。这两种斗争可以被看作是对资本将人和人以外的本性包含在价值之下的单一抵抗的两个方面，价值本身就是异化的目的。这两种斗争都表明，在正确的环境和策略下，需要并有助于预示和加速劳动和自然社会化的运动，这种运动将使人类能够以更有利于生态和人类发展的方式创造财富——这种社会化给予人和自然应有的权利，而不是像资本政权那样人为地分割、贬低和统治他们。

劳动的亲生态潜力只有在历史上，在反对资本对生产及其自然和社会条件的权力的群众斗争中才能得到发展。它的实现取决于工人和社会团体围绕共同的生态利益结合和交往的能力，这意味着克服竞争性的、发展不平衡的资本积累结构所造成的分歧。没有这种联系，资本对必要生产手段的控制及其对流动性和投资罢工的威胁往往会迫使个体工人、工人群体和社会团体接受资本对自然条件的工具性观点——接受工作与环境的权衡，将环境质量视为负担不起的奢侈品或经济成本，而不是人类发展的物质基础的一部分。这不仅导致了工人和社会团体之间环境质量的竞争性“向底部赛跑”（Brecher and Costello，1994），而且导致了“劳动”和“环境保护主义者”之间的人为划分——好像劳动和自然不是同等重要的、共同生产的财富来源；好像劳动 217
本身不是一种自然力量。这些派系的划分显示了资本对劳动及其自然条件的分离和剥削性重组对工人个人和集体发展的人为分裂。

资本主义生产的不平衡发展有系统地将工人分为环境“富人”和“穷人”，因为生态掠夺和退化对人类的最恶劣影响往往强加给工人阶级中最贫穷、社会最边缘化的部分。在发达的资本主义国家，资本积累的环境成本由土著和其他贫穷民族社会团体不平等地承担，这在这些民族中激起了反对环境种族主义和争取环境正义的强大运动（Churchill，1993；Taylor，1996；Chatterjee，1997；Muwakkil，1997）。在某些情况下——但还远远不够——有组织的劳工参与了这些运动，证明了他们作为更广泛的工人和社会团体为人类发展的较少阶级限制的自然和社会条件而斗争的集结地的潜力（Foster，1994，137 - 42）。

在全球范围内，也许阻止工人围绕其共同的生态利益阐明和结合的最重要因素是世界资本主义体系的发达核心国家和不发达边缘国家生态掠夺和退化的不均衡发生率（Crosby et al.，1991）。占主导地位的核心国家的生产和消费子系统要求对自然资源进行更多的吸收和处理，并要求从总体上和（特别是）人均上对自然进行更多的质量退化。虽然从消费、收入和利润的角度来看，这种对自然的占有的直接利益主要是由核心国家获得的（尽管在核心国家的阶级之间是不平等的），但其成本是由边缘国家不平等地承担的，它们的人民和自然资源被以特别肆意的方式开发、提取和退化，以服务于由核心资本的逐利活动和使用价值要求形成的积累模式。福斯特（1994，第五章）证明了这种“生态帝国主义”与一些外围国家未能达到所谓的人口向低出生率和低人口增长转变的转折点之间的密切联系。

与“纯粹”的阶级话语（如果可以定义的话）不同，边缘地区流行的环
218 境斗争话语富含土著、社会团体和女权主义价值观。这些运动表现出复杂的，有时与传统的社会主义和其他工人阶级的活动和话语之间的关系，包括狭义定义的工会主义，特别是当工会主义是通过官方的工人阶级制度分等级引入时，这种关系充满紧张。他们是资本家或“社会主义者”（Peet and Watts，1996）。尽管新的“解放生态”可能不容易适应狭隘的工业家阶级斗争概念，但它们与马克思主义更广泛的共产主义过渡愿景相当一致，即工人－社会团体为自由和相互联系的人类发展条件而斗争。

马克思的革命远见告诉我们，对自然资本化的普遍抵抗的最终成功取决于其融入生产者及其社会团体的普遍政治运动中，该运动必须通过奋斗来克服人与自然之间的错误对立。一种新的社会生产形式，证明自然条件是人类发展的实质，而不仅仅是达到目的的手段。再一次，问题是如何在生态上社会化自然，而不是自然是否应社会化。马克思的观点还告诉我们，虽然社会和自然朝着可持续和可取的共同进化的运动并不是不可避免的——因为这是资本主义关系中的民众斗争和反对资本主义关系的历史偶然结果——但资本主义发展确实倾向于使这种共同进化的合作管理的必要性变得越来越透明。这样，资本主义发展本身就支持了工人阶级和社会团体反对自然和社会资本化的历史合理性。[13]

更具体地说，生态问题可以定位在资本异化生产社会化的背景下，这产生了只能集体解决的问题，就像资本的私人占有和竞争关系阻碍了集体解决一样。竞争性资本积累驱动的生产创造了社会劳动对自然日益密集和普遍的占有；但是这种占有仍然被阶级分裂的资本之间的私人竞争无政府地控制着。

这场竞争的目标仅仅是货币积累，人们及其自然和社会条件被视为达到这种定性抽象和定量无限目的的手段（见第七章）。在生产和消费方面，对社会日益大规模和质量上多样化的与自然的交流进行公共和生态调节的需要，显然 219
属于私人占有和社会生产之间的紧张关系所造成的集体问题的范畴。随着生态调节问题在范围上变得越来越多样化和生物圈化，劳动的使用价值取向，以及工人和社会团体为满足其人类发展需求而结合和联合的必要性，相应地在物质和社会方面变得复杂和普遍。这反过来又使工人和社会团体更有必要将科学知识从资本积累的工具转化为更普遍适用的人类自由发展的条件。

特别是自第二次世界大战以来，为私人利益服务的生产力的科学发展和利用在人类生产和自然财富再生产的规律之间造成了根本的数量和质量上的分离。一方面是生产和物质吞吐量的绝对增长，另一方面是不可生物降解甚至完全有毒的生产、消费和处置形式的发展，导致全球资本主义进入"地球危机的新阶段，人类经济活动开始以全新的方式影响地球上的基本生活条件"（Foster，1994，108）。全球变暖的威胁表明，竞争性价格体系不足以应对资本主义的生物圈失灵。在这方面，即使是基于市场的"解决方案"的支持者也必须承认，针对温室气体排放的税收/补贴制度和人为市场充其量只是实现预定排放水平的不完善工具（Passell，1997）。因此，私人和国家管制的环境租金只在微观经济层面上证实和合理化资本对自然的占有，与资本对生产的权力和工人社会团体对这种权力的抵制相一致（Nelson，1993）。对于温室气体来说，这是一个非常大的问题，因为排放目标必须在国际上协商。全球资本主义的不均衡发展，加上资本将竞争力和最大价值积累置于长期可持续性之上，使得不可能通过市场渠道及其政治上层结构充分监管温室气体排放。精英级别的谈判充其量只能承诺减缓温室气体浓度的增长速度，这远远不足以应对所提出的挑战（Economist，1997a，1997b；Stevens，1997）。鉴于最近的国际贸易和投资协定明显倾向于将环境和社会标准中的竞争性竞赛编纂成法律并强制推行到底，不这样期望是愚蠢的（Brecher and Costello，1994；Bleifuss，1997）。

人们还必须质疑基于市场的政策工具是否足以实现预定的排放和环境质 220
量目标。国家设计的租金不仅验证了价值和资本的所有反生态特征（见第七章），而且它们的实施也可能与竞争资本家的权力和影响相矛盾。例如，在美国，最近向以市场为基础的手段发展的同时，现行环境法规的执行越来越松懈，各州同意对公司环境违法行为越来越保密（Tokar，1996；Montague，1997）。即使有了“绿色”税收/补贴制度和污染权利市场，单个企业也有动机创造和利用任何机会将环境成本外部化到社会的其余部分，因此竞争往往会限制有关环境的信息流（Pepper，1993，83）。[14]通常，这种信息封锁与大公司、商业协会及其各种智囊团和新闻喉舌在生产对环境的影响和环境管制可能造成的干扰进行的公然虚假信息传播结合在一起。例如，以温室气体为例，强大的资本主义利益一直在忙于向大众传播媒体进行宣传，以最大程度地减少全球变暖问题相对于预期的生产和消费监管中断的重要性（Breslow，1997；Levy，1997）。

以市场为基础的环境政策使资本对自然财富的限制识别和编纂合理化，以此作为货币积累的条件。从这些政策在更普遍的基于市场的政策改革方案中的关键作用中可以清楚地看出，这些改革方案用于提高私人盈利能力，而却以牺牲核心和外围地区的劳动力和社会团体利益为代价（Kolko，1988）。随着资本及其国家工作人员通过攻击工人的私人和社会工资以及努力使自然和社会条件市场化来应对积累过多的问题，资本的人类发展非理性的真实范围变得显而易见了。资本全球化（对工人和社区的竞争压力加剧）和生态危机全球化的融合提高了这种意识（Burkett，1995）。孪生的全球化，再加上市场环境主义的失败，孕育了工人阶级，国际主义和反资本主义的新形式的环境斗争，只要他们认识到“为了停止或至少显著减缓环境恶化的速度，资本
221 主义商品社会将不得不让位于环境的必要性”（Foster，1994，130；参见Brecher et al.，1993；Danaher，1994；Peet and Watts，1996）。

就资本主义的生态和生物圈冲突而言，归结为资本对自然的货币价值与自然对工人和社会团体的使用价值之间的对抗，马克思的向共产主义过渡的概念是将生产条件转化为自由和相互联系的人类发展形式保持这种战略与民众斗争息息相关。这种转变也将涉及工人和社会团体对生产条件的自我管理的联合生产（Negri，1997）。人的自由和伴随的共同进化取决于社会与自然的可持续共同进化，相反的情况也是如此（Schnaiberg and Gould，1994；

Gowdy，1994a，1994b）。自我管理的自然和社会财富的联合生产可以在整个共同进化系统中发挥核心作用。

例如，从定义上说，自由的和相关的人类发展是不受剥削阶级关系限制的人类需求和能力的多样化发展。这种发展与自然演变的多样性具有双向互补性。通过保护和培育自然的多样性和相互联系，社会不仅可以重现自然生态系统的丰富性和弹性，还可以为人类发展提供多种机会。在人类发展机会确实涉及生态和生物圈系统的各种有意识参与的情况下，社会保护和养育自然财富的能力得到了改善。这样的结果是人类和自然多样性的可持续、共同进化和弹性融合。正如恩里克·莱夫（Enrique Leff）所观察到的，这条道路涉及社会对“新的生产范式”的采用

> ……阐释热力学、生态学和社会生产规律的范式。这种新兴的生产理性将整合自然生态系统的初级生产力、生产过程的技术生产力和劳动过程的社会生产力的条件，并得到社会控制的科学技术进步的支持。（1995，67）

自我管理的共同生产是这条道路的自然载体，因为它将所有工人和社会团体成员（实际上是同一个人的两面）纳入自然财富的公共占有和管理。这种合作生产只有在工人和社会团体的合作控制下才能成为真正的自我管理，这是他们掌握相关科学知识（包括生态知识）的功能。科学专门知识相对于 222
工人和社会团体的去异化是必要的，这不仅是为了发展一个与物质和生命力量的更广泛循环健康融合的物质和能量生产的社会系统，也是为了自然财富的社会价值的真正民主化。后一个过程将不可避免地需要解决冲突，即使在基于阶级的生态价值限制被取消后也是如此。[15]因此，自然财富的民主共同管理假定工人有更多的自由时间来发展他们的技术和管理能力，并参与合作管理。显然，正如安德烈·高兹所说，在任何“左翼社会项目”下，这些活动都有资格“独立完成”；也就是说，“生活的意义和质量、个人发展和主权所依赖的活动，但由于经济理性占主导地位，这些活动从来没有得到时间和社会承认。那么，关键是要行动起来，这样社交时间就可以用于这些活动了”

（Gorz，1994，35）。

这就是自然财富管理的基本原则，其基础是“使用价值优先于交换价值的生产……一个面向分散、民主和参与式发展的生态发展战略”（Leff，1995，112－13）。自然财富的自我管理的共同生产是工人和社会团体对人类发展潜力以及资本对自然的剥削性占有所构成的生态和生物圈威胁的唯一适当反应。但是，马克思对共产主义的预测是否充分包含了这些担忧呢？

第十四章

自然与联合生产

人们常说，马克思的共产主义观不仅认为自然条件实际上是无限的，而 223
且包含了人类支配自然的反生态伦理。例如，在亚历克·诺夫（Alec Nove）的解释中，马克思认为“生产问题已经被资本主义‘解决’”，因此未来的联合生产制度“不需要认真对待稀缺资源的分配问题”。因此，马克思的共产主义假定“自然资源是取之不尽、用之不竭的”，不需要“保护环境、注重生态、共享就业的社会主义”（Nove，1990，230，237）。显然，马克思将后资本主义社会描绘成一个“富足”的社会——被定义为“以零价格满足需求的充分性”（或者在诺夫看来，以接近零的资源成本生产商品和服务的情况）。这种投射迫使马克思做出荒谬的假设，即在共产主义统治下“稀缺资源（石油、鱼、铁矿石、长袜或其他任何东西）……不会稀缺”（Nove，1983，15－16）。同样，安德鲁·麦克劳夫林（Andrew McLaughlin）断言，马克思“设想了一个普遍的物质丰富”，并且“没有为承认将自然从人类统治中解放出来的任何兴趣提供依据”（1990，95）。[1]

第十一章和第十二章对这种普罗米修斯式的解释作出了回应，着重于自然条件在马克思分析资本主义的历史进步性和历史局限性中的作用。研究表明，马克思对资本主义强化的较少限制、更普遍的人类发展的愿景不是反生态的，并且马克思认识到资本主义对利用社会发达生产力实现人类和超人类
自然的可持续、健康共同进化的障碍。马克思对未来人类发展的预测不能归 224

结为基于资本主义反生态发达生产力的进一步扩张和技术完善的自由时间和大众消费的增长。相反，马克思预见到了人与自然关系和人与人之间关系的质的丰富，其基础是资本主义遗留下来的社会化劳动和自然（包括科学知识）系统的亲生态和亲人类的转变。第十三章表明，争取民主工人共同控制自然和社会条件的发展和利用的斗争，很适合马克思和恩格斯对共产主义革命的较少工业化和更广泛的社会预测。

尽管如此，对普罗米修斯式的指控的完全回应必须表明，马克思对相关生产的预测遵循了经济组织的特定生态理论。对马克思共产主义的大多数生态批评具有广泛而深刻的特点，因而使这项任务变得更加必要。一般而言，这些批评并没有解决马克思和恩格斯所预言的后资本主义社会的某些最基本特征的生态意义。显然，批评家们大多是在普遍的误解下认为马克思和恩格斯摒弃了所有“关于想象中的社会主义乌托邦的猜测”，对遵循资本主义的制度几乎没有考虑，他们关于这一主题的整个著作都以“《哥达纲领的批判》为代表，篇幅只有几页，没有太多其他内容” （Auerbach and Skott，1993，195）。[2]

抛开这些断言，本章从生态学的角度评价了马克思共产主义的基本组织原则。下一节通过为经济系统的生态健全性设定一些一般标准，为这一评价提供一个基准。这些标准承认人类生产的自然限度以及人类社会管理自然条件的特殊责任。随后，我们概述了马克思计划中联合生产的基本特征，并根据之前提出的标准考虑了它们的生态意义。

为了避免不必要的误解，对马克思共产主义的生态评价应该注意三点。第一，我的目的不是要证明马克思所设想的联合生产的技术和/或社会可行性，而是要确定其基本原则是否有任何根本性的反生态之处。第二，我最关
225 心的（不是唯一的）问题是，马克思对共产主义的限制较少、更普遍的人类发展的预测是否能与对自然条件和限制的充分认识相一致，包括一种不会将自然沦为大规模工业化生产和消费的被动原材料的伦理观。第三，尽管我主要关注的是生态正确性，而不是总体可行性，但确立马克思共产主义的内在一致性对我的论点仍然很重要。联合生产的组织原则必须共同构成一个连贯的愿景——一个以合理的方式与马克思提出的自由人类发展相结合的愿景。

否则，马克思的共产主义在生态和政治上都将是一个空洞的愿景。

生态健全系统的构成要素

最基本的是，人类和自然的健康和可持续的共同进化需要一个社会经济体系，内在地认识到人类有责任在质量和数量上管理其对自然的占有。为此，自然条件的质量必须被视为包含审美使用价值，而不仅仅是作为工业劳动条件的自然的有用性。

正如某位著名的生态学家最近指出的那样，“人类对地球的统治意味着我们不能逃避管理地球的责任”；甚至“维持‘野生’物种的多样性和‘野生’生态系统的功能将需要越来越多的人类参与”（Vitousek et al.，1997，499）。鉴于人类生产对生物圈的影响，问题不再是大自然是否会在很大程度上被人化，而是这种人化是有利于还是不利于生态的。虽然一个亲生态的人类生产不会试图残酷地迫使自然进入期望的形状和形式，但它仍然需要温和而谨慎地在精心选择的方向上引导自然条件（Carson，1962，275，296）。在没有人类干预的情况下，社会发达的人类生产不能像其他物种的繁殖一样是纯粹的自然过程。因此，“人类与自然的融合”必须从“两者的共同福祉”的角度“有意识地考虑”（Morrison，1995，182）。正如社会生态学家雷·达斯曼所指出的那样，根据任何给定的人类和自然生活质量来管理自然条件，需要在地方、国家和全球层面明确制定和追求社会和生态目标——否则，“默认情况下，选项将关闭”（Dasmann，1972，221）。

社会管理自然条件的责任导致第二个生态标准：鼓励“努力理解地球的自然和相关生产生态系统及其如何与人类引起的全球变化的众多组成部分相 226
互作用”（Vitousek et al.，1997，499）。为了将这种生态知识应用于整个社会的生产和消费系统，它必须在生产者和社会团体中得到彻底传播和掌握。例如，这需要“一个替代品评估系统，在该系统中，各设施定期评估有毒生产和消费形式的替代品的可得性”，与积极努力开发和提供目前有毒工艺的无毒替代品相协调，并与支持过渡者的系统相协调（Steingraber，1997，271）。当然，亲生态系统需要的实践知识类型通常与资本主义下开发的不同——即使这两种类型有共同的科学基础。生态知识往往涉及限制和引导社会生产能力的方式和方法，以维持和改善自然条件的质量。正如刘易斯·芒福德（Lewis Mumford）所建议的那样，它将协助“发明一种社会纪律来处理”资本主义遗赠的“繁重的生产过剩技术”的任务；因此，它必须将社会和自然科学见解相结合（1954，52）。[3] 在这一方面，必须承认利用资本主义之前开发的技术建立生态上无害的系统的可能性，即使不可能避免“选择性地使用，包括同化和拒绝资本主义遗产”（Wallis，1993，155）。例如，根据他们对与现代农业相关的土壤破坏的调查，马森（Matson）等人主张“开发更具生态设计的农业系统，以整合传统农业知识的特征并增加新的生态知识”（1997，508）。[4]

然而，即使尽一切努力增加、传播和应用关于人类生产对环境影响的知识，一个生态社会也将认识到，人类关于自然和人类干预对自然影响的知识永远不会完整。社会必须敏锐地意识到人类对自然过程的有效和安全控制的局限性。这种意识必须被编入监管措施，限制对自然条件有不确定生态影响的任何使用。人们已经提出了这种环境风险规避标准的各种形式。例如，许多土著人认为“所有社会政策都应在考虑到其对未来七代子孙可能产生的环境和文化影响之后才予以实施。因此，许多看似解决短期问题的好主意从
227 未被采纳，因为没有人能合理地预测它们的长期影响”（Churchill，1993，451）。同样，生态学家桑德拉·斯丁博拉格（Sandra Steingraber）提出了处理人类生产不确定的毒性影响的三项基本原则：预防原则，“表明应当以伤害的迹象而非伤害的证据作为行动的触发”，从而限制了来源有毒作用；反向举证原则，即“需要证明的是安全，而不是危害”，从而有效地“将举证责任从公众的肩上转移到生产，进口或使用［潜在有毒］物质的人身上”；毒性最小的替代原则，即“假设只要有另一种方法可以完成任务，就不会使用［潜在］有毒物质”（Steingraber，1997，270－71）。

规避环境风险也是维图塞克（Vitousek）等人建议社会应该“努力降低我们改变地球系统的速度”的动机，因为“如果变化缓慢，生态系统和它们支持的物种可能会更有效地应对我们强加的变化”（1997，499）。风险规避标准从“需要为后代保留一系列可用的资源使用选择”中得到进一步的支持，例如，“决定开发迄今未开发的土地”（Dasmann et al.，1973，24）。本着同

样的精神，达斯曼（1975）建议“前工业化的土地使用系统……具有长期成功适应环境和持续生产力的历史……如果可能的话，不要去管它”，并且“对现有土地使用形式的所有提议的改变，如果现有形式是成功的，或者显示出持续成功的证据，必须经过仔细的生态学和社会学评估”（124－25）。在这里，风险规避标准与生态知识标准相当一致，甚至是互补的。

许多生态思想家会在自然条件的有效社会管理的核心前提清单中增加合作。谈到核技术和一般监管不力的“技术”所构成的生态威胁，刘易斯·芒福德甚至断言：“如果人不能走上从政府及以上各个层面的世界合作的道路，那么，其他任何选择都将被证明是可怕的……因此，在世界范围内无条件合作是唯一的选择”（1954，32－33）。从本质上讲，建立生态上无害的生产系统是一项合作努力，因为它不仅涉及资源管理，而且还涉及对规范自然条件利用的社会制度进行重构。在这样的过程中，自然和社会都“作为生活世界的一部分进化：它们的关系和网络是动态的，而不是等级制的”（Morrison，1995，181）。尽管许多经济学家支持市场作为显性合作的有效替代品，但即 228
使他们也必须承认，自然条件的定价——除了其他缺点——只是实现预定目标的工具。由于这些目标不是以合作民主的方式确定的，自然在其所有生态和社会多样性中的真正使用价值不可能得到体现（见第七章和第十三章）。

一旦考虑到多样性和多样性的标准，所有社会生态努力的合作性质就变得更加明确。首先，自然条件的多样性意味着任何系统的生态理性都必须鼓励保持和发展不同的生活方式。因此，一个生态良好的系统将“保留我们星球的某些区域、土地和水”，以“保护更古老和更简单的生活方式”，同时支持现代“社群主义者”努力“发展越来越独立于技术社会投入的可行社会团体”（Dasmann，1972，212；1975，136－37）。保护这种替代的生活方式将需要所有各级的合作，其基础是广泛传播有关生态做法的知识，以及如果这些做法被占主导地位的、更加工业化的生产形式“淹没”后对社会造成的潜在损失。

多样性和多样性标准不仅仅基于人类需要使其发展适应多样化的环境。这是一种积极的社会价值，因为它标志着人类实践和发展人类自然和社会能力的丰富多样的途径。一个无害生态的系统必须由生产者和社会团体合作管理，他们愿意并能够在日常基础上作出审慎的、生态上知情的决定。这样一个社会将不得不为满足个人成就感提供各种渠道，基于“社会团体生活方式的非凡多样性”（Morrison，1995，181）。许多人已经认识到生态健康和人类社会多样性之间的联系。例如，大卫·哈维评论说：

> 社会主义并不一定是关于同质性的建设。对我们物种潜力的探索也可能是对多样性和异质性的创造性搜索和探索。社会生态项目，更符合解决异化问题和为自我实现开辟各种可能性，可以被视为某种社会主义未来的基本组成部分。（1993，44－45）[5]

229 对多样性和多样性的尊重也有助于社会避免滥用生态思维作为集体凌驾于个人之上的新暴政的理论基础（Pepper，1993，125）。一个生态良好的系统“必须考虑到基于年龄、背景和个人偏好的不同需求和愿望”；否则，对这样一个系统的“支持将非常少”（Wright，1983，84）。没有个人的自由和选择，这个系统就不能成为一个有效的“辩论和实验的工具，帮助测试什么对不同的环境和目标最有效”（Brecher and Costello，1994，172）。

然而，从生态角度对人类生产进行合理管理的前提是，人们共享一个基本的生态伦理，无论其形式如何多样。雷·达斯曼对这一伦理标准提供了广泛的考虑。他指出，因为“环境保护代表着一个我们必须［共同］努力的目标”，它“不是通过呼吁［个人］利己主义就能在明天实现的”；因此，它将“要求许多人的态度有一个基本的改变”（Dasmann，1968，95）。必须有“伦理从人到土地的延伸，以及随之而来的生态良心的发展”，在这种良心中，人们“对土地有着深深的个人责任感”（95）。鉴于生态管理的合作要求，人们需要“重新获得社会团体意识”，而这种作为社会和自然物种的“自我认同和意识的恢复”只能通过教育来实现：

> 不是旧意义上的保护教育，这种教育往往只强调资源管理的经济利益方面，而是一种牢固建立在人类需求和土地生态知识基础上的新型教育。心理学和社会科学、物理科学和工程学以及生物学

> 知识都是必备教育模式的组成部分。这种教育不仅要惠及自然保护方面的专家和专业人士，还必须渗透到对土地负责的每一个人。（Dasmann，1975，158－59；1968，96）

道德考量显然加强了在生态健全的系统中广泛传播的自然和社会科学知识组合的重要作用。

除非在物质上和社会上得到生产、分配和消费系统的例行验证，否则生态伦理不可能繁荣。这个系统必须用人类和生态的术语来定义“财富”，从而促进“生产习惯的一致变化”（Bahro，1978，428）。正如芒福德所说：“我们需要更多的财富，但需要以生活而不是利润和自然及相关生产来衡量的财富”
（1954，113）。[6] 根据杰出的绿红理论家鲁道夫·巴罗（Rudolf Bahro）的说法， 230
这种生态财富标准意味着将“首要条件”赋予“通过利用现有能源和资源进行简单繁殖”，同时总体上倡导“相对于成品数量而言，提高质量”（Bahro，1978，429－30）。生态稳固性要求我们不再“像我们一贯所做的那样，无端地假设，存在集装或大规模生产的机制，就背负了最大限度利用其的义务”（Mumford，1954，51）。系统必须具有内在的认识，即由于“对地球不可再生资源以及人类文明和人类生命的自然环境的威胁……物质商品和服务的消费不可能无限增长”（Mandel，1992，207）。简言之，财富的定义不是为了自己的生产和消费增长，而是为了人类和人以外的自然的健康和可持续的共同进化。

联合生产的基本原则

在马克思的预测中，共产主义的最基本特征是它克服了资本主义使生产者与生产必要条件脱离的社会隔离。生产者与生产条件之间的新结合涉及劳动力的完全去商品化以及新的公共财产权。在此基础上，按照合作民主方式实现的特定使用价值目标，对社会生产进行集体管理。联合生产是生产者和社会团体自己计划和执行的生产，没有雇佣劳动、市场和国家这些基于阶级的中介。马克思经常参考相关生产的主要手段和目的来说明这些基本特征——即人类自由的发展。[7]

正如我所展示的，马克思将资本主义定义为“存在于劳动者和他的劳动手段之间的原始结合的分解”（Marx，1976b，39）。在《价值、价格和利润》（1865）中，马克思将共产主义描述为“生产方式的一场新的根本性革命”的结果，这场革命“以一种新的历史形式恢复了最初的联盟”（1976b，39）。几年前，在起草《剩余价值理论》时，马克思将共产主义称为“劳动和工人从劳动条件中分离出来”的“历史逆转”，并补充说，“最初的统一只
231 能在资本创造的物质基础上，通过在这一创造过程中工人阶级和整个社会经历的革命来重建”（1971，271－72，423）。正如恩格斯所说，“共产主义将把人类的劳动力从商品的地位上解放出来”（1939，221）。[8] 在资本主义的工资制度下，“生产资料雇佣工人”；在共产主义制度下，“工人作为主体，使用生产资料……以便为自己创造财富”（Marx，1968，580）。

由联合工人共同控制的生产“只有在工人是其生产资料的所有者的情况下才有可能”（1971，525）。[9] 这种共产主义所有制使生产者同生产条件的原始结合的新形式予以了法定化并加以实施。因此，在他著名的1881年致维拉·查苏里奇（Vera Zasulich）的信件的注释中，马克思将共产主义描述为“用合作生产代替资本主义生产，用更高级的古代所有制即共产主义所有制代替资本主义所有制”（1989d，362）。

共产主义财产当然不可能是生产条件下的个人私有财产。后一种形式“不包括合作，在每个单独的生产过程中的分工，社会对自然力量的控制和生产性应用以及社会生产力的自由发展”（Marx，1967a，762）。换句话说，只有使生产力脱离大规模劳动的发展，单个工人才能作为个体重新获得对生产条件的所有权（1994，109）。正如《德意志意识形态》中所说，“无产者的挪用”是指“必须使大量生产工具服从每个人的财产，并服从所有人的财产。除非所有人都控制，否则现代普遍性就不能由个人控制……随着统一个人对总生产力的占有，私有财产宣告终结”（Marx and Engels，1976，97）。

此外，考虑到资本主义对生产的先行社会化，即使生产资料中的“私有”财产的社会性质具有阶级剥削性，其生产资料中的“私有”财产也已经是一种社会财产。[10] 从资本的性质来看，“不是个人，而是社会”。“权力”的推论是，当“资本被转化为共同财产，成为社会所有成员的财产时，个人财产就

不会因此而转化为社会财产。改变的只是财产的社会特征。它失去了阶级特征”（1968，47）。[11]

因此，共产主义涉及“将资本转换为生产者的财产，尽管不再是个人自然和相关生产的私有财产生产者，也不再是关联生产者的财产，而是完全的社会财产”（Marx，1967a，Ⅲ，437）。但是，不应将生产条件的这种明确的 232
社会化理解为完全缺乏个人财产权。尽管共产主义“并没有为生产者重新建立私有财产”，但它仍然“根据资本主义时代的获得为他提供了个人财产，即合作和共同占有土地和生产资料”（1967a，Ⅰ，763）。马克思指出：“资本家的异己财产……只能通过将他的财产变为财产来废除……有关联的社会个体”（1994，109）。马克思甚至在《法兰西内战》中宣称，共产主义将“通过将生产，土地和资本（现在主要是奴役和剥削劳动的手段）转变为纯粹的自由劳动和相伴劳动的手段，使个人财产成为事实”（1985，75）。换句话说，为了使共产主义克服个人及其生存条件之间基于阶级的分离，共产主义财产必须代表个人和集体财产权的新组合。[12]

就整体而言，共产主义财产是集体的，而“生产的物质条件是工人的合作财产”，而不是特定的个人或个人的子群体（1966，11）。正如恩格斯所说：“‘劳动人民’仍然是房屋、工厂和劳动工具的集体所有者，而且几乎不允许使用它们……由个人或社团免费提供”（1979，94）。社会生产的集体计划和管理，不仅要求生产资料，而且要求总产品的分配都要接受社会的明确控制。有了联合生产，“就有可能保证每个人‘获得他的全部劳动所得’……只有当［这句话］被扩展为不是每个工人个人成为‘他的全部劳动所得’的所有者，而是整个社会，完全由工人组成，成为他们的劳动总产品的所有者，这些产品部分分配给其成员消费，部分用于替换和增加生产资料，部分作为生产和消费的储备资金储存起来”（Engels，1979，28）。后两项“从……劳动所得是一种经济必需品”；它们是“一切社会生产方式所共有的剩余劳动和剩余产品形式”（Marx，1966，7；1967a，Ⅲ，876）。[13]“一般行政费用”和“社会团体需求的满足，如学校、保健服务等”需要进一步扣除，“为那些无法工作的人提供资金”。只有到那时“我们才会来……在合作社会的个体生产者之 233
间分配的那部分消费资料”（1966，7－8）。马克思设想的指导这些分配决策的使用价值目标将在下面进一步讨论。在这一点上，应该指出的是，“生产者作为私人个人被剥夺的东西直接或间接地使他作为社会成员受益”（8）。

共产主义财产关系还保护个人在个人消费总产品中的份额（扣除上述扣除额）。《共产党宣言》在这一点上毫不含糊：“共产主义没有剥夺任何人占有社会产品的权力；它所做的一切就是通过这种占有来剥夺他征服他人劳动的权力”（Marx and Engels，1968，49）。从这个意义上说，“社会所有制延伸到土地和其他生产资料，私人所有制延伸到产品，即消费物品”（Engels，1939，144）。《资本论》第Ⅰ卷对“自由个体的共同体”给出了一个等价的描述：“我们共同体的总产品是一种社会产品。一部分作为新的生产资料，并保持社会性。但另一部分被社会成员作为生存手段消费”（Marx，1967a，Ⅰ，78）。

当然，这就提出了一个问题，即如何确定个体劳动者的消费需求分配。在《资本论》中，马克思设想“这种分配方式将随着社会的生产组织和生产者达到的历史发展程度而变化。”他接着提出（“仅仅是为了与商品生产相类似”）一种可能性是“每个个体生产者在生活资料中的份额”由“他的劳动时间决定”（1967a，Ⅰ，78）。在《哥达纲领批判》中，劳动时间作为个人消费权利的衡量标准的概念不那么模糊，至少对“共产主义社会的第一阶段来说是如此，当时它刚刚从资本主义社会的长期分娩阵痛中出现”（1966，10）。在这里，马克思直截了当地提出了这一点

> 每一个生产者，在作了各项扣除以后，从社会领回的，正好是他给予社会的。他给予社会的，就是他个人的劳动量……各个生产者的个人劳动时间就是社会劳动日中他所提供的部分，就是社会劳动日中他的一份。他从社会领得一张凭证，证明他提供了多少劳动
> 234 （扣除他为公共基金而进行的劳动），他根据这张凭证从社会储存中领得一份耗费同等劳动量的消费资料。他以一种形式给予社会的劳动量，又以另一种形式领回来。（8）[14]

以劳动为基础的消费主张背后的基本逻辑是“任何时候消费资料的分配

都只是生产条件本身分配的结果”；考虑到生产条件是生产者的财产，消费需求的分配与劳动时间的联系比资本主义制度下更紧密是理所当然的，在资本主义制度下，金钱起主导作用。然而，由于个人劳动时间标准仅仅是对平等交换的伦理进行了编纂，而不管个人需求满足和个人发展的内涵，它仍然受到“资产阶级权利的狭隘视野”的影响。因此，马克思继续提出，“在共产主义社会的更高阶段”，基于劳动的个人消费主张可以而且应该“完全被抛在后面，社会在它的旗帜上写下：各尽所能，按需分配!”（1966，10）。[15]

总体而言，共产主义财产是个体的，因为它申明了每个人作为社会成员的主张，即平等享有生产条件和成果，以此作为其个人发展的渠道，对他来说，他所履行的不同社会职能不过是使他能够自由施展自身天赋和后天获得的能力的诸多方式而已（Marx，1967a，Ⅰ，488）。马克思和恩格斯将共产主义设想为“一个有计划地为合作社而组织的社会，以确保社会所有成员生存和充分发挥其能力的手段”（Engels，1939，167）。尤其是在其较高阶段，共产主义的“分配方式……允许社会所有成员在所有可能的方向上发展，维持和发挥自己的能力”（221）。因此，“劳动者的个人消费”变成了“个体的全面发展所需要的”（Marx，1967a，Ⅲ，876）。共产主义财产关系将“取代具有阶级和阶级对抗的旧资产阶级社会”，将其编纂为“一个协会，其中每个人的自由发展是所有人自由发展的条件”（Marx and Engels，1968，53）。

当然，共产主义社会将对个人承担某些责任。即使闲暇时间会增加，个人仍然有责任从事生产性劳动，只要他们在身心上有能力从事劳动。在资本主义和其他阶级社会下，“一个特定的阶级”具有“将自然的劳动负担从自己的肩上转移到社会另一层的肩上的力量”（Marx，1967a，Ⅰ，530）；在共 235
产主义制度下，“随着劳动的解放，每个人都成为劳动者，生产劳动不再具有阶级属性”（1985，75）。一般来说，在共产主义下，个人的自我发展不仅是一项权利，而且是一项责任。因此，“工人在共产主义宣传中断言，每个人的职业，职称，任务都是实现其所有能力的全面发展，包括例如思考能力”（Marx and Engels，1976，309）。

马克思关于共产主义下人类发展的远景将在下面进一步探讨。但是首先，重要的是要注意马克思的预测缺乏市场关系。这并不是马克思的疏忽，因为马克思在很多地方都将共产主义的直接社会劳动与资本主义的事后将商品生产劳动确立为社会劳动进行了对比。在马克思看来，一个由生产者自由联合、社会统一的必要生产条件组成的体系，从定义上讲，排除了商品交换和货币作为社会生产形式的存在。

马克思认为，财富的价值形式，包括其货币和价格的组成形式对社会生产的支配，是特定于这样一种情况的，即社会生产是在独立组织的生产单位中进行的，其基础是生产者与生产的必要条件的社会分离。虽然后一种分离使社会（抽象）劳动时间成为特定资本主义形式的财富的实质，但情况仍然是，在相互自治的生产单位中花费的劳动只能根据其产品在市场上的价格，作为事后再生产劳动分工的一部分来确认。简言之，“商品是孤立的独立的个体劳动的直接产品”，不能直接“作为社会劳动的产品相互比较”。因此，“通过他们在个人交换过程中的异化，他们必须证明他们是一般的社会劳动，换句话说，在商品生产的基础上，劳动成为社会劳动只是个别劳动的普遍异化的结果”（Marx，1970，84－85）。

相反，“公共劳动时间或直接关联的个人的劳动时间……直接是社会劳动时间”（85）。因此，“在劳动是公共的地方，人们在社会生产中的关系并不表现为‘物’的‘价值’”（1971，129）：

> 在一个集体的、以生产资料公有为基础的社会中，生产者不交
> 236 换自己的产品；用在产品上的劳动，在这里也不表现为这些产品的价值，不表现为这些产品所具有的某种物的属性，因为这时，同资本主义社会相反，个人的劳动不再经过迂回曲折的道路，而是直接作为总劳动的组成部分存在着。（1966，8）

《政治经济学批判大纲》中有一个重要的段落，描述了资本主义制度下间接地、事后地将劳动确立为社会劳动，与“在共同占有和控制生产资料的基础上”直接地、事前地将劳动确立为社会劳动之间的区别（1973，159）：

> 生产的公共性会使产品从一开始就成为公共的、一般的产品。

> 最初发生在生产中的交换——这种交换将不是交换价值的交换，而是由共同的需要和共同的目的所决定的活动的交换——将从一开始就包括个人参加共同的产品世界。在交换价值的基础上，劳动只有通过交换才具有普遍性。但是在这个基础上，在交换之前，它是这样被假定的；也就是说，产品交换决不是个人参与一般生产的中介。当然，调解必须进行。在第一种情况下，它是从个人的独立生产出发的……调解通过商品交换，通过交换价值，通过货币……发生在后一种情况下，前提本身是有中介的；也就是说，共同的生产，公共性，是生产的前提。个人的劳动从一开始就被假定为社会劳动……产品并不需要首先转换成特定的形式，以获得个人的一般特征。由于交换价值的交换而必然产生的劳动分工将不复存在，取而代之的是一种劳动组织，其结果将是个人参与公共消费。(171 – 72)

因此，劳动和产品的直接社会性是生产者和生产条件之间新的公共联盟的逻辑结果。这种结合否定了生产者进行货币交换的必要性，而货币交换是一种将他们的劳动与自然和社会条件相结合的再分配方式。消除商品/货币形式和克服工人与生产条件之间的社会隔离是同一现象的两个方面，这一事实至少在一个例子中解释了为什么马克思将共产主义简单地定义为“以交换价 237
值为基础的生产方式和社会形式的解体。个人劳动是社会劳动，反之亦然”(1973，264)。[16]在《政治经济学批判大纲》中的另一段落中重申了生产条件的去异化与对生产的集体性、非市场控制之间的紧密联系：

> 首先要把个人的产品或活动转化为交换价值，转化为货币，从而获得和表现出这种客观形式的社会力量，这种必要性本身就证明了两件事：(1) 个人现在只是为社会生产，而且是在社会中生产；(2) 生产不是直接社会化的，不是内部分配劳动的“联合的产物”。个人被纳入社会生产；社会生产作为他们的命运而存在于他们之外；但是，社会生产不属于个人，不属于个人作为共同财富来管理。(158)

总之，商品交换只是“特定的、有限的生产关系中个人的自然联系”；这种联系“相对于个人而存在”的“外来的和独立的性质”只能证明个人仍然在从事创造他们社会生活的条件，并且他们还没有开始在这些条件的基础上生活”（Marx，1973，162）。[17]相比之下，共产主义的社会生活是脱离的，因为它是按照既定的计划……建立在“自由联系的”有意识地调节的“生产”的基础上的（1967a，Ⅰ，80）。同“生产资料的共性……所有不同个体的劳动力都被有意识地用作社会团体的综合劳动力……根据一个明确的社会计划，在不同种类的工作和社会团体的不同需求之间保持适当的比例”（78－79）。简言之，在共产主义制度下，“联合的合作社会根据一个共同的计划来管理国家生产，从而把它置于自己的控制之下，并结束无政府状态和周期性的动乱，这是资本主义生产的宿命”（1985，76）。这“合作劳动……发展到国家层面”不受任何中央集权国家的统治；更确切地说，“该系统始于社会团体自治”（1974a，80；1989b，519）。从这个意义上说，共产主义可以被定义为“人民自己行动”，或者“社会把国家权力重新吸收为自己的生命力，而不是控制和征服它的力量”（1985，130，153）。

如前所述，马克思将联合生产不仅视为合作计划项目，而且更重要的是
238 作为自然与联合生产的条件和结果。人的自由发展已经由导致建立工人社会团体协会的革命进程所推动。[18]这种投射在《德意志意识形态》中最为突出，马克思和恩格斯在该书中指出，“个人的全面实现只会不再被视为一种理想……当刺激个人能力真正发展的世界的影响在个人自己的控制之下时，正如共产主义者所希望的那样”（1976，309）。在阶级剥削的社会中，“个人自由只存在于在统治阶级条件下发展的个人”；在共产主义的“真正共同体”下，“个人通过他们的结社获得自由”（87）。未来的“社会团体”将为“每个人提供全方位培养天赋的手段”，而不是像阶级社会那样主要以牺牲他人为代价来获得个人发展的机会；“因此，个人自由只有在社会团体内才有可能”（86）。在共产主义制度下个人自我发展的手段包括前面讨论过的消费要求，它不仅包括私人消费要求（基于劳动者的需求，取决于协会是处于较低阶段还是较高阶段），还包括个人从“公共产品”（如教育、卫生服务、公用事业和养老金）中获得的利益，这些利益是在分配给工人个人之前从总产品中扣

除的。根据马克思的观点，这种公益消费“与当今社会相比有了很大的增长，并且随着新社会的发展，其比例也在增加”（1966，7）。

共产主义只有在确保每个人都有权最大限度地参与这些条件的合作利用和发展的情况下，才能代表所有生产者与生产条件的真正结合。生产的高度社会化意味着“个人必须占有现存的全部生产力，不是为了实现自我活动，而且仅仅是为了保障他们的生存”（Marx and Engels，1976，96）。为了成为人类发展的有效工具，这种分配绝不能使个人沦为一个巨大的集体生产机器中的微小的、可互换的齿轮，这个机器在他们控制之外运行，异化地追求“为了生产而生产”。相反，它必须加强“人类生产力的发展”，能够在人类层面上把握和控制社会生产，符合“发展丰富的人性本身就是目的”（Marx，1968，117－18；重点补充）。虽然共产主义“占有”具有相应的普遍性……
它还促进了“与物质生产工具相对应的个人能力的发展”因为这些工具“已 239
经发展到一个整体……只有在普遍交往中”，他们的有效占有才需要“个人自身能力的全面发展”（Marx and Engels，1976，96）。简言之，共产主义下的“个人的真正自由发展”是由“基于现有生产力的个人活动的普遍性”促成的（465）。

同时，马克思提出了“自由的真正境界”，即“人类能量的发展本身就是目的……它超出了物质生产的实际范围”，即“超出了由必要性和平凡的考虑决定的劳动”。共产主义的“缩短工作日”使个人获得了更多的自由时间来享受“社会发展的物质和智力上的优势……”，从而使这种真正的自由领域得以“绽放”（Marx，1967a，Ⅰ，819－20）。空闲时间就是“……为个人的知识和社会的自由发展的时间”（530）。[19]因此，“自由时间，可支配时间本身就是财富，一部分是为了享受产品，一部分是为了自由活动，与劳动不同，自由活动不受必须实现的额外目标的压力所支配，被视为自然必需品或社会义务”（1971，257）。因此，在共产主义中，“财富的尺度……不再是任何形式的劳动时间，而是可支配的时间”（1973，708）。这也是事实，即使劳动力仍然是基本的“财富要素”，而劳动时间仍然是“衡量［财富］生产成本的重要指标……即使消除了交换价值”（1971，257）。

在马克思的构想中，通过缩短劳动时间促进人类自由发展，与生产领域的人类能力提升形成正向共振。当劳动采取“直接联合劳动”这一“截然不同的自由形态”时，即“劳动时间被合理化缩减，且劳动不再为他人所役使”，这意味着“劳动时间本身将突破资产阶级经济学所设定的自由时间的抽象对立框架”（257；1973，712）。下文将结合自由时间作为财富尺度的生态意涵，探讨共产主义视域下自由时间与劳动时间的协同关系。

生态维度的联合生产

许多人质疑马克思所设想的联合生产的经济实用性——最著名的是诺夫
240 （1983），他认为自然与联合生产是“可行的社会主义”，必须同时使用中央计划和商品交换来进行分配资源。[20]然而，即使是马克思的批评者也必须承认，他对基于合作计划和管理生产的自由人类发展的愿景，与苏联及其卫星的严格控制、中央集权的“社会主义”有很大不同。但马克思的预测是否为苏联共产主义提供了一个亲生态的替代方案？[21]在这里，我考虑马克思的共产主义是否代表了一种理想的社会形式，这种社会形式是用前面提出的七个生态标准来衡量的：（1）明确承认社会对自然及其人类占有的管理责任；（2）生态知识的系统增长及其在生产者和社会团体中的社会传播；（3）基于认识到人类对自然过程的知识和控制的局限性的生态风险规避；（4）社会合作从全球层面上有效调节人类生态影响；（5）尊重和鼓励人类生活方式的多样性；（6）涉及与自然条件交织在一起的人类社会的共同成员意识的生态伦理；（7）新的、支持生态的财富定义，明确承认人类以外的自然对人类生产的贡献，以及任何给定质量的自然条件的有限性。

马克思清楚地预见到，后资本主义社会认识到自己有责任管理好对自然条件的利用。这种责任体现在土地所有权由公共使用权构成的资本主义观念的衰落上：

> 从一个较高级的经济的社会形态的角度来看，个别人对土地的私有权，和一个人对另一个人的私有权一样，是十分荒谬的。甚至整个社会，一个民族，以至一切同时存在的社会加在一起，都不是土地的所有者。他们只是土地的占有者，土地的受益者，并且他们

> 应当作为好家长把经过改良的土地传给后代。(1967a，Ⅲ，776)

马克思公有财产概念的生态意义将在下面进一步讨论；这里值得强调的一点是，马克思并不认为这种财产赋予了过度开发土地和其他自然条件以满足相关生产者的生产和消费需求的权利。相反，将“土壤”和其他自然条件视为“永恒的共有财产，是人类连续几代人生存和繁衍的不可剥夺的条件” 241
(1967a，Ⅲ，812；重点补充)。这种确保长期可持续性的公共财产权的固有限制与许多美国土著人所持的立场惊人地相似，他们认为“任何人类或其群体对地球母亲的任何部分拥有主权的概念都是基于白人起源故事的神话”(Hillerman，1997，A23)。[22]

马克思对未来社会对土地的责任的坚持源于他对共产主义下以更高形式实现的人与非人的统一性的投射。对马克思和恩格斯来说，人和自然不是“两个独立的‘东西’”；因此，他们说人具有“历史本性和自然历史”(1976，45；重点补充)。他们观察到人类的生产和发展极大地改变了人类以外的自然，因此“人类历史之前的自然……今天不再存在”；但是他们也认识到“自然生产工具”的持续重要性，在使用中“个人是自然的附庸”(46，71)。共产主义非但没有打破或试图克服人与自然的必要统一，反而使这种统一更加透明，并为作为自然和社会存在的人的可持续发展服务。因此，恩格斯设想未来的社会是这样一个社会，在这个社会里，人们将“不仅感觉到而且知道他们与自然的一体性”(1964a，183)。年轻的马克思甚至将共产主义定义为“人与自然的统一”(1964，137)。从更实际的角度来看，马克思提到了共产主义社会“与自然搏斗以满足其需求，维持和繁殖生命”的持续必要性。这包括“相关的生产者合理地调节他们与自然的交换，把它置于他们的共同控制之下”(1967a，Ⅲ，820))。当然，这样一种理性的规定或“对自然真正有意识的掌握”假定生产者已经“成为他们自己社会组织的主人”(Engels，1939，309)。

共产主义接受人类对自然的管理责任，体现在它“消除城乡矛盾”，把物质的破坏循环作为“共同生活的首要条件之一”(Marx and Engels，1976，72)。正如恩格斯所说的那样，

> 废除城乡对立面不仅是可能的，而且是必要的。它已成为工业生产本身的直接必需品，正如它已成为农业生产的必需品同时也是公共卫生的必需品。目前只有城乡融合才能杜绝空气、水、土地的
> 242 污染……只有使自然和相关生产成为可能的社会，才能在一个宏伟的计划基础上实现生产力的和谐合作，才能使工业在全国范围内以任何分配形式定居，才能最好地适应自身的发展并保持其他生产要素的发展。(1939，323)[23]

在《资本论》中，马克思预见共产主义将建立在“把农业和工业结合在一起的古老纽带”的“更高的综合”之上。这个新的联盟将致力于“恢复”“维持物质循环的自然生长条件”，但“作为一个系统，作为社会生产的调节规律，并在适合人类充分发展的形式下”(1967a，Ⅰ，505－6)。[24]

未来的共产主义社会有几个特点，可以大大提高对生产进行良好的生态管理所需的知识的水平和传播。马克思设想扩大“技术学校（理论和实践）与小学相结合”(1966，20)。[25]在这些学校中进行的“理论与实践”学习显然代表着自然科学与社会科学的新结合。在巴黎手稿中，马克思提出

> 自然科学……从而成为人的科学的基础，正像它现在已经——尽管以异化的形式——成了真正人的生活的基础一样；说生活还有别的什么基础，科学还有别的什么基础——这根本就是谎言……自然科学往后将包括关于人的科学，正像关于人的科学包括自然科学一样：这将是一门科学。(1964，143)

自然科学和社会科学的统一源于共产主义对生产者和生产条件的社会再统一。资本主义疏远了科学（和其他生产条件）和生产者（见第十一章）。通过将各种科学知识用于剥削性的劳动分工，资本将自然科学和社会科学的人为分工推向了历史的极端。共产主义对生产条件的去异化，把这些生产条件转化为人类自然和社会发展的手段，从而否定了自然科学和社会科学之间错误区分的基础。[26]

马克思还提出，共产主义社会的年轻成员将经历“生产劳动与教育的早期结合”——当然，假定“根据不同的年龄段严格规定工作时间，并采取其 243
他保护儿童的安全措施”（1966，22）。[27]事实上，正如上一节末尾所指出的，马克思预见到，所有生产者在工作时间和（扩大）自由时间的智力发展将分别发生积极的交流。这一点在《政治经济学批判大纲》中得到了发展：

> 自由时间——不论是闲暇时间还是从事较高级活动的时间——自然要把占有它的人变为另一主体，于是他作为这另一主体又加入直接生产过程。对于正在成长的人来说，这个直接生产过程同时就是训练，而对于头脑里具有积累起来的社会知识的成年人来说，这个过程就是［知识的］运用，实验科学，有物质创造力的和对象化中的科学。（Marx，1973，712）

因此，在马克思看来，共产主义扩大的自由时间并不是被为了消费而消费的狂欢所填满，而是社会个人自由智力发展的必要条件，这些社会个人能够以环境和人类理性的方式掌握科学发展的自然和社会劳动的力量。“自由时间的增加”在这里表现为“个人充分发展的时间”，能够“将他自己的历史作为一个过程来把握，并承认自然（同样作为对自然的实际力量）是他的真实身体”（542）。工人在自由时间和工作时间的智力发展显然是共产主义劳工“社会性”得以确立的过程的核心，在生产过程中，“不只是以自然的、自发的形式，而是作为一种调节所有自然力的活动”（612）。

关于前资本主义生态实践在后资本主义社会的可能利用，我已经注意到马克思的共产主义使用者权利概念与某些拒绝社会或私人土地主权的前资本主义传统之间的相似之处。这种相似性有助于解释马克思在其生命接近尾声时提出的令人震惊的预测，即俄罗斯公社可能“成为现代社会走向的经济体系的直接起点”（1989d，368）。在马克思看来，这种“仍然古老的”村级的“土地公有制”可以“形成集体生产和占有的自然基础”，前提是可以把村庄组织成一个有计划的“合作劳动……在巨大的全国范围内”系统（356，368）。诚然，俄罗斯只有通过使资本主义的“积极成果”适应其特定的自然

和社会条件，才能将其公社转变为“社会再生的支点”；它尤其必须在农业中
244 应用自然和相关生产的“工具、粪便、农艺方法等”，即“集体劳动必不可少的一切手段”（356、362、371）。但是，没有证据表明马克思对可能适当使用更传统的公社生产实践有任何与生俱来的反感。事实上，马克思认为，现存的公社组织可以“缓解从个体劳动向集体劳动的过渡，俄罗斯农民已经在一定程度上在不可分割的草原上、在土地排水和其他共同利益的事业中实行这一过渡”（356；参见 Foster，1997，288）。

马克思和恩格斯并没有直接提到环境风险规避对共产主义生产决策的影响。但在指出需要将剩余产品的一部分用作“储备或保险基金，以防范因自然事件造成的失误和干扰等”时，马克思确实表明，即使在共同计划的生产中，不确定的自然条件和人类对自然过程的不完全控制仍在发挥作用，特别是在农业领域（1966，7）。一方面，这些不确定性将通过部分基于“概率计算”的“持续的相对过剩的生产”来解决（1967a，Ⅱ，469；1966，7）。另一方面，特别是必须有超过年度直接需求量的原材料等供应（这尤其适用于生活资料）（1967a，Ⅱ，469）。[28]马克思反复强调，由于不可预测和无法控制的自然条件，需要这样一个保险基金：

> 同异常的自然现象，火灾、水灾等等引起的破坏相关连的保险，则和损耗的补偿以及维修劳动完全不同……，从整个社会的观点来看，必须不断地有超额生产，也就是说，生产规模必须大于单纯补偿和再生产现有财富所必要的规模——完全撇开人口的增长不说——以便掌握一批生产资料，来弥补偶然事件和自然力所造成的异乎寻常的破坏。（177）

这远不意味着人类完全控制或克服自然限制，“这种过度生产等同于社会对其自身繁衍的物质手段的控制”，从有限的意义上说，这是对生产者与不可控的自然条件之间的生产交换进行更合理的社会调节（469）。因此，马克思
245 在关于阿道夫·瓦格纳（Adolph Wagner）的《劳动报》的旁注中指出，相关的生产者“将从一开始就直接进行生产，因此每年的谷物供应仅在很大程

度上取决于天气的变化；生产领域——供应和使用方面——受到合理调节”（1975，188；重点补充）。对于“生产者自己……花费一部分劳动或劳动产品来确保其产品，财富或财富要素免受意外事故的侵害等”来说，这是非常有意义的（Marx，1971，357－58）。相反，“在资本主义社会内部”，无法控制的自然条件给社会生产带来了不必要的“无政府状态”（1967a，Ⅱ，469）。[29]

如上所述，马克思和恩格斯确实设想了共产主义下自然科学知识的巨大扩张和更广泛的社会应用。但他们认为，这种知识增强了“真正的人类自由”，不是通过人类对自然的单方面统治，而是通过“与既定自然规律和谐相处的存在”——这与前面提到的人类与自然统一的高度社会意识是一致的（Engels，1939，126）：

> 自由不在于幻想中摆脱自然规律而独立，而在于认识这些规律，从而能够有计划地使自然规律为一定的目的服务。这无论对外部自然的规律，或对支配人本身的肉体存在和精神存在的规律来说，都是一样的。这两类规律，我们最多只能在观念中而不能在现实中把它们互相分开……因此，自由就在于根据对自然界的必然性的认识来支配我们自己和外部自然。（125）

这种自由的概念并不否认人类知识和对自然的控制存在明确的限制。例如，“既定的自然法则”可能包含自然过程中的随机性和混沌行为，从而为人类有目的地操纵自然条件划定界限。据推测，为了有效地“控制”与“自然法则”相协调的“生产”，相关的生产者必须考虑到这种限制。[30]从这个意义上说，至少，马克思/恩格斯关于公共生产控制的设想与生态风险规避原则相当一致。

马克思在生产条件下对公有财产的设想，可以说代表了一种对生产进行无害生态管理所需的合作框架。这里，首先应该指出的是，马克思和恩格斯 246
坚持将公共监督扩展到土地和其他自然“生命之源”（Marx，1966，5）。[31]“适用于土地的联合”，不仅“实现了土地分割固有的趋势，即平等”，而且“现在也在理性的基础上重建了不再由农奴制、领主权和荒谬的财产神秘主义中介重新建立起人与地球的亲密联系，因为地球不再是讨价还价的对象”（1964，103）。与其他生产条件一样，土地上的这种“共同财产”“并不意味着恢复原有的共同所有制，而是建立一种更高、更发达的共同所有制形式”（Engels，1939，151）。

从埃莉诺·奥斯特罗姆（Elinor Ostrom）对公共资源池（CPRs）的公共财产制度的调查（Ostrom，1990）和彼得·厄舍（Peter Usher）对加拿大“土地和资源的土著财产制度”的分析（Usher，1993）中可以清楚地看出，通过自然条件的公有化进行生态管理的潜力。两位作者都认为，公共管理是一种可靠的替代方案，既可以替代市场私有财产，也可以替代中央政府控制。然而，经验表明，社区系统在通过资源使用者自己建立和管理的协会来运行时是最有效的，其中“用户”的定义是广义上的任何人，其福利在很大程度上依赖于有关的社区方案。这些协会确保“正式承认非货币性财产权益……因使用而产生的产权”（Usher，1993，102）。这基本上与马克思的“生产者自治”概念相对应，该概念基于对生产条件的共同占有（Marx，1985，72）。

例如，在加拿大原住民制度中，存在“普遍参与和共识管理”，因此“管理和生产不是分开的职能”。因此，资源使用者自己直接掌握的“管理‘数据’包含了积累的历史经验”（Usher，1993，96）。同样，奥斯特罗姆对 CPR 系统的更广泛调查表明，在最成功的 CPR 系统中，所有（或至少大多数）“受操作规则影响的个人”都可以“参与修改”这些规则（1990，93）。通常，“占有者设计自己制度的权利不受外部政府当局的挑战”（101）。与此同时，监测对拨款规则的遵守情况（包括对公共 CPR 系统的审计）和对违反规则的人实施制裁是由拨款人自己直接或通过直接负责的代理人控制的（94）。
247 成功的系统通常还具有以下特点，“快速进入低成本的地方舞台，解决拨款者之间的冲突”（100）。

简言之，成功的公共 CPR 系统是典型的，正如马克思所预测的那样，“一个工作的，而不是议会的机构，行政和立法同时进行”——生产者和社区运用所需的知识来自我管理他们从自然中占有的系统（Marx，1985，71）。此外，马克思的设想和现存的公共 CPR 系统都包含“权利和义务，它们与简单的‘公共或私人’分类相悖”。它们都具有普遍的访问权和对个人使用的限制（公共占用规则）；因此，两者“既不像个性化的私有财产制度，也不像共同财产制度（开放获取，国家管理）”（Usher，1993，93，95）。两者都反对“土地或野生动物”应被“视为一种可以异化为专属私人所有的商品”的观念；两者都保护从自然中“获取食物的权利”；它们都坚持“与权利相伴的义务”——首先是在可持续的范围内保持对自然的挪用的义务（95－96）。简言之，对两者来说，公共财产“实际上是一种个人生计和集体身份和存在的权利”，在这种权利中，“人们不认为自己在任何私人意义上‘拥有’土地或野生动物”（98）。

希望在生态学方向上进一步扩展马克思的共产主义视野的马克思主义者可以从当代关于公共CPR管理的研究中学到很多东西。例如，奥斯特罗姆强调说，在最有效和可持续的体系中，用户权利是“恰当地”适合于所使用的CPR和发生这种拨款的更广泛的社会生产体系。不仅有“挪用规则……反映了特定资源的特定属性，”而且它们“也与当地条件有关，并且与需要劳力，材料和/或金钱的供应规则有关”（1990，92）。违反盗用规则的处罚同样针对生态和社会方面的违规行为的严重程度进行调整，也就是说，要与违规行为产生的当前和未来使用价值（或其风险）的损失相一致（94）。此外，“必须明确定义有权从CPR系统撤出资源单位的个人或家庭，以及CPR系统本身的界限”（91）。在这里，厄舍指出，加拿大原住民制度通常“将群体内普遍获取和惠益的原则结合在一起”，同时“其领土边界依据社会规则是可渗透的”（1993，95）。这与奥斯特罗姆对大规模CPR中的公共财产的观察结果一致（例如，用于灌溉的地区和国家层面的水资源），这表明需要“多层”的“嵌 248
套”用户联合来规范“占用、提供、监测、执行、冲突解决和治理活动”（1990，101）。这样的研究发现可以为马克思对该“联合”的设想提供某种生态上的具体性，在该联合中，“不仅市政当局，而且国家行使的迄今为止的全部主动权都交由公社处理”（1985，72）。

同时，当代研究人员可以从马克思那里了解到公共CPR管理的先决条件。随着马克思敏锐地意识到结合自然和社会科学见解的重要性，现代研究人员可以受益于马克思对资本的社会分离的分析，即生产者从生产的必要条件中分离出来——这种分离直接阻碍了对这些条件的生态无害管理，从而造福于整个社会。将社会团体 CPR 管理扩展到整个人类生产系统——这是一个无害生态系统所需要的——取决于生产者和社会团体之间决策权和科学知识的广泛传播。正如马克思所强调的，这还取决于个人工作时间的大幅度减少，以便生产者有足够的自由时间从事公共管理和发展他们的管理能力。[32]这些变化与雇佣劳动和资本主义经济的其他关键制度（如金融资本和市场租金）不一致，这些制度将生产者和社会团体与对生产条件的有效控制分开。因此，扩大公共 CPR 管理是对资本及其国家工作人员权力的直接侵犯。如果不正面挑战资本主义关系，转而支持社会团体关系，现存的公共 CPR 管理将被资本在全球范围内的生态不良生产所孤立和边缘化。

马克思的共产主义愿景是否对人类生产和社会的不同形式开放，以使社会健康地融入多样化和不断发展的人以外的自然世界？答案并不直接取决于《德意志意识形态》的预测，即一旦协会在其分工范围内取消了个人任务的所有专业化，个人活动的多样性将无限增加。[33]即使这一预测只与遥远的未来有关，马克思对多样性标准的坚持可以说是由他认为因资本主义创造并在共产主义下实现的人类自由发展的潜力所保证的。

249 马克思认为，资本主义在历史上是进步的，因为它扩大和多样化了人类生产的自然和社会条件，从而使个人的更丰富的发展成为可能（见第十一章）。资本主义社会生产的发展向人类和超人类本性的普遍范围和多样性开辟了个人发展。然而，与此同时，资本主义根据其对可剥削劳动力的要求和适合其剥削的条件来限制和贬低人和自然。资本人为地简化、分割和过度扩张了劳动和自然创造财富的力量，部分原因是疏远了生产者和社会团体的科学知识（见第七章和第十一章）。只有通过生产条件的明确的社会团体化以及生产条件从资本积累手段向人类发展手段的转化，才能实现资本主义加强的较少限制、更普遍的人类发展。鉴于资本的生产社会化，个人的自由发展和人类生活方式的多样性要求对生产进行公共管理。因此，合作不仅是生态生产的必要手段，也是个人自我发展和人类多样性的必要手段。

尽管马克思提到需要一个保险基金来防范不可控的自然事件，但他并没有提到在各种自然条件的影响下共产主义生产关系的多样化。尽管如此，马克思对一般生产，尤其是资本主义生产的分析表明，他敏锐地意识到自然条件如何帮助塑造人类生产的组织——而且这种意识常常以暗示共产主义下自然条件和社会生产关系的持续共同构成的术语来表达（见第二、三和六章）。例如，在《剩余价值理论》中，马克思指出“为了真正按照土地的性质被开发，土地需要不同的社会关系”（1971，301）。在《资本论》第Ⅱ卷和第Ⅲ卷中，马克思分析了不同类型的农业和非农产业的特定自然条件（详情见Burkett，1998b）是如何形成资本和租金的流通的（尽管由于资本主义的剥削和竞争关系，资本和租金是无政府主义的）。这些分析表明，需要对共产主义的生产和社会团体组织进行生态规划的多样化。这种多样化自然符合马克思的观点，即作为人的自由发展的条件和结果，社会与自然的物质交换是共同调节的。

无论其确切的组织形式如何，生态健全的生产系统只有在接受并加强生态伦理的情况下才能在社会上持续存在，这也强化了生态伦理。生态价值观 250
至少和人类的生活方式一样多样；但是，为了有效地通过人类从自然中获取资源的体系中产生共鸣，这些价值必须共同构成一种与土地和其他自然条件的共同统一感和责任感，作为人类生活的共同条件。从这个意义上说，生态伦理从定义上来说是一种公共伦理。马克思关于联合生产者对土地的共同责任感的设想，是建立在新的公有产权制度和与自然条件相结合的社会劳动计划分配的基础上的，这一点已经被注意到了。马克思认为，科学知识的广泛传播和相应的土地意识的提高，加强了这种公共责任，因为土地是“连续几代人所需要的永久生活必需品”的来源（1967a，Ⅲ，617）。

作为生态伦理学的框架，马克思所设想的公共环境可能远远优于资本主义私有财产和市场。例如，考虑一下美国政府和企业资本倡导的基于市场的温室气体排放方法。这种方法通过“创造一个排放信用的国际市场”，将污染（或清洁空气，取决于个人的观点）商品化。正如迈克尔·J. 桑德尔（Michael J. Sandel）指出的那样，这可能“破坏我们应该努力培养的环境伦理”，因为“将污染变成一种可以买卖的商品，消除了与之相关的道德污名”（Sandel，1997，A19）。更具体地说，“这种贸易将使富裕国家能够摆脱减少温室气体的承诺”，从而“使污染成为做生意的另一个成本”——这“可能会破坏全球合作所需的共同责任感”（A19）。相比之下，马克思所设想的生产条件下的公共财产和这些条件下的合作利用，似乎更符合所需要的共同责任感。尽管共享伦理的建立从来就不是自动的，但马克思的共产主义潜在地提供了一个框架，在这个框架内，可以阐述、并列、调和或从中选择替代的生态价值，而不是像在资本主义下那样被货币交换价值边缘化或包含在货币交换价值下（参见 Stirling，1993；Booth，1994；Adams，1996）。

有人会说，虽然马克思的共产主义可能会培养对自然的共同责任感，但这种责任感仍然与普罗米修斯式的自然观相结合，即自然主要是生产性人类
251 劳动的工具或主体。例如，阿尔弗雷德·施密特（Alfred Schmidt）认为，“即使马克思和恩格斯抱怨对自然的邪恶掠夺，他们也不关心自然本身，而是考虑经济效用”（1971，155）。然而，马克思的总体使用价值概念，特别是自然的使用价值概念，涵盖了人类需要的全部范围，包括不能简化为自然条件的工业加工的审美使用价值（见第二章）。正如大卫·佩珀（David Pepper）所说：“马克思确实认为自然对人类来说是‘工具’的角色，但对他来说，工具价值不仅仅意味着经济或物质。他把自然作为审美、科学和道德价值的源泉”（1993，64）。只要共产主义把使用价值放在生产的指挥权上，其创造财富的优先事项和活动将包括维护和改善自然财富的所有美学和物质形式。[34]

尽管如此，许多人认为马克思的共产主义财富观是反生态的，因为它的特征是物质生产的持续绝对增长。事实上，马克思和恩格斯确实多次提到，在未来的交往中，使用价值的生产正在持续甚至加速增长。然而，在匆忙得出马克思的共产主义违反生态财富标准的结论之前，关于这些增长预测，有两点需要注意：首先，它们始终与马克思关于人的自由而全面发展的愿景紧密联系在一起，而不是为了自身而与物质生产和消费的增长联系在一起。其次，同样重要的是，它们总是指一般意义上的财富增长，而不限于涉及工业占用和自然条件加工的财富类型。

例如，在讨论“共产主义社会的高级阶段”时，马克思把“按需分配”的标准放在一个广泛的人类发展背景下，指的是这样一种情况：

> 在迫使个人奴隶般地服从分工的情形已经消失，从而脑力劳动和体力劳动的对立也随之消失之后，在劳动已经不仅仅是谋生的手

> 段，而且本身成了生活的第一需要之后，在随着个人的全面发展，他们的生产力也增长起来，而集体财富的一切源泉都充分涌流之后。(1966，10，重点补充)

上述预测是否是反生态的，取决于合作财富的性质——尤其是物质和能源的吞吐量，以及由此带来的生态相互联系的破坏。共产主义的丰富财富和人的全面发展在生态上是无害的，因为它们包含了自然的美学和相关生产 252
(251)，以及在维护和改善土地质量和其他自然条件的共同社会责任背景下的物质使用价值。恩格斯在《反杜林论》中提出的“生产力发展更快，生产本身也随之无限增长”也是如此（1939，308）。这种发展和增长的生态内涵显然取决于这一背景下“实践”的含义——在恩格斯看来，这与共产主义的优先事项密切相关，“通过社会生产为社会的每一个成员确保一种不仅从物质角度来看完全足够的存在……而且保证他们完全不受限制地发展和锻炼他们的身心能力”（309）。因此，恩格斯的设想是“生态正确的”，因为他关于不受限制的个人发展的概念包括健康和可持续的自然和社会环境。

类似的考虑也适用于马克思在《资本论》第Ⅲ卷中对共产主义财富增长的预测。因此，当马克思指出联合起来的生产者将“不断扩大再生产到社会需求所决定的程度”时，这种扩大再生产的生态内涵显然取决于需要满足的需求的性质（1967a，Ⅲ，876）。对马克思来说，共产主义的“再生产过程的逐步扩大”包含了整个“生产者社会的生活过程”——不仅仅是物质生产和消费（819，250）。正如前面所讨论的，马克思根据人作为自然和社会存在的较少限制的发展，规定了这种“社会发展”的“物质和智力优势”，无论是在工作时间还是在自由时间（819）。因此，当马克思和恩格斯设想共产主义是“一种生产和交往的组织，它将使需求的正常满足成为可能，即只受需求本身限制的满足”，并不意味着对各种无限扩大的需求的完全满足，包括资本主义特有的反生态大众消费类型（1976，273）。它们意味着满足与生产者和社会团体较少限制的全面发展相关的需求。虽然共产主义需要更自由的发展和满足一些需求，但它也涉及满足需求方式的重要变化，甚至直接减少资本主义阶级剥削关系产生的某些需求：

> 共产主义组织对当代关系在个人身上产生的欲望有双重影响；
> 253 这些欲望中的一些——即存在于所有关系中的欲望，只在不同的社会关系中改变它们的形式和方向——仅仅被共产主义社会制度所改变，因为它们被给予了正常发展的机会；但是另一些——即那些完全来自特定社会、处于特定生产和交往条件下的欲望——完全被剥夺了生存条件。在一个共产主义社会里，哪些只会被改变，哪些会被消灭，只能用实践的方法来决定。（Marx Engles，1976，273）

正如厄斯特·曼德尔（Ernest Mandel）指出的，这种社会关系和人类发展的需求满足方法与马克思经常提出的无条件“富足”的“荒谬概念”大不相同，后者指的是“一种对所有商品和服务的无限供应的无限制获取的制度”（Mandel，1992，205）。除了在生态和社会上都是“噩梦”之外，后者的概念直接与马克思对共产主义富足的历史预测相矛盾：

> 稍作反思就会意识到，假设“需求”和个人消费的“无限”扩张，实际上就是否认共产主义的可行性。物质的丰富将是不可能的，而实际上对应于商品和经济资源半稀缺状态的商业类别将会生存下来。（1992，205；1973，71）

尽管马克思的共产主义需求满足观与“需求饱和的富足定义”是一致的，但这必须建立在将需求划分为“基本需求、随着文明发展而变得不可或缺的次要需求以及奢侈、不重要甚至有害的需求”的“层次”的背景下（Mandel，1992，206－07；参见 Mandel，1986，14－18）。[35]马克思的共产主义富足的概念预见了基本需求的满足，以及这种满足逐渐扩展到次要需求，因为它们在扩大的自由时间和合作的工人社会团体对社会生产的控制的背景下进行社会发展——而不是完全满足所有可能的需求（参见 Sherman，1970）。在马克思的预测中，生产者将倾向于利用他们新获得的物质保障和增加的自由时间来从事各种智力和审美形式的自我实现和自我发展。次要需求的发展将通过真正的工人社会团体控制为人们提供更大的机会，使他们成为经济、政治和文化生活的知情参与者（而不是他们目前主要作为等级制指导的劳动者和被动消费者的地位）。

正是在这最后一个背景下，自由时间作为共产主义财富衡量标准的完整 254
生态意义变得清晰起来。因为在自由时间开发和满足的次要需求的物质和能源密集度较低，它们在总需求中所占比重的增加减轻了共产主义再生产对自然条件的压力，其他方面都是同等的。此外，工作时间的减少直接减少了生产资料和能源的产量，其他方面也是如此。具体地说，社会劳动生产率的提高并不意味着物质和能源产量的增加，因为它们是由工作时间的减少来补偿的（Gorz，1994）。如前所述，马克思设想利用自由时间发展环境敏感性，这样生产者和社会团体就会越来越实际地意识到自然财富作为生产和自由时间本身的永恒条件的作用。

当然，由于劳动和自然仍然是财富的源泉，在共产主义条件下，生产不同产品所花费的社会劳动时间仍然是衡量其成本的重要指标。正如马克思在《资本论》中所说："在所有的社会形态中，生产生活资料所花费的劳动时间必然是人类感兴趣的对象"（1967a，Ⅰ，71）。社会再生产需要在满足需要的活动中分配劳动力，因此"任何社会形态都不能阻止社会支配的工作时间以这种或那种方式调节生产"（Marx to Engels，January 8，1868，in Marx and Engels［1975，187］）。因此：

> 如果共同生产已成为前提，时间的规定当然仍有重要意义。社会为生产小麦、牲畜等等所需要的时间越少，它所赢得的从事其他生产，物质的或精神的生产的时间就越多。正像在单个人的场合一样，社会发展、社会享用和社会活动的全面性，都取决于时间的节省。一切节约归根到底都归结为时间的节约。正像单个人必须正确地分配自己的时间，才能以适当的比例获得知识或满足对他的活动所提出的各种要求一样，社会必须合乎目的地分配自己的时间，才能实现符合社会全部需要的生产。因此，时间的节约，以及劳动时间在不同的生产部门之间有计划的分配，在共同生产的基础上仍然是首要的经济规律。这甚至在更加高得多的程度上成为规律。

(Marx，1973，172－73)

然而，马克思立即补充说，共产主义的时间经济“与用劳动时间衡量交
255 换价值（劳动或产品）有本质的不同”（1973，173)。他的理由很简单：共产主义的时间经济服务于使用价值，而资本主义的时间经济将使用价值（包括有用的劳动和自然条件）降低为价值和资本积累的载体。例如，共产主义的劳动时间经济支持减少工作时间（以自由时间衡量的人类财富增加)，但资本的时间经济倾向于增加生产者花费的剩余劳动时间（以剩余价值衡量的资本主义财富增加)。[36]考虑到增加自由时间的积极生态潜力和剩余价值积累的反生态特性，这两种时间经济之间的差异在生态上意义重大（见第七章)。

马克思和恩格斯从未将劳动力成本作为共产主义下资源分配决策的唯一指南：他们只是指出，劳动力成本将成为与不同使用价值相关的社会成本的一种重要衡量标准。此外，这种将劳动时间作为成本衡量标准的做法“已经完成……通过社会对其工作时间的直接和有意识的控制——这只有在共同所有制下才有可能”，不同于资本主义条件下，对社会劳动时间的“调节”只能间接地通过“商品价格的变动”来完成（Marx to Engels, January 8, 1868, in Marx and Engels [1975, 187])。马克思认为：“只有当生产处于实际的、预先确定的社会控制之下时，社会才能在生产一定物品所用的社会劳动时间的数量和这些物品所满足的社会需求之间建立一种关系”（1967a，Ⅲ，187)。显然，劳动力成本和社会需求之间的关系的建立并不意味着劳动力时间是唯一考虑的成本。另外，共产主义的规划可以将维护和改善自然条件（以及增加自由时间)，归入“生产和消费系统需要满足的社会需求”的范畴。

在马克思的预测中，环境目标是否包含在社会成本或社会效益中，并不像使用价值的压倒一切那样重要。鉴于马克思坚持自然对使用价值的贡献，在未来的交往中，继续使用劳动时间作为衡量成本的重要措施，并不存在本质上的反生态问题。首先，马克思的共产主义将免除与资本主义的“无政府竞争体系”和“大量就业”相关的自然和劳动力浪费……它们本身就是多余的“（1967a，Ⅰ，530)。在有计划的劳动力分配和土地利用制度下，许多
256 反生态的使用价值可以被消除或大大减少，其中包括食品和其他商品的过度

加工和包装、广告、汽车/房地产/石油综合体，以及计划中的产品报废。所有这些破坏性的使用价值对资本主义来说都是“不可或缺的”；然而，从生态健全系统的观点来看，它们代表着“对劳动力和社会生产资料的最肆无忌惮的浪费”（1967a，Ⅰ，530；参见 Bahro，1978，428－30；Gorz，1994，31－34）。

马克思和恩格斯并没有把共产主义设想为将最低劳动成本置于所有生态和其他使用价值目标之上。劳动时间的节约不仅被视为实现更高使用价值的手段，包括扩大自由时间，而且有强有力的证据表明，马克思主义的创始人很乐意接受必要劳动时间的一些增加，以换取更环保的生产。因此，恩格斯在把“城乡对立的消灭”描述为“生产和公共健康的一目了然的必要性”之后，接着嘲笑了杜林的预测：“尽管如此，农业和工业的结合将会实现，即使不考虑经济因素，好像这将是一些经济牺牲！”（1939，323－24）。显然，困扰恩格斯的不仅是杜林对自然作为生产的必要条件的认识不足，还有杜林未能认识到，如果说共产主义与资本主义有什么不同，那是因为前者的生产是由使用价值决定的，而这涉及对经济必要性的更人性化、社会化和生态化的定义。这正是马克思的共产主义理想实现生态财富标准的方式。

结束语

本章确立了马克思的共产主义愿景与生态健全的人类生产的一致性。相关生产增加了生产者的自由时间和物质保障，代表了一种潜在的适宜的人类和社会环境，有利于健康和可持续的人与自然关系，这种关系较少受到物质需要或“短缺”的阶级剥削形式的压力。这种潜力的实现取决于生产者和社区与生产条件的新的社会联盟，即根据合作确定的使用价值目标，集体占有、利用和发展这些条件。马克思设想，这种结合在生产条件下以公共财产的形式存在，其中“财产”意味着使用者的权利和责任，而不是“所有者”（个 257
人或整个社会）在“占有”的基础上不受限制地使用的权利。这种公共财产的目的是促进人类的自由发展（与阶级社会相比），同时保护子孙后代的利益，以一种可持续的方式从自然中占有——一种保持甚至提高自然财富质量的方式。在马克思看来，生产条件的去异化包括科学知识的广泛传播，这些知识是有效地共同管理自然条件及其在社会劳动过程中的占有所必需的。

马克思观点的生态潜力背后隐藏着一个有趣的悖论。只有通过“一个真正的社会共同体”，在这个共同体中，“一切关系都是由社会设定的，而不是由自然决定的”，社会才有可能与“生存的直接源泉”自然更和谐地共同进化（Marx，1973，276）。人要作为自然存在物发展，就必须作为社会存在物进一步发展，实现自然生产条件的明确社会化。我们无法克服自然的需要——我们无法征服自然；但是，我们也不能忽视人类生产的有意识的、社会的和累积的特性，而把自己庇护在一个已经不存在的理想化的、无中介的自然中。人类生产的发展不再是由自然本身决定的。因此，如果我们想与自然共存，我们就必须掌握我们的社会组织。

注　释

导论

1. 参见福斯特（Foster，1997，279－80）对马克思生态批评家对帕森斯（Parsons）（1977）作品的使用和滥用的讨论。 259

2. 这种说法适用于那些明确反对资本主义作为生态健全的社会基础的左派生态批评家。当然，许多马克思的批评家仍然断言资本主义有足够的能力提供这种基础。然而，在这两种情况下，争论的真正重点是价值本身的历史特定性、阶级关系特征及其对人与自然关系的塑造。例如，考虑勒威（Löwy）呼吁建立“在计算价值时纳入生态成本”的体系（1997，34），就其定义而言，好像价值（资本主义将财富具体表示为抽象劳动时间）并非无能为力（参见第七章）。令人惊讶的是，勒威显然支持新古典经济学家的说法，即市场体系能够充分记录自然界对财富的贡献。

3. 这并不是否认马克思对自然科学进行了深思熟虑。不幸的是，正如普拉迪普·巴克西（Pradip Baksi，1996）的陈述，马克思数量庞大的自然科学笔记本大部分仍未出版。也许更重要的是，甚至马克思的自然科学研究也显然是为了支持他的主要目标：“找出人类社会历史活动中自然界的确切位置”（同上，268）。

4. 有些人认为这种“生产主义者”的观点本质上是反生态的，但这涉及对马克思的生产意义的过分狭义的解释（见，首先，第二章）。

5. 关于社会形式和物质内容的辩证法的重要性，特别是在马克思对资本主义的分析中，请参阅罗斯多尔斯基（Rosdolsky，1977），克拉克（Clarke，1994）和史密斯（Smith，1990 and 1997）。

6．在这里和其他地方一样，除非另有说明，否则引用的段落中的所有重点均与原始内容相同。

260 7．不幸的是，这种辅助工作对于正确地解释马克思是必不可少的，但很少被马克思的生态批评家以任何有意义的方式进行，包括“生态马克思主义者”。

8．但是，即使在1844年，马克思也确实成功地确定了价值形式带来的基本问题。例如，在谈到交换是资本主义下的“社会普遍行为”时，他指出，“私有财产似乎是另一种自然产物的等价性，是不同性质的私有财产的代表……等效来看，它的存在不再适合于它。它已成为价值，并立即交换价值。它作为价值的存在是对自身的一种决定，不同于它的直接存在，在其特定性质之外并且是外部化的——只是相对存在”（Marx，1967b，274）。《资本论》第Ⅰ卷中的价值形式分析，马克思在其中履行了他早先的承诺：“将在其他地方展示如何更精确地确定该价值以及如何将其变成价格”（同上）。

9．当然，在马克思的生态评论家以更加不加区分的方式引用巴黎手稿和其他早期著作的情况下，这种策略也有所不同。

10．许多试图在马克思和恩格斯之间建立方法论壁垒的尝试，都是为了“把恩格斯的《反杜林论》从马克思的认可中分离出来”（Draper，1977－90，Ⅰ，24），——尽管马克思不仅在这本书首次出版两年后的1880年（Marx，1989c）公开支持这本书，而且甚至为它贡献了一章，这符合马克思早先的说法，即他和恩格斯“都按照共同的计划和事先的安排工作”（1982，99）。特雷尔·卡弗（Terrell Carver）提出了一个特别值得怀疑但颇具影响力的诋毁《反杜林论》的观点，他认为：（1）恩格斯谎称马克思读过并认可了这本书；（2）马克思正式支持这本书（供党出版之用），因为“鉴于他们之间的长期友谊，作为领导社会主义者的角色以及恩格斯的财政资源的用处，保持沉默，不干涉恩格斯的工作更加容易”（Carver，1980，360－61）！卡弗根据马克思与恩格斯之间关于这本书的书信的相对稀缺性来制造这些指控，而忽略了当恩格斯于1870年移居伦敦后，他们在所有问题上的书信“自然地跌入了断断续续的河流”这一事实，此后“两人几乎每天都在谈论问题和事务”(Draper，1977－90，Ⅰ，24)。正如德拉博指出的那样，如果《反杜林论》“基本上是反马克思的”，那么“所有反马克思主义都是经过马克思严格的检查而没有引起他的抱怨。显然，马克思也不了解马克思主义。只有神话学家才能做到”(25)。保罗·斯威齐（Paul Sweezy）可能在这里指出了真正的问题，因为他将《反杜林论》描述为“一部阐释和澄清的杰作，经常被忽视或被精确地贬低——正是因为它是写给普通读者的，而不是给自诩为专家的精 261
英们看的”(1981，17)。保罗·凯洛格（Paul Kellogg）对马克思与恩格斯神话及其政治用途的一般性批评值得一读（Kellogg，1991)。

11. 应当指出的是，由于马克思和恩格斯的大多数自然科学著作尚未出版，这一事实极大地阻碍了对马克思和恩格斯自然科学方法的严格比较(Baksi，1996)。

12. 如果这种观察是正确的，那么从历史、社会学和政治经济学的问题上抽象地重构马克思的自然观就没有意义。举一个有影响力的例子，瑞尼尔·格伦德曼（Reiner Grundmann）的《马克思主义与生态学》以一种技术决定论的人与自然关系概念总结了马克思，这并不奇怪，因为他的研究被视为“很大程度上排除了认识论、政治经济学和历史问题”（Grundmann，1991a，8)。当人们从马克思对待自然的方法中排除历史和阶级关系时，其结果自然倾向于是一种或多种形式的原始唯物主义和/或唯心主义（更多讨论参见 Burkett，1997 and 1998a)。

13. 例如，参见，萨戈夫（Sagoff，1988)，阿明（Amin，1992)，斯特灵(Stirling，1993)，布斯（Booth，1994)，高迪和奥尔森（Gowdy and Olsen，1994)，蒙达（Munda，1995)，亚当斯（Adams，1996)，托卡尔（Tokar，1996）和多尔（Dore，1996）等人。

第一章

1. 尽管介绍这四个标准是出于解释性的考虑，但这些标准是通过相关的社会生态工作得出的。尤其参见达斯曼（Dasmann，1968)，达斯曼等人(1973)。恩岑斯贝格（Enzensberger，1974)，施纳伯尔（Schnaiberg，1980)，佩珀（Pepper，1993），高迪（Gowdy，1994a，1994b），莱夫（Leff，1995）以及列万廷和莱文斯（Lewontin and Levins，1997b）。

2.“因此，不可能将社会客观性换成任何一种自然的客观性，而无视人类的到来，至少是由于陆地上的自然界而遭受的深刻扭曲；同样，我们不能用生物学来替换社会学。恰恰相反，将人类的实践，更不用说知识作为唯一的客观性也是不可能的（Colletti，1972，33）。

3. 从人类价值观的社会和物质基础，以及价值观在社会关系再生产中的作用得出，“对自然的特殊态度”是“由社会形式决定的，反之亦然”（Marx and Engels，1976，50［马克思的边注］；重点补充）。但是，这种对人类价值观的物质基础的认识与将人类价值错误地归因于自然本身是完全不同的，正如麦克劳夫林（McLaughlin，1990，95）呼吁“自然的解放”和奥康纳（O’Connor，1991b，9）对“自然经济”所引用的那样。

262 4. 这凸显了阶级统治（在这种统治中，制度权力位置和持有这些权力位置的人反对社会的自我批评和自我转变）和生态问题（涉及人们对其物质环境的疏远）。参见容克（Junker，1982）对这种联系的深入讨论。

5.“把社会看作一个单一的主体……错误地、投机地看待它”（Marx，1973，94）。

6. 正如我在其他地方所讨论的那样，许多马克思的生态批评家都强调马克思主义价值论的定量方面，而忽略了它的质性方面，这可能有助于解释他们对生态学意义的认识不足（Burkett，1998b）。斯威齐（Sweezy，1970，第二章）也指出了对马克思价值分析进行单方面定量解释的缺点。

第二章

1.“劳动不是所有财富的来源。自然与劳动一样，也是使用价值的来源（而且肯定是构成物质财富的来源），劳动本身只是自然力，人类劳动力的体现”（Marx，1966，3）。政治经济学家断言：“劳动力是所有财富的来源。而且它确实是仅次于自然的源泉，为自然提供了转化为财富的物质”（Engels，1964a，172）。

2. 例如，当把“农业劳动的自然生产力”作为“一般性剩余劳动的自然

基础”时，马克思明确地纳入了“简单的采集、狩猎、捕鱼和养牛劳动”。(1967a，Ⅲ，632)

3. 在《资本论》第Ⅰ卷中，马克思同样将劳动定义为“人和自然之间的物质变换的一般条件……是人类生活的永恒的自然条件，因此，它不以人类生活的任何形式为转移，倒不如说，它为人类生活的一切社会形式所共有”(1988，63)。

4. 在《资本论》中，马克思同样坚持“土地……独立于人而存在”(1967a，Ⅰ，183)。早些时候，马克思和恩格斯断言在他们的唯物主义历史观下，“外在自然的优先地位仍然没有受到挑战”，尽管他们立即指出“这种区别仅在人类被认为与自然截然不同的意义上”(1976，46)。

5. 从马克思对劳动生产率的自然基础（见第三章）和资本对自然条件的“无偿占有”（见第六章）的分析中，可以清楚看到马克思对未被占用但有用的自然条件作为财富的处理。

6. “社会上的个人生产——因此由社会决定的个人生产——当然是出发点……社会发展的确定阶段的生产，即“社会个人的生产”（Marx，1973，263
83，85)。

7. 这些特征没有完全定义人类劳动的一个迹象是，它们存在于其他陆地物种中，尽管形式不那么发达。例如，恩格斯说：“我们不会对动物以有计划的，有预谋的方式行事的能力提出异议”，然后给出各种例子，包括“被驯养的动物”“不断地”承担的“与孩子完全相同的水平的狡猾行为”(1964a，181)。同样，马克思指出，劳动工具的生产和使用“存在于某些动物物种的胚芽中”(1967a，Ⅰ，179)。

8. 这种将生产关系作为生产力的概念对阶级斗争和生态斗争的潜在统一具有重要意义（见第十三章)。

9. “当然，所有人类历史的第一个前提是活着的人类的存在。因此，第一个要确定的事实是这些人的身体组织及其与自然界的关系……所有历史著作都必须从这些自然基础出发，并通过人类的行动在历史过程中对其进行修饰”（Marx and Engels，1976，37)。尽管生产力是由社会构成的，但仍然存在这样的情况，即人类的发展及其社会关系在很大程度上“与他们的生产相一致，既与他们生产什么相一致，也与他们如何生产相一致”。因此，个体是什么取决于其生产的物质条件”（同上；重点补充）。

10. 我说“现在很大程度上是反事实的”，因为就地球而言，“人类历史之前的自然……今天在任何地方都不存在了”——很久以前就被人类干预改变了（Marx and Engels，1976，46）。

11. 正如斯威齐（1970，29）指出的那样，在马克思看来，“自然在创造使用价值的过程中积极地和被动地进行合作”。在资本对农业和其他生产形式的分析中，马克思对自然在财富生产中的积极作用的认识变得更加清晰，在这些分析中，人类劳动必然受到自然生产过程的干扰（参见第三章）。

12. 请注意，就自然使用价值而言，是在人类生产者之间的关系中定义和体现的，这表明劳动力是财富生产的必要条件的另一种含义，尽管事实上许多使用价值是自然产生的。

13. 马克思的劳动价值论本身贬低自然的论点是这种普遍趋势的一个具体例子，这种普遍趋势将马克思归咎于经济体系的环境矛盾——这一矛盾实际上是马克思的分析所揭示的（见第七章）。

第三章

264 1. 剩余劳动的自然基础这一概念在马克思对资本主义农业、土地财产和租金的分析中起着重要作用。马克思用它来帮助消除先前政治经济学中“剩余产品和地租之间的混淆”特征，使他能够揭穿“在与资本主义生产方式的条件完全矛盾的情况下，有一种关于地租性质的错误见解……只要说明剩余价值和一般利润存在的一般条件就可以解释”（Marx，1967a，Ⅲ，632，634）。

2. 马克思在《资本论》第Ⅰ卷中对与自然条件和人类需求有关的剩余劳动的可能性进行了最有趣的讨论：“但是，剩余劳动物化的剩余产品的物理可能性，显然取决于以下两种情况：如果需求非常有限，那么即使只有很少的自然劳动生产能力，一部分劳动时间也足以满足他们的需求，从而将剩余的一部分留给剩余劳动力使用，从而用于创造剩余产品。另一方面：如果劳动的自然生产能力很高，例如土壤、水等的自然肥力，只需花费少量的劳动即可获得维持生计所需的生存手段，这种自然的劳动生产力，或者，如果您愿意的话，这种自然和自发的劳动生产力自然的作用（如果我们只考虑必要劳动时间的持续时间——与社会劳动生产力的发展完全相同”（Marx，1994，93－94；重点补充）。这些文字清楚地表明，马克思从未降低自然条件对财富生产的贡献。

3. “决不应该像有时发生的情况那样，把各种神秘的观念同这种自然发生的劳动生产率联系起来”（Marx，1967a，Ⅰ，512）。参见伯克特（Burkett，1998a，139－40）讨论马克思坚持自然与劳动共同促进财富生产的政治重要性。

4. 马克思在《资本论》第Ⅰ卷中指出，“绝对剩余价值的存在，无非就是这样的自然生产水平，即一种自然自发的劳动生产率，即一个人维持自己的生存或再生产自己的劳动能力，并不需要他所有可能的日常劳动时间。唯一的进一步要求是应当强迫他……工作超过了必要的劳动时间”（1994，93）。同样，马克思在《剩余价值理论》中指出：“绝对和相对剩余价值都有共同点，即它们以一定水平的劳动生产力为前提。如果一个人（任何一个人）的整个工作日（可用劳动时间）仅够养活自己（充其量也养活家人），那么 265
就不会有剩余劳动，剩余价值和剩余产品。一定水平的生产力的先决条件是基于土地和水的自然生产力，这是财富的自然来源”（1971，449）。

5. “正如人类劳动力并非天然是资本一样，生产资料也并非天然是资本。只有在一定的历史发展条件下，生产资料才取得这种独特的社会性质”（Marx，1967a，Ⅱ，35）。显然，“被强迫从事超过［必要］时间的工作”是不自然的；相反，“这种强迫是由资本施加的”作为一种特定的社会关系（Marx，1968，406）。

6. 马克思通常互换使用地球和自然两个词（例如，参见 Marx，1967a，Ⅰ，183，Ⅲ，774）。

7. “可见，一个使用价值究竟表现为原料、劳动资料还是产品，完全取决于它在劳动过程中所起的特定的作用，取决于它在劳动过程中所处的地位，随着地位的改变，它的规定也就改变。”（Marx，1967a，Ⅰ，182）。

8. 马克思已经在《政治经济学批判大纲》中确定了生产时间和劳动时间

之间的区别：“在农业（或在许多其他生产部门或多或少也是如此），生产过程本身的条件给人带来了干扰……产品达到成熟所需的时间，工作的中断在这里构成生产条件。非劳动时间构成了劳动时间的条件，以便将后者真正转化为生产时间”（Marx，1973，602，668－69）。这种“生产时间与劳动时间的不统一通常只能归因于直接阻碍劳动实现的自然条件”（669－70）。

第四章

1. 马克思在假设人类物质再生产的要求已经得到满足之前，考虑了与这些形式有关的再生产故障的不同可能性，在此基础上，马克思分析了主要的社会生产形式。尽管此过程可能看起来很奇怪，但必须先说明一种特定生产形式是如何发生的，然后才能理解这种生产形式的危机趋势。

2. “物质生活的不同形式，当然，在每种情况下都取决于已经发展的需求，对这些需求的产生以及满足是一个历史过程”（Marx and Engels，1976年，90）。

3. 马克思和恩格斯（1976，48）甚至说“从家庭开始”是唯一的社会关系。紧随其后的是一个限定性的建议，即“后来，当需求增加时会建立新的
266 社会关系，而人口增加则会产生新的需求”，家庭关系成为“从属关系”。这与女权主义者对马克思的重要批评，即马克思倾向于将家庭关系，以及更普遍的两性关系置于阶级关系之下，尤其是在他对资本主义的分析中。伯克特（Burkett，1998a，131－34）通过回应本顿（Benton，1989，72）的指控来考虑这个问题，该指控认为马克思将工人的生产和再生产过程“同化”到工人消费手段的资本主义生产中。

第五章

1. 从这个意义上说，“任何形式的社会都不能阻止社会支配的工作时间以一种或另一种方式调节生产”（Marx to Engels，January 8，1868，in Marx and Engels［1975，187］）。另见 Marx to Kugelmann，July 11，1868，in Marx and Engels（1975，196）。

2. 马克思在 1868 年 1 月 8 日致恩格斯的信中指出，“在资产阶级社会

中”，生产的“调节”“不是通过社会对其劳动时间的直接和有意识的控制来实现的（这种控制只有在公有制下才有可能），而是通过商品价格的运动来实现的”（Marx and Engels，1975，187）。马克思在《资本论》（1967a，Ⅰ，72－73）的第一章中规定了这种间接监管的条件：“使用物品成为商品，只是因为它们是彼此独立进行的私人劳动的产品。这种私人劳动的总和形成社会总劳动。因为生产者只有通过交换他们的劳动产品才发生社会接触，所以，他们的私人劳动的独特的社会性质也只有在这种交换中才表现出来。换句话说，私人劳动在事实上证实为社会总劳动的一部分，只是由于交换使劳动产品之间、从而使生产者之间发生了关系。”

3. “但是，形成价值实体的劳动是相同的人类劳动，是同一的人类劳动力的耗费。体现在商品世界全部价值中的社会的全部劳动力，在这里是当作一个同一的人类劳动力，虽然它是由无数单个劳动力构成的”（Marx，1967a，Ⅰ，39）。“商品具有价值，因为它是社会劳动的结晶。商品的价值的大小或它的相对价值，取决于它所含的社会实体量的大小，也就是说，取决于生产它所必需的相对劳动量”（1976b，31）。

4. 马克思因此观察到，在商品经济中，“生产者的私人劳动真正取得了二重的社会性质。一方面，生产者的私人劳动必须作为一定的有用劳动来满
足一定的社会需要，从而证明它们是总劳动的一部分，是自然形成的社会分 267
工体系的一部分。另一方面，只有在每一种特殊的有用的私人劳动可以同任何另一种有用的私人劳动相交换从而相等时，生产者的私人劳动才能满足生产者本人的多种需要……也就是把他们的私人劳动的社会有用性，反映在劳动产品必须有用，而且是对别人有用的形式中”（Marx，1967a，Ⅰ，73）。

5. 在这方面，资本主义对自然条件的低估与对某些人类再生产活动（包括所谓的家政劳动）的低估之间存在形式上的相似之处。有关这种联系的讨论，参见伯克特（Burkett，1998a，134）。

6. 参见史密斯（Smith，1990，100－06）和查托帕德海伊（Chattopadhyay，1995）对这些观点的详细阐述，这些观点的修改形式也适用于“市场社会主义”的论点。”正如尼尔（Nell，1988，73）所观察到的那样：“劳动价值论最普遍形式的最终见解是，价值作为一种社会现象，以与货

币的普遍等价（‘一切都有其价格’）来表达，只有在阶级冲突的社会环境中才会出现。”通过市场不可能实现和谐，因为阶级冲突是交换价值的先决条件。”

7. 马克思在《资本论》一书中反复强调了这种联系。例如，他将“所谓原始积累”描述为“生产者和生产资料分离的历史过程”，即“劳动者不再束缚于土地，不再隶属或从属于他人”（1967a，Ⅰ，714，768；重点补充）。

8. 为了使资本（货币产生更多的货币）支配人类生产，它必须成为一种“自我定位运动”，其作用不限于商品贸易或货币借贷中“预设交换价值的纯粹形式运动”（Marx，1987，492）。换句话说，“作为潜在资本的货币的使用价值……交换本身只能是交换价值本身产生的使用价值。而这仅仅是劳动”（504）。“资本作为独立的，自给自足的客观劳动的对立面是劳动能力本身，因此，货币能够成为资本的唯一交换是资本的拥有者与劳动能力的拥有者之间的交换，即工人”（502）。

9. 诚然，如果货币要“实现自己作为资本的地位”，作为自我保存和自我增长的价值，它必须转化为劳动条件”；然而，它“只有通过与活劳动能力的交换才能转化为资本”（Marx，1988，134，36）。“因此，至关重要的是
268 购买劳动力的资本组成部分要转化为资本，一方面需要将其交换为劳动能力，另一方面则要交换使劳动能力客观化的前提条件”（同上）。“资本只能通过将自己的劳动称为生活来换取劳动力，才能自我繁殖”（1933，32）。

10. 这也可以被概念化为从属于交换价值和使用价值作为价值的特定形式（参见第七章）。

11. “尽管如此，商品的生产以及因此的流通可以在不同社会团体之间或同一社会团体的不同机构之间进行，即使所生产的大部分商品可以作为生产价值用于生产者自己直接的个人需求，因此可能永远不会采用商品形式。货币流通本身……先决条件就是商品流通本身，而且是粗略发展的商品流通”（Marx，1988，39）。

12. “贝利（Bailey）和其他人指出，价值（‘valeur’）表达了事物的一种属性。事实上，这些术语最初只是表达事物对人们的使用价值，那些使它们对人们有用或令人愉快的品质等等……使用价值表达的是物与人的自然关

系，实际上是物为人而存在。作为创造交换价值的社会发展的结果，交换价值后来被附加在价值一词上，成为使用价值的同义词。它是事物的社会存在”（Marx，1971，296）。

13. 因此，对于前资本主义生产来说，“维持生产者本身所需的最低生产量很小，剩余产品也是如此。另一方面，在这种情况下以剩余产品为生的人数也非常少，因此他们可以从相对大量的生产者那里获得少量剩余产品的总和”（Marx，1971，449）。

14. “虽然以前的需求决定了生产的程度，但现在的生产，或者说是产品的拥有权，决定了可以满足多远的需求”（Marx，1967b，278）。

15. “资本关系以劳动者和劳动实现条件的所有权之间的分离为前提。资本主义生产一旦站稳脚跟，它就不仅保持这种分离，而且以不断扩大的规模再生产这种分离”（Marx，1967a，Ⅰ，714）。“工人丧失劳动条件的事实是，这些条件作为资本或由资本家支配的东西变得独立。从而原始积累……除了将劳动者和工人与作为独立力量面对他的劳动条件分离之外，别无所求。历史进程表明，这种分离是社会发展的一个因素。资本一旦存在，资本主义生 269
产方式本身就会以不断增长的规模维持和再现这种分离的方式发展”（1971，271－72）。

16. 交换价值对劳动分工的调节能力（“价值规律”）取决于劳动者与必要生产条件的社会分离，即使在那些从事某种商品生产的前资本主义社会中也不存在，例如，在“古典封建社会”中，“价值法则实际上没有规定商品交换……价值法则并没有从根本上规范经济中各个部门之间可用劳动力的分配。这仍然取决于封建结构，尤其是农奴对土壤的束缚。在资本主义社会中，价值法则规范商品交换以及经济各部门之间的劳动力和经济资源分配。但是现在它间接地进行监管……通过资本竞争和偏离平均利润。资本流入利润高于平均水平的部门，而流出利润低于平均水平的部门”（Mandel，1973，81）。

17. “事实上，使小农转化为雇佣工人，使他们的生活资料和劳动资料转化为资本的物质要素的那些事件，同时也为资本建立了自己的国内市场”（Marx，1967a，Ⅰ，747）。

18. 马克思认为，资本的“自然人的雇佣——可以说是资本的并入——

与科学知识的发展是生产过程中的独立因素相吻合”（1994，32），第十一章将进一步讨论这一点。

19. 关于在资本下实际吸收劳动力的原始详细讨论，（参见 Marx 1967a，Ⅰ，第十五章；1977，1019－38）。

第六章

1. 请注意，在这一段中，“交换价值”等同于“价值”，原因是《资本论》第Ⅰ卷并未分析交换价值（货币价格）与价值（在社会必要劳动时间的意义上）的偏差，这些价值与资本主义竞争和租金有关。这种偏差只在第Ⅲ卷中讨论。德尔埃奇（Deléage，1994，48）也引用了本文中的段落，但省略了第二句和第三句。这种遗漏掩盖了马克思对自然对使用价值贡献的坚持，从而为德尔埃奇关于马克思贬低自然的主张提供了人为的推动。

2. “使用价值只由资本家生产，是交换价值的物质基质，是交换价值的承担者”（Marx，1967a，Ⅰ，186）。

3. “一般来说，科学不会使资本家付出任何代价，这一事实绝不妨碍资
270 本家利用资本主义。他人的科学被资本吞并为他人的劳动”（Marx，1967a，Ⅰ，386）。关于资本主义对生态学有关科学知识的发展和应用的积极和消极影响的进一步讨论，请参见第十一章。

4. “可见，由于加进价值而保存价值，这是发挥作用的劳动力即活劳动的自然恩惠，这种自然恩惠不费工人什么，但对资本家却大有好处，使他能够保存原有的资本价值”（Marx，1967a，Ⅰ，206）。“因此，通过实现资本的劳动来维持现有资本不会花费任何资本，因此不属于生产成本”（1973，366）。

5. 马克思立即补充说，“社会劳动的所有自然力量本身就是历史产物”（1973，400）。就国家部门的活动（例如在教育中）对个人和集体劳动能力的发展作出贡献而言，资本自由分配这些能力的程度就成为税收和支出的阶级分配的难题（Carchedi，1991，129）。其他自然和社会生产条件也是如此，这些条件涉及政府活动。

6. “这些自然力量本身并没有付出任何代价。它们不是人类劳动的产物。

但是它们的挪用只能通过机器来进行，而机器本身是有代价的，它本身就是过去劳动的产物。因此，它们只能通过机器和机器的所有者作为劳动过程的代理人使用”（Marx，1994，32；重点补充）。

7. 在《法兰西内战》一书的草稿中，马克思提到了共产主义和资本主义制度下“由劳动者自己创造或形成自然馈赠的劳动资料”，这一更广泛的定义在其他地方得到了体现（1985，156）。

8. 对产生租金的自然条件的无偿占有清楚地表明了租金本身的根本再分配特征（见第七章）。此外，它澄清了卡朋特（Carpenter，1997，147）的以下陈述中的误解：“马克思对自然界无先验价值的评价部分源于他对稀缺性的定义。作为一种无限丰富的资源，马克思认为自然被当代经济学家称为‘零价格商品’。经济学家将零价格商品定义为经济中生产者或消费者可以免费获得的商品或资源，或者没有未经中介的交换价值。”除了错误地假设只有无限丰富的资源才可能是零价值之外，卡朋特还忽略了一个事实，即无偿占有的自然条件可以有价格——因此“没有价值的东西在形式上可以具有价格”（Marx，1967a，Ⅰ，102）。

9. “价值独立于承载它的特定使用价值，但它必须体现在某种使用价值
中”（Marx，1967a，Ⅰ，188）。“没有一个物可以有价值而没有使用价值。如 271
果物没有用，那么其中包含的劳动也就没有用，不能算作劳动，因此不形成价值”（41）。

10. “资本所能支配的劳动量，不是取决于资本的价值，而是取决于构成资本的原料和辅助材料、机器和固定资本要素以及生活资料的数量，而不管这些物品的价值如何。只要所使用的劳动的量由此增加了，因而剩余劳动的量也由此增加了，再生产出来的资本的价值和新加入资本的剩余价值也就增加了”（Marx，1967a，Ⅲ，248）。

11. 鉴于马克思的分析所揭示的自然对资本的使用价值与对自然使用价值的限制较少的观念之间的紧张关系，人们可以理解为什么新古典经济学家——其本能是否认资本主义的剥削以及资本主义生产与生产者和自然的异化——在嘲笑马克思对这些类别的批判性划分时，竭尽全力将价值、使用价值和资本的概念混为一谈。罗伯特·W. 坎贝尔（Robert W. Campbell）提供

了这种“常识”思维的清晰示例：“自然资源（例如农业用地或地下煤炭沉积）具有生产能力，并因其具有增加社会产出的能力而具有价值。与这些相关的收入财产形式称为租金”（Campbell，1991，199）。“在认识到价值与分配问题密不可分的交织之前，马克思主义经济学曾一度脱离科学史上的主流经济思想”（Campbell，1974，175）。确实很难对这样的非历史性“理解”做出回应。

第七章

1. 正如亚尔特法特（Altvater，1990，24）所说：“自然环境本身没有任何价值——至少在资本主义的计算中没有——只要它没有被私人企业支配的因素‘赋予价值’……但在任何情况下，价值投资都意味着按照资本价值投资所要求的原则改造自然，这是对具体环境的抽象”（重点补充）。

2. “价值不就是被设想为使用价值和交换价值的统一吗？价值本身是不是作为一般形式，而与作为特殊形式的使用价值和交换价值相对立的呢？”（Marx，1973，267）。

3. 正如马克思所指出的：“一个商品的价值是通过它表现为交换价值而得到独立的表现的……商品是使用价值或使用物品和价值。一个商品，只要它的价值取得一个特别的、不同于它的自然形式的表现形式，即交换价值形式，它就表现为这样的二重物”（1967a，Ⅰ，60）。

272 4. “我们的分析表明，商品价值的形式或表现源于价值的本质，而不是价值及其大小源于它们作为交换价值的表现方式”（Marx，1967a，Ⅰ，60）。

5. “作为使用价值，商品首先有质的差别；作为交换价值，商品只能有量的差别，因而不包含任何一个使用价值的原子”；从这个意义上说，“商品交换关系的明显特点，正在于抽去商品的使用价值”（Marx，1967a，Ⅰ，37－38）。萨迪·菲勒（Saad-filho，1993）对马克思分析的这一方面提供了深刻的讨论。

6. “价值本身除了劳动本身之外，没有别的‘实质’”（Marx to Engels，April 2，1858，in Marx and Engels［1975，98］）。对马克思来说，“劳动本身”是“财富作为交换价值的特定社会形式的唯一财富来源”（1988，40）。“只有作为交换生产的结果——通过具体的、改变质量的劳动，从物质和能量转化的事实中抽象出来——劳动产品才成为价值的载体，并处于价值系统的动态之下”（Altvater，1993，190）。

7. 马克思认识到了这种联系，这一点从《政治经济学批判大纲》中的以下一段话中可以清楚地看出：“因为产品成为商品，而商品成为交换价值，所以它最初只是在头脑中获得双重存在。这种加倍……发展到（而且必须发展到）商品在实际交换中表现为双重的地步：一方面作为自然产品，另一方面作为交换价值”（Marx，1973，145）。

8. “一切劳动产品、一切活动和一切财富的私人交换……都是同以个人在自然上或政治上的相互支配为基础的分配对立的……不管这个上级和下级的性质是：宗法、古代还是封建”（Marx，1973，159）。在前资本主义经济中，“真正意义上的交换”只与社会生产关系并行，因此，“总的来说，（交换）与其说是控制整个共同体的生活，不如说是插入不同共同体之间；它决不对一切生产关系和分配关系行使普遍的统治”（同上）。正如马克思所指出的那样，“劳动产品分裂为有用物和价值物，实际上只是发生在交换已经十分广泛和十分重要的时候，那时有用物是为了交换而生产的，因而物的价值性质还在物本身的生产中就被注意了”（1967a，Ⅰ，73）。这种情况下“所有，至少大多数产品都采取商品的形式……只能发生在一种非常特殊的生产中，即资本主义生产”（169）。

9. “因此，决不能将使用价值视为资本家的真正目的；任何一笔交易的利润也不能。只有永无休止的盈利过程才是他的目标”（Marx，1967a，Ⅰ， 273
152－53）。“绝不能忘记，在资本主义生产中，重要的不是直接使用价值，而是交换价值，特别是剩余价值的扩大。这就是资本主义生产的直接动机”（1968，495）。

10. 同样，在《资本论》第Ⅰ卷初稿中，马克思将抽象劳动称为“有质量的劳动，或者更确切地说是构成交换价值实质的无质量的劳动”（1988，81）。

11. “从价值的一般性质和它在特定商品中的物质存在之间的矛盾出发……出现了货币的范畴”（Marx to Engels，April 2，1858，in Marx and Engels

[1975，98]；参见 Marx，1967a，Ⅰ，第一章第三节；1970，37－52）。参见罗斯多尔斯基（Rosdolsky，1977，109－18）对马克思价值形式分析这一部分的有益阐述。

12. “劳动时间不能直接是货币（这是一种需求，换句话说，就是要求每一种商品都只是它自己的货币），正是因为事实上劳动时间总是只以特定商品的形式存在（作为一个对象）：作为一个一般对象，[价值]只能象征性地存在，因此只能作为起货币作用的特定商品存在……[因此]在交换价值的形式中，劳动时间需要在一种商品中被对象化，这种商品只表达其配额或数量，对其自身的自然属性漠不关心，因此可以被变形为——即交换为——其他每一种对象化相同劳动时间的商品”（Marx，1973，168）。关于这一点，见萨迪·菲勒（Saad-filho，1993，72ff）。

13. 货币的使用价值“作为物化的普遍劳动时间”本身就是“正式的使用价值……它与任何真实的个人需求无关”，只是“满足了交换过程本身产生的普遍需求……作为交换价值的载体“（Marx，1970，46，48，49）。然而，“货币的本质仅仅是社会过程的结果，这一点从表面上看一点也不明显，它就是货币，这就更加困难了……因为，总的来说，与交换价值不同，使用价值的记忆在纯粹交换价值的化身中已经完全消失了。因此，包含在交换价值中的基本矛盾，以及与之相对应的社会生产方式中的基本矛盾，在其所有的纯粹性中显现出来”（1973，239－40）。

14. 任何形式的测量都将质量和数量联系在一起。然而，在货币作为价值的衡量标准的情况下，这种联系被数量（价值）方面所主导，而损害了质量（使用价值）方面，这符合以交换价值形式的价值生产的规则——从财富的自然属性中抽象出来。

15. 同样，即使是“土壤群落……由一个相互交织的生命网络组成，每
274 个生命都以某种方式相互联系”资本主义“对昆虫的控制似乎是基于这样的假设，即土壤能够而且会承受任何数量的毒素的侵害而不加以还击。土壤世界的本质在很大程度上被忽视了”（Carson，1962，56－57）。

16. 这种力量的程度从“资本主义未能产生任何东西，而不是平淡、商品化、同质化的不均衡地理发展”中可见一斑——特别是在美国，与其他发

达资本主义国家相比，美国的土地使用相对不受管制（Harvey，1993，45）。多洛伊斯·海登（Dolores Hayden）正确地指出，“垄断资本主义经济产生的空间被设计成强调表面差异，掩盖表面之下的一致性”（1983，61）。人类生活自然条件的这种同质化与另一个“资本主义发展的后果”有关，即“消灭民族和地区传统”的趋势，正如格温多林·赖特（Gwendolyn Wright）所指出的，“社会主义社会将试图扭转这一趋势”（1983，83）。

17.“在它被交换价值取代之前，每一种形式的自然财富都预先假定了个人和客体之间的一种本质关系，在这种关系中，个人在他的一个方面使自己在事物中客观化，因此他对事物的占有同时表现为他个性的某种发展：羊的财富，个人作为牧羊人的发展，谷物的财富，他作为农学家的发展，等等。然而，货币作为一般财富的个体，作为流通中出现的代表一般质量的东西，仅仅作为一种社会结果，根本不预先假定个人与其所有者的关系；拥有它并不是发展他个性的任何特定的本质方面；而是对缺乏个性的东西的占有，因为这种社会关系同时作为一种感官的、外部的对象存在，它可以被机械地抓住，并以同样的方式丢失。因此，它与个人的关系是纯粹偶然的”（Marx，1973，221－22）。

18.“实际上，‘环境’威胁并非对每个人都同样严重……如果他们足够富有，一些人仍然可以享受舒适和相对健康的环境……即使大地窒息，有些人也可以摆脱困境。因此，阶级是相关的”（Pepper，1993，141）。这种基于阶级的环境条件差异是恩格斯在《英国工人阶级状况》中的重要关注点。例如，恩格斯观察到，“曼彻斯特的东侧和东北侧是资产阶级唯一没有建立的地方，因为一年中的十到十一个月，西风和西南风驱散了所有资产阶级的烟雾。到现在为止的工厂，只有工人才能呼吸”（1973，99）。另请参见恩岑斯贝格（Enzensberger）（1974，24－28）关于阶级不平等与环境意识形态之间关系的开创性著作。

19. 要彻底解决这个问题，就需要事先讨论资本主义的特定消费方式（见第十一章和第十三章）。

20.“例如，作为使用价值的商品不能随意分割，作为交换价值，它们应该拥有这种属性”（Marx，1970，51）。 275

21. 维克多·沃利斯（Victor Wallis，1993，151）强调了资本主义倾向于“原子化”的生态和社会影响，即“出于消费和灌输的目的而孤立个人”。可以说，这种趋势主要基于价值生产下人与自然关系的去量化、分裂和暂时性。

22. 哈贝马斯（Habermas，1975，42－43）很好地阐述了马克思分析的生态含义：“避免生态危机的可能手段是……特定于系统。资本主义社会不能遵循增长限制的命令而不放弃他们的组织原则；从无计划的资本主义增长到质的增长的转变要求生产按照使用价值来计划。然而，生产力的发展不能脱离交换价值的生产而不违反制度的逻辑。”

23. 根据马克思对资本积累的分析，关于资本主义增加人类生产中物质生产量的趋势的详细讨论，见第九章。

24. “允许生物资源恢复和增长的渐进再生过程无法跟上加速的资本再生产周期”（Leff，1995，24）。

25. 参见玛尤米（Mayumi，1991）、福斯特（Foster，1997）、福斯特和马格多夫（Magdoff，1998）对马克思分析资本主义农业的出色概述，这些分析受到了尤斯图斯·李比希（Justus Liebig）土壤化学工作的影响。

26. 关于马克思地租理论的详细讨论，见法恩（Fine，1979）、哈维（Harvey，1982，第十一章）和德维内（Devine，1993）。

27. 因此，当马克思在《哲学的贫困》中谈到出租的农业土地时，他说：“如果一个人可以随时拥有同样肥沃的土地；如果一个人可以像在制造业中一样，不断地求助于更便宜、更有生产力的机器，或者如果随后的资本支出与第一次生产的一样多，那么……从这一刻起，租金将会消失”（1978a，152－53）。显然，马克思不会反对恩里克·莱夫（Enrique Leff）的观点，即租金“受制于自然生态系统和土壤肥力的不均衡生产率”（1995，87－88）。

28. 资本主义“这个生产方式的前提一方面是直接生产者从土地的单纯附属物（在依附农、农奴、奴隶等形式上）的地位中解放出来，另一方面是人民群众的土地被剥夺。在这个意义上，土地所有权的垄断是资本主义生产方式的一个历史前提，并且始终是它的基础，正像这种垄断曾是所有以前的、建立在对群众的这一或那一剥削形式上的生产方式的历史前提和基础一样”（Marx，1967a，Ⅲ，616－17）。资本和地产的相互支持关系对工人的日常斗争具有重要的现实意义。正如马克思所观察到的“土地财产所拥有的巨大力量，当与工业资本结合在一起时，使它能够被用来对付从事工资斗争的劳动者，作为将他们从地球上作为居住地驱逐出去的一种手段”（773）。恩格斯和马克思都注意到了资本的房屋驱逐权在特定罢工时期所起的关键作用；参见恩格斯（Engels，1973，221，293 – 94；1979，53 – 54），以及拉皮德斯（Lapides，1990，17 – 18，60，72，143）的摘录。 276

29. “任何生产者，不管是从事工业，还是从事农业，孤立地看，都不生产价值或商品。他的产品只有在一定的社会联系中才成为价值和商品。第一，只要这个产品是社会劳动的表现，从而，他自己的劳动时间表现为整个社会劳动时间的一部分；第二，他的劳动的这种社会性质，通过他的产品的货币性质，通过他的产品的由价格决定的普遍的可交换性，表现为他的产品所具有的社会性质……因此，农产品发展成为价值，并且作为价值而发展的现象，也就是说，农产品作为商品和其他商品相对立，而非农产品和作为商品的农产品相对立的现象，或者说，它们作为社会劳动的特殊表现而发展的现象，并不是地租的特征。地租的特征是，随着农产品作为价值（商品）而发展的条件和它们的价值的实现条件的发展，土地所有权在这个未经它参与就创造出来的价值中占有不断增大部分的权力也发展起来，剩余价值中一个不断增大的部分也就转化为地租”（Marx，1967a，Ⅲ，638 – 39）。

30. 在这方面，正是马克思对自然和社会决定的农业生产条件的多样性的高度敏感性，使他能够“在威斯特、马尔萨斯、李嘉图等人那里还占统治地位的有关级差地租的第一个错误假定就被推翻了。按照这个错误的假定，级差地租必然是以耕种越来越坏的土地或农业肥力越来越下降为前提的”（Marx，1967a，Ⅲ，659）。

31. 正如杰弗里·凯（Geoffrey Kay）所指出的那样：“历史上，租金不仅在商品生产之后，而且还依赖于商品生产。李嘉图详细展示了这一点，我们这里有一个被新古典理论同化的古典政治经济学的少数部分。租金的大小并不决定商品的价格；相反，它是由这些价格决定的”（1979，50）。

32. “因为货币是一般的等价物，一般的购买力，一切都可以买到，一切都可能转化为货币……没有什么是不可剥夺的，因为一切都可以为了钱而转让。没有更高或更神圣的东西，因为一切都可以被金钱占有”（Marx，1973，838－39）。“既然黄金没有披露转化成了什么，任何东西，无论是商品还是非商品，都可以转化成黄金”（1967a，Ⅰ，132）。

第八章

277 1. 最后一个附带条件是必要的，因为马克思的理论包含了特定交换价值与潜在价值的偏差，即使价值根据定义等于交换价值的总和。这些偏差包括从有用和稀缺自然条件的所有权中收取的租金（见第七章）。

2. 价值和资本积累的自然条件的必要性也可以从资本的绝对使用价值要求中导出：可开发的劳动力和有利于其开发的物质条件（见第五章）。

3. 正如亚尔特法特（Altvater）所说：“经济学和生态学的矛盾……当试图赋予自然以价值时，却完全被忽视了，而没有充分注意到‘重视’自然的特殊社会形式”（1994，87－88）。

4. 卡朋特（Carpenter）使用了施密特（Schmidt，1971，30）对《政治经济学批判大纲》中引用的段落的二次翻译。我已经用马丁·尼古拉斯（Martin Nicolaus）（Marx，1973，366）的标准英文翻译替换了它。

5. 其实奥顿（Orton）忽略了这些问题。然而，卡朋特最终将价值、使用价值和交换价值混为一谈，他断言：（1）只有无限丰富的资源才能有零价值；（2）零价值资源不能有价格（见第六章，注释8）。

第九章

1. 人类对自然的干预程度如此之大，以至于甚至连地震、飓风、降水和温度波动等“自然灾害”的纯自然特征都不能再被安全地假定。此外，即使人类发展受到纯粹自然事件的“超常”限制，社会生态也必须在适当的历史背景下看待这些事件。例如，地震对人类的影响只能从生产和人口的地理分布、建筑环境安全方面的阶级不平等以及社会应急能力的水平和分布来理解——所有这些都是历史发展的社会经济关系的产物。

2. 马克思关于随着劳动生产率的提高而不断增长的物质需求的分析，几乎不可能不作出这样的区分。例如，马克思在《资本论》第Ⅰ卷第二十五章中谈到资本技术构成的上升时指出，“由于有了工场手工业分工和采用了机器，同一时间内加工的原料增多了，因而，进入劳动过程的原料和辅助材料的量增大了”（1967a，Ⅰ，622；重点补充）。同样，在第Ⅲ卷对材料价格 278
波动的分析中，马克思指出“在这里，原料也包括辅助材料，如蓝靛、煤炭、煤气等等”，然后补充道：“既不是指制造作为劳动资料来执行职能的机器所用的原料，也不是指机器使用时所用的辅助材料，而是指加入商品的生产过程的原料”（1967a，Ⅲ，106）。

3. 马克思对劳动工具的“自然生命”的提及不是偶然的。“自然力对机器和其他生产资料的破坏性影响”不仅在马克思《资本论》第Ⅰ卷第七章（1967a，Ⅰ，183）中对劳动过程的初步分析中进行了讨论，而且在第Ⅱ卷，第八章第二节中也进行了详细探讨，在该节中马克思仔细区分了“使用造成的磨损”和“由自然力的作用引起的磨损”（1967a，Ⅱ，170）。事实上，第Ⅰ卷中介绍了后一种区别：“机器的有形损耗有两种。一种是由于使用，就像铸币由于流通而磨损一样。另一种是由于不使用，就像剑入鞘不用而生锈一样。在后一种情况下，机器的损耗是由于自然力的作用。前一种损耗或多或少地同机器的使用成正比，后一种损耗在一定程度上同机器的使用成反比”（1967a，Ⅰ，404）。

4. “机器总价值的再生产时期越短，无形损耗的危险就越小，而工作日越长，这个再生产时期就越短。在某个生产部门最初采用机器时，那些使机器更便宜地再生产出来的新方法，那些不仅涉及机器的个别部分或装置，而且涉及机器的整个构造的改良，会接连不断地出现。因此，在机器的最初的生活期，这种延长工作日的特别动机也最强烈”（Marx，1967a，Ⅰ，404 - 5)。《资本论》第Ⅲ卷也描述了资本家“盛行无限延长劳动时间”和“日夜换班工作的原因之一，这样做的目的是要在较短期间内再生产出机器的价值，而又不使机器的损耗算得过高”（1967a，Ⅲ，113）。

5. 在资本主义制度下，“科学、自然力和劳动产品的大规模应用……似乎只是剥削劳动的手段”；尽管“资本使用所有这些手段只是为了剥削劳动力……为了利用它，它必须在生产中应用它们”（Marx，1963，391 -92)。

6. “这些排泄物再利用的一般要求是：大量此类废物，如只有在大规模生产中才能得到的废物；改进了的机器，使以前主要形式无用的材料进入适合新生产的状态；科学的进步，尤其是化学的进步，揭示了这种废物的有用特性……所谓的浪费在几乎每一个行业中都起着重要的作用”（Marx，1967a，Ⅲ，101）。

279 7. “生态理性在于以尽可能少的具有高使用价值和耐久性的商品以尽可能好的方式满足物质需求，从而以最少的劳动、资本和自然资源做到这一点。相比之下，对最大经济生产率的追求在于以尽可能高的利润出售以最大效率生产的尽可能多的商品，所有这些都要求消费和需求最大化”（Gorz，1994，32－33）。

8. 见佩雷尔曼（Perelman，1987）对本节讨论的问题的进一步文档和分析。

9. 这种工业剩余价值的自然基础来自“所有工业生产者为了生存都依赖于农业、畜牧业、狩猎和渔业产品这一由来已久的经济事实”（Engels to Marx，December 22，1882，in Marx and Engels［1992，413］）。关于进一步的讨论，见 Marx（1988，192－93）。

10. 乔伊斯·科尔科（Joyce Kolko）对20世纪60年代后期后全球材料生产中“传统供应短缺周期的加剧”的精彩调查清楚地表明了这一分析的当代相关性（Kolko，1988，第九章）。然而，要将马克思的材料供应分析充分应用于当代条件，就必须考虑到租金和租金分配的斗争；例如，马萨拉特（Massarrat，1980）和比娜（Bina，1989）。

11. 材料储备和投机的金融杠杆部分是材料生产和贸易中信贷常规使用的自然结果（Marx，1967a，Ⅲ，481－82）。

12. 使材料价格波动不可避免的另一个因素是资本相对于市场生产过剩的内在趋势：“工厂制度的巨大的跳跃式的扩展能力和它对世界市场的依赖，必然造成热病似的生产，并随之造成市场商品充斥，而当市场收缩时，就出现瘫痪状态。工业的生命按照日常活跃、繁荣、生产过剩、危机、停滞这几个时期的顺序而不断地转换”（Marx，1967a，Ⅰ，453）。见克拉克（Clarke，1994）对马克思这方面分析的启发性概述。

13. 在《剩余价值理论》中，马克思提出“中世纪时期城镇中的资本积累……主要是由于该国的剥削（通过贸易以及制造）”（1968，232）。他进一步认为，“中世纪的城市劳动力已经构成了一个巨大的进步，并作为资本主义生产方式的预备学校，就劳动力的连续性和稳定性而言”（1971，434）。

14. “竞争之战是通过降低商品价格来进行的。在其他条件相同的情况下，商品的廉价取决于劳动的生产率，而这又取决于生产的规模。因此，大资本战胜了小资本”（Marx，1967a，Ⅰ，626）。

15. 正如马克思所说：“工人的集中和他们的大规模协作，一方面会节省 280
不变资本。同样的建筑物、取暖设备和照明设备等等用于大规模生产所花的费用，比用于小规模生产相对地说要少。动力机和工作机也是这样。它们的价值虽然绝对地说是增加了，但是同不断扩大的生产相比，同可变资本的量或者说同所推动的劳动力的量相比，相对地说却是减少了”（1967a，Ⅲ，82）。

16. “但是随着工业的发展，无产阶级不仅人数增加了，它集中在更大的群体中，其力量不断增强，它也更加感觉到自己的力量……于是工人开始与资产阶级组成联合体（工会）来反对资产阶级（Marx and Engels，1968，43；参见 Engels，1973，161）。

17. 这种资本剥离往往与“资本主义家族内部的财产分割”和/或“对新发明和新发现的开发，以及整个工业的改进”有关（Marx，1967a，Ⅰ，625，628）。

18. 在这方面，大型公司内发明和创新的常规化降低了新的、较小规模的公司在生产、空间和其他方面组织中的相对重要性（Sweezy，1943）。

19. “如果这种疯狂的制造业继续以这样的速度再持续一个世纪，英格兰的每个制造业地区都将成为一个伟大的制造业城镇，曼彻斯特和利物浦将在阿灵顿或牛顿相遇”（Engels，1973，61）。

20. 见维茨金（Waitzkin，1983），他对这一领域后来的工作进行了调查，并对城市地区资本主义造成的“致病社会条件”进行了最新分析。

21. 例如，泰德·本顿（Ted Benton）认为“马克思能够认识到的几乎完全是关于农业的……资本主义破坏自身自然条件的可能性的倾向”（1989，85）。

22. 同样，在《论住宅问题》中，恩格斯感叹道："当你看到仅仅伦敦一地每日都要花很大费用，才能把比全萨克森王国所排出的还要多的粪便倾抛到海里去，当你看到必须有多么庞大的设施才能使这些粪便不致毒害伦敦全城，那么消灭城乡对立的这个空想便有了值得注意的实际基础。甚至较小的柏林在自己的秽气中喘息至少也有30年了"（1979，92）。

23. 参见玛尤米（Mayumi，1991），福斯特（Foster，1997），福斯特和马格多夫（Magdoff，1998），了解李比希（Liebig）的工作对马克思和恩格斯的重大影响。

24. "在现代农业中，像在城市工业中一样，劳动生产力的提高和劳动
281 量的增大是以劳动力本身的破坏和衰退为代价的"（Marx，1967a，Ⅰ，506）。事实上，农业雇佣劳动的强烈剥削性和贫困化特征，以及其季节性，有助于解释农业资本对农民工和/或各种形式的强迫劳动的严重依赖（693－96）。

25. 正如维图塞克（Vitousek，1997，498）等人所观察到的那样："最近的计算表明，物种灭绝的速度现在是人类统治地球之前的100到1000倍……土地转化是灭绝的唯一最重要的原因，目前的土地转化速度将导致更多物种灭绝，尽管时间滞后掩盖了危机的规模。"

26. 参见本章前面关于材料供应扰动的讨论。罗莎·卢森堡（Rosa Luxemburg）的以下评论在这方面也令人感兴趣："积累的过程，尽管它是有弹性的和断断续续的，但不可避免地要求在需要时自由获取新的原材料领域，无论是当从原有来源进口失败时，还是当社会需求突然增加时"（Luxemburg，1964，358）。

27. 马丁内斯·阿里尔（Martínez-Alier）回避这一根本问题是可以理解的，因为他自己有"混淆物质与经济"的倾向，从而淡化了资本主义环境问题的特殊性。因此，他将大卫·哈维（David Harvey，1993）坚持自然条件和限制的历史特殊性误解为完全否认它们的重要性（Martínez-Alier，1995A，72）。同样，汉斯·恩岑斯贝格尔（Hans Enzensberger，1974）对环境保护主义的深思熟虑的唯物主义和阶级分析被视为一种"反动……即使不是否定，也是惊讶"，甚至是"不理解"（Martínez-Alier，1995A，71）。与此同时，阿里尔最近关于环境冲突的著作在斯拉夫投入/产出分析和零利润分配关注中寻

求了技术官僚主义的庇护，绕过了资本主义生产的价值形式及其所有反生态的内涵（同上，78－81；另见 Martínez-Alier，1995b）。

第十章

1. 在这方面，必须牢记，资本的唯一绝对使用价值要求是可剥削的劳动力，其他物质条件只有在劳动力再生产或商品化使用价值的剩余劳动物化绝对必要时才是必要的（见第五章）。

2. “人类与所有其他动物的区别在于他的需求是无限和灵活的。”但同样真实的是，没有任何动物能够将自己的需求限制在同样令人难以置信的程度，并将自己的生活条件减少到绝对最低限度“（Marx，1977，1068）。更多讨论请参阅第四章。

3. 因此，马克思强调工作时间自然限度的弹性和相对不确定性，不应与 282
否认绝对自然限度的存在相混淆。对马克思来说，这个“终极极限是由劳动者的体力决定的”，所以“如果他的生命力每天都耗尽超过一定程度，它就不能日复一日地重新发挥作用”（1976b，57）。“抛开摄入食物所需的时间，个人需要睡眠、放松，需要休息，在此期间，劳动能力及其器官可以享受休息，没有休息，他们就不能继续工作或重新开始”（Marx，1988，181）。

4. “一天本身可以被描述为劳动持续时间的自然量度”（Marx，1988，181）。然而，在资本主义制度下，“仅仅是固定资本的环境——厂房、机器等——在劳动过程的停顿中无所事事，成为劳动过程非自然延长和日夜工作的动机之一”（1967a，Ⅱ，238）。

5. 然而，请注意，资本工作时间的延长可能会受到自然生产条件的限制。“在农业中”，例如，“劳动时间的延长……只是在有限的程度上。一个人不能在陆地上靠煤气灯工作等等。没错，一个人可以在春夏早起。但这被较短的冬季抵消了，在任何情况下，只有相对少量的工作可以完成。因此，在这方面，只要正常工作日不受法律约束，工业的绝对剩余价值就更大。农业创造的剩余价值较少的第二个原因是产品在生产过程中停留的时间较长，没有任何劳动力在上面花费”（Marx，1968，20）。

6. “如果工人阶级几代人的平均年龄下降，市场上总是有多余的、不断增加的短命一代，这就是资本主义生产的全部需要”（Marx，1988，302）。

7. “如果工作日的长度和必要的劳动时间，从而剩余价值的比率是给定的”，那么对资本来说任何这样的就业的扩大都是有利的，在这种情况下，“剩余价值的数量取决于同一资本同时雇佣的工人的数量”（Marx，1968，410）。

8. 马克思还提出，失业大军的低生活水平往往会导致其成员“比处于自然条件下的劳动者繁殖得更快——因为他的繁殖条件是无限小的”（1994，165）。见伯克特（Burkett，1998a，129－30）对马克思在这个问题上的反马尔萨斯观点的阐述。

9. 参见帕森斯（Parsons，1977，62）关于童工在马克思资本主义批判中的意义的精彩讨论。

283 10. “除此之外，在消费和准备生活资料方面的节约和判断变得不可能”（Marx，1967a，Ⅰ，395）。在作出这些观察时，马克思既没有认可现存的男女和儿童之间家务劳动的分配，也没有认可相对于男性时间而言对妇女和儿童的劳动和闲暇时间的社会低估（参见 Schor，1992）。事实上，马克思强调“大工业在瓦解旧家庭制度的经济基础以及与之相适应的家庭劳动的同时，也瓦解了旧的家庭关系本身……不论旧家庭制度在资本主义制度内部的解体表现得多么可怕和可厌，但是由于大工业使妇女、男女少年和儿童在家庭范围以外，在社会地组织起来的生产过程中起着决定性的作用，它也就为家庭和两性关系的更高级的形式创造了新的经济基础”（Marx，1967a，Ⅰ，489－90）。在《德意志意识形态》中，马克思和恩格斯痛斥“潜伏在家庭中的奴隶制……其中妻子和孩子是丈夫的奴隶”，这表现为“劳动及其产品在数量和质量上的不平等分配”（1976，38，52）。参见《共产党宣言》（Marx and Engels，1968，49－50）中对家庭剥削的讨论。勒波维茨（Lebowitz，1992a，112－18）对马克思和恩格斯基于性别的剥削概念提供了一个极好的研究。

11. 除了在《资本论》（1967a，Ⅰ，256，302）中出现过之外，在“国际工人协会成立宣言”中也使用了吸血鬼的类比，马克思在讲话中谈到“不列颠工业像吸血鬼一样，只有靠吮吸人血，其中也有儿童的血，才能生存”（1974a，79）。（马克思从恩格斯那里学到了这个类比，恩格斯在《英国工人阶级状况》中提到了“吸血鬼般的财产拥有者阶级”［Engels，1973，274］)。在《资本论》中，马克思同样引用了“狼人对剩余劳动力的渴求”作为驱使资本“不仅超越道德，甚至超越纯粹物理的工作日的最大限度”（1967a，Ⅰ，265）。同上，243）。

12. 伯克特（Burkett，1986a）批评了新古典主义对公共物品和搭便车的方法，因为它缺乏对资本主义的结构性分析。

13. “工作日规章制度的历史沿革……最后证明，孤立的劳动者，作为劳动力的‘自由’供应者，一旦资本主义生产达到一定阶段，就会毫无抵抗地屈服。因此，正常工作日的建立是资产阶级和工人阶级之间长期内战的产物，这种内战或多或少地被散布了“（Marx，1967a，Ⅰ，299）。

14. 最后一个建议显然只适用于那些在管理中发挥积极作用的资本家，但一旦监督劳动力的职能从正式的资本所有权中分离出来，它也可以适用于 284
雇佣管理者。

15. 这一论点是结构性的，因为它假定，总的来说，个人的优先地位是由他们在被视为特定社会生产形式的资本主义中的阶级地位决定的。

第十一章

1. 参见福斯特（Foster，1995，108 – 9）的一组有用的参考文献，这些文献补充了对马克思的普罗米修斯式的指控。

2. 因此，资本主义的“劳动的客观条件的发展表现为这些客观条件对活劳动的日益增长的力量，而不是劳动的日益增长的力量”（Marx，1994，196)。对马克思来说，一个关键的“资本主义生产过程的特征”是“劳动的客观条件以异化和独立的形式对抗劳动，因为权力本身”由资本在社会上代表（同上)。(下文关于这一点的更多内容。)

3. “如果我们从长达的和整体的角度来考察资产阶级社会，那么社会生产过程的最终结果总是作为社会本身出现，即人类本身在其社会关系中出现……过程的条件和对象化本身同样是它的环节，它唯一的主体是个体，但是是处于相互关系中的个人，他们同样地再生产这些相互关系。这是他们不断运动的过程，在这个过程中，他们更新自己，就像他们更新他们创造的财富世界一样”（Marx，1973，712）。

4. 罗伊·莫里森（Roy Morrison）间接支持了马克思关于生产质的转变的“长期斗争”愿景的生态相关性，他认为“为创造生态公地而斗争就是为建设生态民主而斗争——一个社会团体一个社会团体，一个社区一个社区，一个地区一个地区。它代表了自下而上的根本社会变革的斗争和工作”（1995，188）。

5. 关于美国这一过程的历史，见诺布尔（Noble，1977）和杜博夫（Du Boff，1989）。

6. 正如马克思所指出的那样：“在资本之下真正地包含了劳动力……劳动生产力的发展是通过发展社会劳动的生产力来实现的，只有在这一点上，才有可能将自然力，科学技术和机械大规模应用于直接生产”（1994，106）。

7. 关于对现代科学理论和实践中辩证性不足（即关系性和整体性不足）的
285 特征进行的最详细的马克思主义批判，可参见莱文斯和列万廷（Levins and Lewontin，1985）的著作。在这方面，这些作者最近在《资本主义、自然和社会主义》（*Capitalism*，*Nature*，*Socialism*）上发表的一系列文章也值得注意（Levins and Lewontin，1994；Lewontin and Levins，1996a，1996b，1997a，1997b）。

8. 关于前资本主义技术在共产主义对生产者和生产条件的普遍异化中的可能作用，见第十四章。

9. 消费方式和生产方式之间的对应关系源于马克思（1973，88－100，尤其是92年）提出的生产方式的决定作用。关于马克思思想这一方面的富有启发性的讨论，见法恩和哈里斯（Fine and Harris，1979，8－12）。

10. 这反过来又源于这样一个事实，即资本主义需要“取代以个人消费为主要生产目的的生产方式，在这种生产方式中，只有剩余物才能作为商品出售”（Marx，1988，69）。进一步讨论请参阅第五章和第七章。

11. 正如马克思在他的贡献稿中所说的那样，资本家“购买（工人）劳动能力”“自然使买卖双方处于另一种相互使用的关系中，而不是购买作为生产者以外的客体存在的客体劳动”（1987，506）。

12. 从马克思最早的著作开始，在这个问题上就有明显的连续性。例如，在他的《1844 年经济学哲学手稿中》中，马克思指出资本主义是如何“一方面制造需求及其手段的复杂性，另一方面制造兽性的野蛮，一种需求的完全的、未经提炼的抽象的简单性”（1964，148）。马克思的《资本论》同样提到“最勤劳的工人阶层的饥饿痛苦和富人建立在资本主义积累基础上的粗野的或高雅的奢侈浪费之间的内在联系，只有当人们认识了经济规律时才能揭露出来”（1967a，Ⅰ，657）。在同一部作品的草稿中，人们发现了这段话：“剩余产品随着资本的积累而在数量和价值上增加；因此，越来越多的产品有可能以奢侈品的形式再现……不属于工人阶级消费的消费方式”（1988，226）。

13．马克思对资本主义工业的分析中所包含的环境意识在下面这样的段落中显而易见：“在这里我们只提一下进行工厂劳动的物质条件。人为的高温，充满原料碎屑的空气，震耳欲聋的喧嚣等等，都同样地损害人的一切感官，更不用说在密集的机器中间所冒的生命危险了……社会生产资料的节约只是在工厂制度的温和适宜的气候下才成熟起来的，这种节约在资本手中却同时变成了对工人在劳动时的生活条件系统的掠夺，也就是对空间、空气、阳光以及对保护工人在生产过程中人身安全和健康的设备系统的掠夺，至于工人的福利设施就根本谈不上了”（1967a，Ⅰ，425－27）。 286

14．这说明了“产品的使用是由消费者所处的社会条件决定的，而这些条件本身是建立在阶级对立的基础上的”（Marx，1978a，57）。

15．正如马克思所指出的：“虽然人类物种能力的发展最初是以牺牲大多数人类个体甚至阶级为代价的，但最终它突破了这一矛盾，与个体的发展相一致”（1968，118）。

第十二章

1．在这个问题上，我同意厄斯特·曼德尔（Ernest Mandel）的观点：“资本主义生产关系的危机必须被看作是一个整体的社会危机——即整个社会制度和生产方式的历史性衰落，它贯穿于整个资本主义晚期。这既不等同于经典的生产过剩危机，也不排除它们”（Mandel，1975，570）。另见克拉克（Clarke，1994，279－80）。

2. 在这里，韦斯科夫（Weisskopf）忽略了马克思对资本将工作时间延长到超出其自然极限的倾向的分析（见第十章）。

3. “做资本家，不仅要有纯粹的个人地位，而且要有生产上的社会地位。资本是一种集体产品，只有通过许多成员的联合行动，归根到底，也只有通过社会全体成员的联合行动，资本才能被发动起来。因此，资本不是个人的，而是一种社会力量”（Marx and Engels，1968，47）。

4. “资本主义生产方式的所有矛盾都可以归结为一个普遍的、根本性的矛盾，那就是生产的有效社会化和私有的资本主义形式之间的矛盾”（Mandel，1968，170）。

5. 同样，《共产党宣言》把“商业危机”及其“生产过剩的流行病”，看作是“现代生产力反抗现代生产条件，反抗资产阶级存在和统治的财产关系”的征兆（Marx and Engels，1968，40）。

6. 在危机期间，“按现有人口比例计算，生产的生活必需品不是太多。恰恰相反，几乎没有什么产品能够体面地、人道地满足广大群众的需求……不会产生太多财富。但有时，太多的财富是以资本主义、自相矛盾的形式产生的”（Marx，1967a，Ⅲ，257－58）。“在这些危机中，不仅现有产品的很大一部分，而且以前创造的生产力，都会被周期性地摧毁。在这些危机中，爆发了一种流行病，在所有更早的时代，这种流行病似乎都是荒谬的——生产
287 过剩的流行病。社会突然发现自己又回到了短暂的野蛮状态；似乎是一场饥荒，一场普遍的毁灭性战争切断了一切谋生手段的供应；工商业似乎被摧毁了；原因何在？因为有太多的文明，太多的生活资料，太多的工业，太多的商业。社会可支配的生产力不再倾向于进一步发展资产阶级财产条件，相反，它们已经变得太强大，不能满足这些条件”（Marx and Engels，1968，40－41）。

7. 保罗·斯威齐（Paul Sweezy）提出，军国主义和战争也应该被视为资本主义根本矛盾的表现。他的理由值得详细引用：“事实上，资本主义的矛盾在于不能利用生产资料‘为生产者社会的利益而不断扩大生活过程的系统’。在某些情况下，这表现为停滞和失业，也就是说，表现为一部分生产资料得不到利用。然而，在其他情况下，它表现为利用生产资料进行对外扩张。因

此，一方面是停滞和失业，另一方面是军国主义和战争，这是资本主义矛盾的另一种表现形式，在很大程度上是相互排斥的”（Sweezy，1970，343）。

8. 这一节中提出的历史危机的概念得益于雷德（Rader）的前期工作（1979，第五章）。另见迈克尔·哈林顿（Michael Harrington）在他的上一部著作《社会主义：过去与未来》（Harrington，1989，8－9 及其他各处）中对资本主义社会化的讨论。

9. 有人可能认为，这种冲突的加剧本身可能是由于积累危机的恶化够真实，但这并不排除其他因素的存在，这些因素使得在不忽视生产者需求的情况下恢复盈利变得更加困难。此外，不断恶化的积累危机本身需要用资本主义关系的历史矛盾来解释。

10. 这是马克思在 1859 年的序言中所界定的方法的直接应用：“在一定的发展阶段，社会的物质生产力与现有的生产关系发生冲突……从生产力的发展形式来看，这些关系变成了它们的羁绊”（1970，21）。

11. 马克思在《资本论》第Ⅰ卷第二十四章第一节中，在“表征商品生产的财产规律向资本主义占有规律的转变”的范畴下，分析了后一个方面，另见《政治经济学批判大纲》的讨论（Marx，1973，450－58）和罗斯多尔斯基（Rosdolsky）的注释（1977，第十章和第十九章）。

12. 凡勃伦（Veblen）也看到了利润和对社会生产的贡献之间越来越大的矛盾。他认为，资本主义者的“实际收益”是“对他所拥有的差别优势的 288
一种衡量，因为他已经合法地获得了物质发明，通过这些物质发明，社会的技术成就得以实现”，随着“实现普通知识所需的资本越来越多”，这种“技术权宜之计的资本化”越来越倒退（1961，186，200）。

13. 将马克思和凡勃伦的见解与对美国及日本先进资本主义的终身研究相结合，繁人都重（Shigeto Tsuru）提出“利润已经成为不使他人分享生产力进步的成功程度的一个指标，从本质上来说，生产力的进步应该有助于所有人”——因此“企业资本主义下的净内部盈余并没有真实地反映社会期望的活动”（1993，222）。问题是，“大公司”基于其对必要生产条件的控制，“能够通过寡头垄断的价格维持和各种其他手段，如将特定创新私有化作为严密保护的专门知识，使自己获得永久的超额回报”（同上）。参见杜博夫

(Du Boff，1989) 对这一现象的历史处理。

14. 只要这些条件是垄断的和稀缺的，当它们被挪用时就可能产生租金；但是这种租金需要剩余价值的再分配，因此并不否定这样一个事实，即相关条件是由资本作为一个整体无偿占有的（见第六章和第七章）。

15. 正如曼德尔（Mandel）观察到的那样："劳动日益客观的社会化和私人占有的进一步延续之间的矛盾……与私人劳动日益消失之间的矛盾相对应……和交换价值或利润的商品形式的生存……其基础是私人劳动"（1975，565）。

16. 因此，生产者和他们的社会团体"发现他们自己是被生活在资本家身上的资本所决定的。他们自己劳动的社会形式——无论是主观的还是客观的——或者换句话说，他们自己的社会劳动的形式，完全独立于工人。工人被归入资本之下，成为这些社会形态的组成部分，但这些社会形态不属于他们，因此作为资本本身的形式与他们对立起来，仿佛他们属于资本，仿佛他们从资本中产生并被纳入其中，与工人孤立的劳动力相对立" （Marx，1977，1054 -55）。

17. 这一历史障碍表明了资本主义的"历史进步和交换的扩展是如何发展商品中潜在的使用价值和价值之间的对比的"（Marx，1967a，Ⅰ，86）。

第十三章

1. 同样，在《资本论》第Ⅰ卷的草稿中，马克思观察到，在资本主义制
289 度下，生活必需品的生产"以一种外来的力量，一种独立的力量来对抗劳动；而工党则一次又一次地以同样的无目的、仅仅是劳动能力的方式来对抗后者"（1988，113）。

2. 在根据资本和劳动相对于使用价值和交换价值的对立地位来重新考虑资本 - 劳动关系时，这一部分遵循了克里弗（Cleaver，1979）和勒波维茨（Lebowitz，1992a）建立的传统。

3. 鉴于"资本存在并且只能以许多资本的形式存在"，因此"其自决"必然"表现为它们之间的相互作用"（Marx，1973，414）。"在竞争中"，"资本的内在自我扩张倾向""表现为外来资本对其施加的一种强制力，从而推动

其向前发展……不停地，前进，前进!”（413）。关于马克思竞争方法的详细讨论，请参见伯克特（Burkett，1986b）。

4. 在这个意义上，马克思将调节劳动时间的斗争描述为“供求规律的盲目统治（构成中产阶级的政治经济学）与由社会预见控制的社会生产（构成工人阶级的政治经济学）之间的巨大竞争”（1974a，79）。对马克思来说，英国十小时工作日法案“是一项原则的胜利”，因为“中产阶级的政治经济学屈服于工人阶级的政治经济学”（同上）。有关进一步的讨论，请参见第十章。

5. 恩格斯所呼吁的“总工会，作为一个整体的工人阶级的政治组织”是一个愿景“工人阶级……意识到它已经在错误的轨道上运行了一段时间；目前要求提高工资和缩短工作时间的运动使它处于一个无法摆脱的恶性循环中；形成根本罪恶的不是低工资，而是工资制度本身”（引自 Lapides，1990，129）。

6. 就是在这个意义上，“工人阶级作为一个阶级对抗统治阶级，并试图用外界的压力来压迫他们的一切运动，都是政治运动”（Marx to Bolte，November 23，1871，in Marx and Engels [1975，254]）。

7. 哈贝马斯（Habermas，1975，71）指出，资本主义将社会关系商品化和官僚化的倾向可能会增加这些地区自主的、解放的工人阶级活动的普及程度。

8. 本段摘自托尼·奈格里（Toni Negri）对工人和社会团体争取挪用和共同生产生产条件斗争的极其丰富的分析——1995 年 12 月法国发生的爆炸为这一分析提供了信息（Negri，1997）。伊万·伊利奇（Ivan Illich）的合拍片——他称之为“欢乐的”制作——也与此相关（Illich，1973）。

9. 教育斗争和以其他社会化生产条件为中心的运动之间有明显的互补性，其自主式联合生产可以受益于更多地获得教育资源。关于这一点，见伊 290
里奇（Illich，1971）。

10. 也许正是考虑到这一转变，马克思提出：“社会只有在围绕劳动的太阳运转之前，才能找到它的平衡”（1989a，53－54）。

11. 本段和后两段借鉴了勒波维茨（1992a，100；1992b）中的分析。

12. 可以补充的是，如果自由的人类发展本质上是反自然的，那么社会和自然实现可持续和合意的共同进化的希望微乎其微。历史和逻辑都表明，人的发展根本不会也不可能受到普遍的限制。诚然，劳动阶级的人的发展通常是受到限制的，以便为少数人的发展提供较少的限制，这正是阶级社会中人的发展的方式（见第十一章）。那么，在现实中，那些把有意识地限制人类发展作为共同进化问题的“生态”指南的人，实际上是在呼吁延续阶级规则。例如，即使假设为了“解放自然”而普遍限制人的发展，也必须有人决定必须施加什么样的限制，如何限制等等。这样，普遍的、平等的限制的前提往往是自相矛盾的。马克思和恩格斯关于通过对自然和社会必需品的普遍认识来实现普遍较少限制的人的发展的愿景并不认同这一困难（见第十四章）。

13. 这种说法与当前流行的对所有历史逻辑的否定相反，尤其是那些基于资本主义内部矛盾的进化趋势的逻辑。在我看来，这种否认标志着后现代主义意识形态与马克思的彻底决裂——无论什么复杂的话语都可能被编造出来掩盖这种决裂。关于进一步的讨论，见伍德和福斯特（Wood and Foster，1997）。

14. 资本对信息的系统性封锁使得衡量任何特定监管制度的可能有效性变得更加困难，因为这种有效性取决于预测任何替代被抑制的投入和过程的生态影响的能力。

15. 莱夫认为，生态可持续生产的发展“作为发展新的自我管理的社会生产力量的物质基础”需要“工人创造性地融入技术创新”（1995，77）。“这样，技能发展、劳动力生产率的提高、生产力效率的提高和生态潜力的增强都将嵌入一个连续和综合的过程中”（70）。为了有效，生态技术整合必须
291 不仅包括劳动力，还包括社会团体，因为后者也是自然财富的使用者。对自然作为社会财富的民主评价还必须将人们纳入社会团体成员，而不仅仅是工人（见第十四章）。

第十四章

1. 杰弗里·卡朋特（Geoffrey Carpenter）还提到马克思显然毫无保留地“相信改进的生产方式能够无限期地消除稀缺性”（1997，140）。有关这些方面的更多主张，请参阅第十一章的介绍。

2. 相比之下，帕雷什·查托帕德海伊（Paresh Chattopadhyay）认为，马克思的共产主义愿景“是生产者的自由联盟，生产条件不包括生产资料中的私有财产、商品关系和雇佣劳动以及国家——所有这些都是人类异化的象征——似乎是最彻底和最自洽的社会解放项目，因此……值得这样研究”（1992，91）。我希望我对查托帕德海伊的观点的基本认同从本章开始就很清楚了。

3. “我们仍然需要更多的知识，但不同于现代专家的零碎的、不协调的胜利……我们也需要更多的力量，人类控制、抑制、指挥、约束、保留的力量，与我们爆炸和毁灭的增强的物理力量成正比”（Mumford，1954，113）。

4. 关于这种综合方法所涉及的问题的讨论，见沃利斯（Wallis，1993，147－48）。

5. 同样，雷·达斯曼（Ray Dasmann）认为“未来的社会团体可能是一个充满无限多样性的地方，在那里人们可以再次学习享受生活的过程和愉快的工作，这与对人和自然的功能的理解是一致的”（1975，159）。

6. “如果要拯救我们的整个文明，无限的利润和无限的权力不再是技术的决定性因素：社会和个人发展必须优先”（Mumford，1954，59）。

7. 我对支配马克思共产主义愿景的逻辑的解读遵循查托帕德海伊（1992，1994）。

8. 劳动力的去货币化对应于这样一个事实，即“社会”——而不是响应市场信号的资本和雇佣劳动——“将劳动力和生产资料分配给不同的生产部门。”因此，在“社会化生产”下，货币资本（包括支付货币工资）被“消灭”（Marx，1967，Ⅱ，358）。“生产者可能……接受纸质凭证，使他们有权从社会消费品供应中提取与其劳动时间相应的数量”；但这种“凭证不是钱”，因为“它们不流通”（同上）。换句话说，“生活必需品的未来分配”不能被视为“一种更高的工资”（Engels，1939，221）。

9. 反过来说，“说［工人］是生产资料的所有者等于说这些属于联合工 292
人，他们这样生产，他们自己的产出由他们共同控制”（Marx，1971，525）。

10. 马克思把股份公司描述为一种矛盾的社会所有制形式，或者说“这是资本主义生产方式在资本主义生产方式本身范围内的扬弃……这是一种没有私有财产控制的私人生产”（1967a，Ⅲ，438）。马克思认为股票所有权是一种形式，在这种形式中，私人占有和社会生产之间的“对立”被“消极地解决”，并且是一种必要的“再生产过程中所有那些直到今天还和资本所有权结合在一起的职能转化为联合起来的生产者的单纯职能，转化为社会职能的过渡点”（同上，437，440）。

11. 同样，在《资本论》手稿之一中，马克思指出，“个人对大规模生产条件的所有权似乎不仅是不必要的，而且是不相容的……这在资本主义生产方式中表现为这样一个事实，即资本家——非工人——是这些社会生产资料的所有者。他实际上从来不代表工人的统一和社会的团结，因此，一旦这种矛盾的形式不复存在，就出现了他们在社会上拥有这些生产资料，而不是作为私人个体的社会。资本主义财产只是他们的社会财产——即他们被否定的个人财产——在生产条件下的矛盾表现”（1994，108）。

12. 马克思和恩格斯坚持认为，在“革命无产者共同体中……个体以个体的身份参与”，正是因为“它是个体的联合……这就把个人自由发展和运动的条件置于他们的控制之下——这些条件以前是由机遇决定的，现在已经独立存在了，而不是单独的个人”（1976，89）。

13. “总的来说，剩余劳动力，即超出给定要求的劳动，必须始终存在……需要一定数量的剩余劳动力作为意外事故的保险，并且随着需求的发展和人口的增长，再生产过程必须逐步扩大”（Marx，1967，Ⅲ，819）。类似的表述见同上，（Ⅲ，847，Ⅰ，530）；同时参见马克思（1963，107）。

14. 消费索赔的劳动时间标准提出了重要的社会和技术问题——特别是劳动强度、工作条件和技能之间的差异是否以及如何得到衡量和补偿。参见恩格斯（1939，220－22）和马克思（1966，9－10）。

15. “但共产主义最重要的原则之一，一个区别于所有反动社会主义的原
293 则，是它的经验主义观点，基于对人的本质的知识，大脑和智力的差异并不意味着任何胃的本质和身体需求的差异；因此，基于现有情况的‘各尽所能’的错误信条必须改变……变成了‘按需分配’的原则（Marx and Engels，1976，566）。

16. 在《资本论》第Ⅰ卷中，马克思再次把“直接相关的劳动”描述为

“一种与商品生产完全不一致的生产形式”（1967，Ⅰ，94）。《反杜林论》（Engels，1939，337－38）也对这一点进行了广泛的讨论。

17．在其他地方，马克思强调资本主义对“财富的社会性质”的异化，指出货币和信贷“代表了社会生活的独立体现”，是“一个超越的世界……与社会财富的真实要素同时存在（1967，Ⅲ，573）。

18．马克思和恩格斯认为，共产主义对生产条件的“占有”，“只能通过联合来实现，而无产阶级本身的性质又只能是普遍的联合，必须通过革命来实现，在革命中，一方面推翻以前的生产方式、交往方式和社会组织的权力，另一方面发展无产阶级的普遍性质和力量。这些都是完成占有所必需的，而且无产阶级还会从以前的社会地位中摆脱仍然依附于它的一切东西”（1976，97）。

19．马克思关于自由时间和人的发展的观点见第十章。

20．关于马克思主义者对诺夫的论点的回应，见查托帕德海伊（Chattopadhyay，1986）、曼德尔（Mandel，1986）、德维内（Devine，1988）。德维内（Devine，1988）与艾伯特和哈内尔（Albert and Hahnel，1991）都提出了没有市场的合作民主计划和生产的充分阐述的模型。

21．苏联式“社会主义”的环境缺陷是众所周知的，其原因不在本书研究范围之内。可以参见福斯特（Foster，1994，96－101），米罗维茨卡亚和索罗斯（Mirovitskaya and Soroos，1995）、奥康纳（O’Connor，1998，256－65）的有用讨论。

22．也考虑一下马克思的预测和雷·达斯曼的呼吁之间的相似之处。达斯曼呼吁“改变对待土地的态度。只要它被认为仅仅是一种只能在市场上判断价值的商品，我们就会继续毁灭我们赖以生存的地球。当地球被视为人类和其他生物的家园，被视为人类未来的唯一基础时，就会有希望”（1975，126）。

23．同样，在《论住宅问题》中，恩格斯提出“取消城镇和乡村之间的对立，并不比取消资本家和雇佣工人之间的对立更乌托邦。它日益成为工农业生产的实际需求”（1979，92）。

24．参见福斯特（Foster，1997）以及福斯特和马格多夫（Foster and 294

Magdoff，1998）的历史分析，以证明马克思关于可持续农业－工业系统的愿景在当代的现实意义。

25. 在《资本论》中，马克思再次提出“当工人阶级掌权时，无论是理论上还是实践上的技术教育都将在工人阶级的学校中占据适当的位置，这是不可避免的”（1967，Ⅰ，488）。

26. 目前的解释遵循伯特尔·奥尔曼（Ollman Bertell）的说法，他说人们“开始意识到今天所说的‘自然’和‘社会’世界之间的内在联系，并将迄今分离的两个部分作为一个整体来对待在学习社会或自然时，个体将认识到他正在学习两者”（1979，76）。在马克思看来，社会科学与自然科学的内在统一是人与自然统一的逻辑必然。正如《德意志意识形态》所说：“我们只知道一门科学，那就是历史科学。人们可以从两个方面来看待历史，将其分为自然史和人类史，但两者是不可分割的，只要人存在，自然史和人类史就是相互依存的”（Marx and Engels，1976，34）。

27. 马克思认为，“集体工作组由不同性别和各个年龄段的人组成的事实，在适当的条件下，必然成为人类发展的源泉”（1967a，Ⅰ，490）。

28. 马克思关于有计划的相对生产过剩的预测是在托马斯·莫尔（Thomas More）的工作之后提出的，后者的乌托邦并不认为自己有“足够的储备”……直到他们为下一年的收成做好准备，因为下一年的收成不确定”（More，1947，100）。

29. 马克思关于理性计划农业的概念并不包括人类对变幻莫测的自然的完全控制，这一点从他对路易斯·亨利·摩尔根（Lewis Henry Morgan）在《古代社会》一书中所说的“人类是唯一可以说对食物生产获得绝对控制的生物”的回应中可以清楚地看出。马克思在他的民族学笔记中记录了这一说法，他强调了“已经获得了绝对的控制”这几个词，并在这几个词后面附加了符号：“?!”（Marx，1974b，99）。

30. 奥尔曼（Ollman）给出了类似的解释，他认为“当共产主义者完全理解自然时，他们就不会想要任何超出他们有效范围的东西”（1979，75）。

31. 在这方面，马克思《哥达纲领批判》没有“充分明确地说明土地包含在劳动工具中”（1966，6）。

32. 请参阅本节前面的讨论。厄斯特·曼德尔（Ernest Mandel）提出，“工作日的一半工作时间为 4 小时，或者每周的一半工作时间为 20 小时，将 295
为大规模的自我管理提供理想的条件。”（1992，202）。

33. 马克思和恩格斯预见了这样一种情况：“在共产主义社会，没有人只有一个专属的活动领域，但每个人都可以在他想要的任何一个分支上取得成就”，这样每个人都可以“今天做一件事，明天做另一件事”（1976，53）。

34. 这种对自然审美使用价值的关注延伸到了马克思和恩格斯本人。马克思临终前在蒙特卡洛养病时，写了一封信给恩格斯，信中写道：“你会知道这里的自然美景所带来的一切魅力……许多特点都令人会想起非洲”（Marx to Engels，May 8，1882，in Marx and Engels [1992，253]）。“这真是一个美妙的场景，”他在同一天写给女儿的信中这样描述（Marx to Longuet，May 8，1882，in Marx and Engels [1992，255]）。恩格斯对自然的工具性概念并没有妨碍他对“比较生理学”的研究在他心中种下“对人类高于其他动物的唯心主义的蔑视”（Engels to Marx，July 14，1858，in Marx and Engels [1975，102]）。关于马克思和恩格斯个人对自然的热爱的进一步讨论，见帕森斯（Parsons，1977，41，46）。

35. 曼德尔提出了需求饱和的实用性定义，根据该定义，当某一特定产品的边际需求弹性（即货币需求对价格下降的反应）“在零附近或以下”时，该产品就是丰富的，在这一点上，“它的免费分销在经济上比在‘实际’价格下降的情况下进一步销售在经济上更有效率，因为分销成本会大幅降低”（1992，206）。

36. “资本主义生产的界限是工人的超额时间。社会获得的绝对空闲时间与此无关。生产力的发展与它有关，只是因为它增加了工人阶级的剩余劳动时间，而不是因为它减少了一般物质生产的劳动时间。因此它是在矛盾中运动的”（Marx，1967a，Ⅲ，264）。在其他地方，马克思将资本主义基本矛盾的这个角度与生产过剩危机联系起来，观察到资本的“趋势”是“一方面总是创造可支配的时间，另一方面又将其转化为剩余劳动。如果它在第一个方面太成功了，那么它就会遭受生产过剩的痛苦……这种矛盾越是发展，就越明显地表明，生产力的增长不能再与占有外来劳动力联系在一起，而必须由工人群众自己占有自己的剩余劳动”（1973，708）。

参考文献

297 Adams, John. 1996. "Cost-Benefit Analysis: The Problem, Not the Solution." *The Ecologist*, Vol. 26, No. 1, January/February, 2 – 4.

Albert, Michael, and Robin Hahnel. 1991. *The Political Economy of Participatory Economics*. Princeton: Princeton University Press.

Altvater, Elmar. 1990. "The Foundations of Life (Nature) and the Maintenance of Life (Work)." *International Journal of Political Economy*, Vol. 20, No. 1, Spring, 10 – 34.

———. 1993. *The Future of the Market: An Essay on the Regulation of Money and Nature after the Collapse of "Actually Existing Socialism."* London: Verso.

———. 1994. "Ecological and Economic Modalities of Time and Space." In *Is Capitalism Sustainable? Political Economy and the Politics of Ecology*, Martin O'Connor, editor, 76 – 90. New York: Guilford.

Amin, Samir. 1992. "Can Environmental Problems Be Subject to Economic Calculations?" *World Development*, Vol. 20, No. 4, April, 523 – 30.

Auerbach, Paul, and Peter Skott. 1993. "Capitalist Trends and Socialist Priorities." *Science & Society*, Vol. 57, No. 2, Summer, 194 – 204.

Bahro, Rudolf. 1978. *The Alternative in Eastern Europe*. London: New Left Books.

Baksi, Pradip. 1996. "Karl Marx's Study of Science and Technology." *Nature, Society, and Thought*, Vol. 9, No. 3, 261 – 96.

Benton, Ted. 1989. "Marxism and Natural Limits: An Ecological Critique and

Reconstruction." *New Left Review*, No. 178, November/December, 51 –86.

Bina, Cyrus. 1989. "Some Controversies in the Development of Rent Theory: The Nature of Oil Rent." *Capital & Class*, No. 39, Winter, 82 –112.

Bleifuss, Joel. 1997. "Taking Care of Business." *In These Times*, Vol. 21, No. 18, July 28, 12 –13.

Booth, Douglas E. 1994 . "Ethics and the Limits of Environmental Economics." *Ecological Economics*, Vol. 9, No. 3, April, 241 –52.

Botella, Luisa Redondo. 1993 . "Engels on the Origins and Development of Mathematics." *Nature, Society, and Thought*, Vol. 6, No. 4, 389 –409.

Braverman, Harry. 1974. *Labor and Monopoly Capital: The Degradation of Work in the Twentieth Century*. New York: Monthly Review Press.

Brecher, Jeremy, John Brown Childs, and Jill Cutler. 1993. *Global Visions: Beyond the New World Order*. Boston: South End Press.

Brecher, Jeremy, and Tim Costello. 1994. *Global Village or Global Pillage:* 298
Economic Reconstruction from the Bottom Up. Boston: South End Press.

Breslow, Marc. 1997 . "Can We Afford to Stop Global Warming?" *Dollars and Sense*, No. 214, November/December, 21 –24.

Briggs, Shirley A. 1997. "Thirty-Five Years with*Silent Spring*." *Organization & Environment*, Vol. 10, No. 1, March, 73 –84.

Burkett, Paul. 1986a. "Critical Notes on the 'Free Rider Problem' in Collective Action." *Forum for Social Economics*, Fall, 29 –43.

———. 1986b. "A Note on Competition under Capitalism." Capital & Class, No. 30, Winter, 192 –208.

———. 1987. "Instrumental Justice and Social Economics: Some Comments from a Marxian Perspective." *Review of Social Economy*, Vol. 45, No. 3, December, 313 –24.

———. 1991. "Some Comments on 'Capital in General and the Structure of Marx's*Capital*'." *Capital & Class*, No. 44, Summer, 49 –72.

———. 1995. "Capitalization Versus Socialization of Nature." *Capitalism,*

Nature, *Socialism*, Vol. 6, No. 4, December, 92 – 100.

———. 1996a. "On Some Common Misconceptions about Nature and Marx's Critique of Political Economy." *Capitalism*, *Nature*, *Socialism*, Vol. 7, No. 3, September, 57 – 80.

———. 1996b. "Value, Capital and Nature: Some Ecological Implications of Marx's Critique of Political Economy." *Science & Society*, Vol. 60, No. 3, Fall, 332 – 59.

———. 1997. "Nature in Marx Reconsidered: A Silver Anniversary Assessment of Alfred Schmidt's *Concept of Nature in Marx.*" *Organization & Environment*, Vol. 10, No. 2, June, 164 – 83.

———. 1998a. "A Critique of Neo-Malthusian Marxism: Society, Nature, and Population." *Historical Materialism*, No. 2, Summer 1998, 118 – 42.

———. 1998b . "A Critique of Neo-Malthusian Marxism: Labor, Nature, and Capital." manuscript under review.

Campbell, Robert W. 1974. *The Soviet-Type Economies: Performance and Evolution*, 3rd ed. Boston: Houghton Mifflin.

———. 1991. *The Socialist Economies in Transition.* Bloomington: Indiana University Press.

Carchedi, Guglielmo. 1991. *Frontiers of Political Economy.* London: Verso.

Carpenter, Geoffrey P. 1997. "Redefining Scarcity: Marxism and Ecology Reconciled." *Democracy & Nature*, Vol. 3, No. 3, 129 – 53.

Carson, Rachel. 1962. *Silent Spring.* Boston: Houghton Mifflin.

Carver, Terrell. 1980. "Marx, Engels and Dialectics." *Political Studies*, Vol. 28, No. 3, September, 353 – 63.

Chatterjee, Pratap. 1997. "Toxic Racism: Chippewas Resist Deadly Dumping." *Dollars and Sense*, No. 211, May/June, 13 – 15.

Chattopadhyay, Paresh. 1986. "Socialism: Utopian and Feasible." *Monthly Review*, Vol. 37, No. 10, March, 40 – 53.

299 ———. 1992. "The Economic Content of Socialism: Marx vs. Lenin." *Review of*

Radical Political Economics, Vol. 24, No. 3 -4, Fall/Winter, 90 -110.

———. 1994. *The Marxian Concept of Capital and the Soviet Experience: Essay in the Critique of Political Economy*. Westport, CT: Praeger.

———. 1995. "Market and Socialism: A Materialist Point of View." Mimeo. Université du Québec à Montréal.

Churchill, Ward. 1993. *Struggle for the Land: Indigenous Resistance to Genocide, Ecocide and Expropriation in Comtemporary North America*. Monroe, ME: Common Courage Press.

Clark, John P. 1989. "Marx's Inorganic Body." *Environmental Ethics*, Vol. 11, No. 3, Fall, 243 -58.

Clarke, Simon. 1994. *Marx's Theory of Crisis*. London: Macmillan.

Cleaver, Harry. 1979. *Reading "Capital" Politically*. Austin: University of Texas Press.

Colchester, Marcus. 1994. "The New Sultans: Asian Loggers Move in on Guyana's Forests." *The Ecologist*, Vol. 24, No. 2, March/April, 45 -52.

Colletti, Lucio. 1972. *From Rousseau to Lenin: Studies in Ideology and Society*. London: New Left Books.

Crosby, Alfred W., Elizabeth Dore, John C. Ryan, Sidney W. Mintz, William Roseberry, Daniel Faber, and Warren Dean. 1991. "The Conquest of Nature, 1492 -1992." *Report on the Americas*, Vol. 25, No. 2, September, 5 -40.

Danaher, Kevin (editor). 1994. 50 *years Is Enough: The Case against the World Bank and the International Monetary Fund*. Boston: South End Press in association with Global Exchange.

Dasmann, Raymond F. 1968. *Environmental Conservation*, 2nd ed. New York: John Wiley & Sons.

———. 1972. *Planet in Peril: Man and the Biosphere Today*. New York: New World Publishing.

———. 1975. *The Conservation Alternative*. New York: John Wiley & Sons.

Dasmann, Raymond F., John Milton, and Peter H. Freeman. 1973. *Ecological*

Principles for Economic Development. New York: John Wiley & Sons.

Dauvergne, Peter. 1997. *Shadows in the Forest: Japan and the Politics of Timber in East Asia*. Cambridge: MIT Press.

Deléage, Jean-Paul. 1994. "Eco-Marxist Critique of Political Economy." In *Is Capitalism Sustainable? Political Economy and the Politics of Ecology*, Martin O'Connor, editor, 37–52. New York: Guilford.

Devine, James. 1993. "The Law of Value and Marxian Political Ecology." In, *Green On Red: Evolving Ecological Socialism*, Jesse Vorst, Ross Dobson, and Ron Fletcher, editors, 133–54. Winnipeg: Fernwood Publishing in association with the Society for Socialist Studies.

Devine, Pat. 1988. *Democracy and Economic Planning: The Political Economy of a Selfgoverning Society*. Boulder, CO: Westview Press.

Dore, Mohammed H. I. 1996. "The Problem of Valuation in Neoclassical Environmental Economics." *Environmental Ethics*, Vol. 18, No. 1, Spring, 65–70.

300 Draper, Hal. 1977–90. *Karl Marx's Theory of Revolution*, 4 vols. New York: Monthly Review Press. (Vol. I: *State and Bureaucracy* [1977]; Vol. Ⅱ: *The Politics of Social Classes* [1978]; Vol. Ⅲ: The "*Dictatorship of the Proletariat*" [1986]; Vol. Ⅳ: *Critique of Other Socialisms* [1990].)

Du Boff, Richard B. 1989. *Accumulation and Power: An Economic History of the United States*. Armonk, NY: M. E. Sharpe.

Economist. 1997a. "A Warming World: Countries Have Not Lived Up to Their Environmental Promises." June 28, 41–42.

Economist. 1997b. "Global Warming Meets the Prodigal Eagle." October 11, 25–29. Engels, Frederick. 1939. *Herr Eugen Dühring's Revolution in Science (Anti-Dühring)*. New York: International Publishers.

———. 1964a. *Dialectics of Nature*. Moscow: Progress Publishers.

———. 1964b. "Outlines of a Critique of Political Economy." In *Economic and Philosophical Manuscripts of* 1844, by Karl Marx, 197–226. New York: International Publishers.

———. 1973. *The Condition of the Working-Class in England*. Moscow: Progress Publishers.

———. 1979. The Housing Question. Moscow: Progress Publishers.

Enzensberger, Hans Magnus. 1974 . "A Critique of Political Ecology." *New Left Review*, No. 84. Reprinted in The Greening of Marxism, Ted , editor, 17 –49. New York: Guilford, 1996.

Fairlie, Simon, 1992 . "Long Distance, Short Life: Why Big Business Favours Recycling." *The Ecologist*, Vol. 22, No. 6, November/December, 276 –83.

Feuer, Lewis S. 1989. "Introduction." In *Karl Marx and Friedrich Engels: Basic Writings on Politics and Philosophy*, Lewis Feuer, editor, vii-xix. Garden City, NY: Anchor Books.

Fine, Ben. 1979. "On Marx's Theory of Agricultural Rent." *Economy and Society*, Vol. 8, No. 3, August, 241 –78.

———. 1994. "Consumption in Contemporary Capitalism: Beyond Marx and Veblen—A Comment." *Review of Social Economy*, Vol. 52, No. 3, Fall, 391 –96.

Fine, Ben, and Laurence Harris. 1979. Rereading Capital. New York: Columbia University Press.

Fine, Ben, and Ellen Leopold. 1993. *The World of Consumption. London*: Routledge.

Foster, John Bellamy. 1994. *The Vulnerable Planet: A Short Economic History of the Environment*. New York: Monthly Review Press.

———. 1995. "Marx and the Environment." *Monthly Review*, Vol. 47, No. 3, July/August, 108 –23.

———. 1996. "Sustainable Development of What?" *Capitalism, Nature, Socialism*, Vol. 7, No. 3, September, 129 –32.

———. 1997. "The Crisis of the Earth: Marx's Theory of Ecological Sustainability as a Nature-Imposed Necessity for Human Production." *Organization & Environment*, Vol. 10, No. 3, September, 278 –95.

Foster, John Bellamy, and Fred Magdoff. 1998. "Liebig, Marx and the Depletion 301 of Soil Fertility: Relevance for Today's Agriculture." *Monthly Review*, Vol. 50, No. 3, July/August, 1 – 16.

Gellen, Martin. 1970. "The Making of a Pollution-Industrial Complex." In *EcoCatastrophe*, Editors of *Ramparts*, editors, 73 – 83. San Francisco: Harper & Row.

Georgescu-Roegen, Nicholas. 1971. *The Entropy Law and the Economic Process*. Cambridge: Harvard University Press.

Gorz, André. 1994. Capitalism, Socialism, Ecology. London: Verso.

Gowdy, John M. 1994a. *Coevolutionary Economics: The Economy, Society and the Environment*. Boston: Kluwer Academic Press.

———. 1994b. "The Social Context of Natural Capital: The Social Limits to Sustainable Development." *International Journal of Social Economics*, Vol. 21, No. 8, 43 – 55.

———. 1995 . " Trade and Environmental Sustainability: An Evolutionary Perspective." *Review of Social Economy*, Vol. 53, No. 4, Winter, 493 – 510.

Gowdy, John M., and Peg R. Olsen. 1994. "Further Problems with Neoclassical Environmental Economics." *Environmental Ethics*, Vol. 16, No. 2, Summer, 161 – 71.

Grundmann, Reiner. 1991a. *Marxism and Ecology*. Oxford, UK: Clarendon Press.

———. 1991b. "The Ecological Challenge to Marxism." *New Left Review*, No. 187, May/June, 103 – 20.

Habermas, Jürgen. 1975. *Legitimation Crisis*. Boston: Beacon Press.

Hamilton, Clive. 1997. "The Sustainability of Logging in Indonesia's Tropical Forests: A Dynamic Input-Output Analysis." *Ecological Economics*, Vol. 21, No. 3, June, 183 – 95.

Harrington, Michael. 1989. *Socialism: Past and Future*. New York: Little, Brown.

Harvey, David. 1982. *The Limits to Capital*. Oxford, UK: Basil Blackwell.

———. 1993. "The Nature of Environment: The Dialectics of Social and Environmental Change." InSocialist Register 1993: Real Problems, False

Solutions, Ralph Miliband and Leo Panitch, editors, 1 –51. London: Merlin.

Hayden, Dolores. 1983. "Capitalism, Socialism, and the Built Environment." In *Socialist Visions*, Steve Rosskamm Shalom, editor, 59 – 81. Boston: South End Press.

Hillerman, Tony. 1997. "Who Has Sovereignty over Mother Earth?" *New York Times*, September 18, p. A23.

Horton, Stephen. 1995. "Rethinking Recycling: The Politics of the Waste Crisis." *Capitalism, Nature, Socialism*, Vol. 6, No. 1, March, 1 –19.

———. 1997. "Value, Waste and the Built Environment: A Marxian Analysis." *Capitalism, Nature, Socialism*, Vol. 8, No. 1, March, 127 –39.

Illich, Ivan. 1971. *Deschooling Society*. New York: Harper & Row.

———. 1973. *Tools for Conviviality*. New York: Harper & Row.

Junker, Louis. 1982. "The Ceremonial-Instrumental Dichotomy in Institutional Analysis: The Nature, Scope and Radical Implications of the Conflicting Systems." *American Journal of Economics and Sociology*, Vol. 41, No. 2, April, 141 –50.

Karliner, Joshua. 1994 . "The Environment Industry: Profiting from Pollution." 302 *The Ecologist*, Vol. 24, No. 2, March/April, 59 –63.

Kay, Geoffrey. 1979. "Why Labour Is the Starting Point of Capital." In *Value: The Representation of Labour Under Capitalism*, Diane Elson, editor, 46 – 66. London: CSE Books.

Kellogg, Paul. 1991. "Engels and the Roots of 'Revisionism': A Re-Evaluation." *Science & Society*, Vol. 55, No. 2, Summer, 158 –74.

Kolko, Joyce. 1988. *Restructuring the World Economy*. New York: Pantheon Books.

Kovel, Joel. 1997. "The Enemy of Nature." *Monthly Review*, Vol. 49, No. 6, November, 6 –14.

Lapides, Kenneth. 1990. *Marx and Engels on the Trade Unions*. New York: International Publishers.

Leacock, Eleanor Burke. 1978. "Introduction." In*The Origin of the Family, Private Property and the State*, by Frederick Engels, 7 – 67. New York: International Publishers.

Lebowitz, Michael A. 1992a. *Beyond Capital: Marx's Political Economy of the Working Class*. New York: St. Martin's Press.

———. 1992b. "Capitalism: How Many Contradictions?" *Capitalism, Nature, Socialism*, Vol. 3, No. 3, September, 92 –94.

Leff, Enrique. 1992 . " A Second Contradiction of Capitalism? Notes for the Environmental Transformation of Historical Materialism." *Capitalism, Nature, Socialism*, Vol. 3, No. 4, December, 109 –16.

———. 1993. "Marxism and the Environmental Question: From the Critical Theory of Production to an Environmental Rationality for Sustainable Development." *Capitalism, Nature, Socialism*, Vol. 4, No. 1, March, 44 –66.

———. 1995. *Green Production: Toward an Environmental Rationality*. New York: Guilford.

Levins, Richard, and Richard C. Lewontin. 1985. *The Dialectical Biologist*. Cambridge: Harvard University Press.

———. 1994. "Holism and Reductionism in Ecology." *Capitalism, Nature, Socialism*, Vol. 5, No. 4, December, 33 –40.

Levy, David. 1997. "Not to Worry, Say Business Lobbyists." *Dollars and Sense*, No. 214, November/December, 20, 24 –25.

Lewontin, Richard, and Richard Levins. 1996a. "The Return of Old Diseases and the Appearance of New Ones." *Capitalism, Nature, Socialism*, Vol. 7, No. 2, June, 103 –7.

———. 1996b. "False Dichotomies." *Capitalism, Nature, Socialism*, Vol. 7, No. 3, September, 27 –30.

———. 1997a. "Chance and Necessity." *Capitalism, Nature, Socialism*, Vol. 8, No. 1, March, 65 –68.

———. 1997b. "The Biological and the Social." *Capitalism, Nature, Socialism*, Vol. 8, No. 3, September, 89 – 92.

Löwy, Michael. 1997. "For a Critical Marxism." *Against the Current*, Vol. 12, No. 5 (n. s.), November-December, 31 – 35.

Luxemburg, Rosa. 1964. *The Accumulation of Capital*. New York: Monthly Review 303
Press.

Mandel, Ernest. 1968. *Marxist Economic Theory*, Vol. I. New York: Monthly Review Press.

———. 1971. *The Formation of the Economic Thought of Karl Marx*. New York: Monthly Review Press.

———. 1973. "Mercantile Categories in the Period of Transition." In *Man and Socialism in Cuba: The Great Debate*, Bertram Silverman, editor, 60 – 97. New York: Atheneum.

———. 1975. *Late Capitalism*. London: *New Left Books*.

———. 1986. "In Defence of Socialist Planning." *New Left Review*, No. 159, September/October, 5 – 37.

———. 1992. *Power and Money: A Marxist Theory of Bureaucracy*. London: Verso.

Martínez-Alier, Juan. 1995a. "Political Ecology, Distributional Conflicts, and Economic Incommensurability." *New Left Review*, No. 211, May/June, 70 – 88.

———. 1995b. "Distributional Issues in Ecological Economics." *Review of Social Economy*, Vol. 53, No. 3, Winter, 511 – 28.

Marx, Karl. 1933. *Wage-Labour and Capital*. New York: International Publishers.

———. 1963. *Theories of Surplus Value*, Pt. 1. Moscow: Progress Publishers.

———. 1964. *Economic and Philosophical Manuscripts of* 1844. New York: International Publishers.

———. 1966. *Critique of the Gotha Programme*. New York: International Publishers.

———. 1967a. *Capital*, Vols. Ⅰ-Ⅲ. New York: International Publishers

(1977 printing).

———. 1967b. "Excerpt-Notes of 1844." In *Writings of the Young Marx on Philosophy and Society*, Loyd D. Easton and Kurt H. Guddat, editors, 265 – 82. Garden City, NY: Anchor Books.

———. 1968. *Theories of Surplus Value*, Pt. 2. Moscow: Progress Publishers.

———. 1969. "Speech at the Anniversary of the *People's Paper*." In *Selected Works* (3 vols.), Karl Marx and Frederick Engels, Vol. 1, 500 – 01. Moscow: Progress Publishers.

———. 1970. *A Contribution to the Critique of Political Economy*. New York: International Publishers.

———. 1971. *Theories of Surplus Value*, Pt. 3. Moscow: Progress Publishers.

———. 1973. *Grundrisse*. New York: Vintage.

———. 1974a. "Inaugural Address of the International Working Men's Association." In *The First International and After*, David Fernbach, editor, 73 – 81. New York: Random House.

———. 1974b. *The Ethnological Notebooks of Karl Marx*, Lawrence Krader, editor. Assen, The Netherlands: Van Gorcum.

———. 1975. "Notes on Wagner." In *Texts on Method*, Terrell Carver, editor, 179 – 219. Oxford, UK: Blackwell.

———. 1976a. "Wages." In *Collected Works*, Karl Marx and Frederick Engels, Vol. 6, 415 – 37. New York: International Publishers.

304 ———. 1976b. *Value, Price and Profit*. New York: International Publishers.

———. 1976c. "Theses on Feuerbach." In *The German Ideology*, by Karl Marx and Frederick Engels, 615 – 20. Moscow: Progress Publishers.

———. 1977. "Results of the Immediate Process of Production," In *Capital*, Vol. I, 948 – 1084. New York: Vintage.

———. 1978a. *The Poverty of Philosophy*. Peking: Foreign Languages Press.

———. 1978b. "Forced Emigration (etc.)." In *Ireland and the Irish Question*, by Karl Marx and Frederick Engels, 64 – 68. Moscow: Progress Publishers.

———. 1982. *Herr Vogt*. London: New Park.

———. 1985. "The Civil War in France." In *On the Paris Commune*, by Karl Marx and Frederick Engels, 48 – 181. Moscow: Progress Publishers.

———. 1987. "From the Preparatory Materials." In *Collected Works*, Karl Marx and Frederick Engels, Vol. 29, 430 – 532. New York: International Publishers.

———. 1988. "Economic Manuscript of 1861-63, Third Chapter." In *Collected Works*, Karl Marx and Frederick Engels, Vol. 30, 9 – 346. New York: International Publishers.

———. 1989a. "Epilogue to *Revelations Concerning the Communist Trial in Cologne*." In Collected Works, Karl Marx and Frederick Engels, Vol. 24, 51 – 54. New York: International Publishers.

———. 1989b. "Notes on Bakunin's Book *Statehood and Anarchy*." In Collected Works, Karl Marx and Frederick Engels, Vol. 24, 485 – 526. New York: International Publishers.

———. 1989c. "Introduction to the French Edition of Engels' *Socialism: Utopian and Scientific*." In Collected Works, Karl Marx and Frederick Engels, Vol. 24, 335 – 39. New York: International Publishers.

———. 1989d. "Drafts of the Letter to Vera Zasulich," and "Letter to Vera Zasulich (March 8, 1881)." In *Collected Works*, Karl Marx and Frederick Engels, Vol. 24, 346 – 71. New York: International Publishers.

———. 1991. "Economic Manuscript of 1861 – 63, Continuation." In *Collected Works*, Karl Marx and Frederick Engels, Vol. 33, 9 – 352, 372 – 501. New York: International Publishers.

———. 1994. "Economic Manuscript of 1861 – 63, Conclusion." In *Collected Works*, Karl Marx and Frederick Engels, Vol. 34, 7 – 354. New York: International Publishers.

Marx, Karl, and Frederick Engels. 1968. "Manifesto of the Communist Party." In *Selected Works* (1 vol.), Karl Marx and Frederick Engels, 35 – 63. London: Lawrence and Wishart.

———. 1975. *Selected Correspondence*. Moscow: Progress Publishers.

———. 1976. *The German Ideology*. Moscow: Progress Publishers.

———. 1979. *Marx and Engels on the United States*. Moscow: Progress Publishers.

———. 1980. *The Holy Family, or Critique of Critical Criticism*. Moscow: Progress Publishers.

———. 1982. *Collected Works*, Vol. 38. New York: International Publishers.

305 ———. 1983. *Collected Works, Vol. 39. New York: International Publishers.*

———. 1992. *Collected Works, Vol. 46. New York: International Publishers.*

Massarrat, Mohssen. 1980. "The Energy Crisis: The Struggle for the Redistribution of Surplus Profit from Oil." *In Oil and Class Struggle*, Petter Nore and Terisa Turner, editors, 26 – 68. London: Zed Press.

Matson, P. A., W. J. Parton, A. G. Power, and M. J. Swift. 1997. "Agricultural Intensification and Ecosystem Properties." *Science*, Vol. 277, No. 5325, July 25, 504 – 9.

Mayumi, Kozo. 1991. "Temporary Emancipation from Land: From the Industrial Revolution to the Present Time." *Ecological Economics*, Vol. 4, No. 1, October, 35 – 56.

McLaughlin, Andrew. 1990. "Ecology, Capitalism, and Socialism." *Socialism and Democracy*, No. 10, Spring/Summer, 69 – 102.

Mingione, Enzo. 1993. "Marxism, Ecology, and Political Movements." *Capitalism, Nature, Socialism*, Vol. 4, No. 2, June, 85 – 92.

Mirovitskaya, Natalia, and Marvin S. Soroos. 1995. "Socialism and the Tragedy of the Commons: Reflections on Environmental Practice in the Soviet Union and Russia." *Journal of Environment and Development*, Vol. 4, No. 1, Winter, 77 – 110.

Montague, Peter. 1997. "Right to Know Nothing." *Rachel's Environment and Health Weekly*, No. 552, June 26.

More, Thomas. 1947. *Utopia*. Princeton: D. Van Nostrand.

Morrison, Roy. 1995. *Ecological Democracy*. Boston: South End Press.

Mumford, Lewis. 1954. *In the Name of Sanity*. New York: Harcourt, Brace.

Munda, G., P. Nijkamp, and P. Rietveld. 1995. "Monetary and Non-Monetary Evaluation Methods in Sustainable Development Planning." *Économie Appliquée*, Vol. 48, No. 2, 143 – 60.

Muwakkil, Salim. 1997. "Greens Get Real: The Environmental Justice Movement." *In These Times*, Vol. 21, No. 18, July 28, 26 – 28.

Negri, Toni. 1997. "Reappropriations of Public Space." *Common Sense*, No. 21, 31 – 40.

Nell, Edward. 1988. "On Monetary Circulation and the Rate of Exploitation." In *Post-Keynesian Monetary Economics: New Approaches to Financial Modelling*, Philip Arestis, editor, 72 – 121. Aldershot, Eng.: Edward Elgar.

Nelson, Eric. 1993. "Pollution Trading: Buying and Selling Pieces of Our Lives." *Z Magazine*, Vol. 6, No. 9, September, 47 – 51.

Newell, Josh, and Emma Wilson. 1996. "The Russian Far East: Foreign Direct Investment and Environmental Destruction." *The Ecologist*, Vol. 26, No. 2, March/April, 68 – 72.

Noble, David F. 1977. *America by Design: Science, Technology, and the Rise of Corporate Capitalism*. New York: Knopf.

Nove, Alec. 1983. The Economics of Feasible Socialism. London: Allen & Unwin.

———. 1990. "Socialism." In *The New Palgrave: Problems of the Planned Economy*, John Eatwell, Murray Milgate, and Peter Newman, editors, 227 – 49. New York: Norton.

O'Connor, James. 1988. "Capitalism, Nature, Socialism: A Theoretical 306
Introduction." *Capitalism, Nature, Socialism*, Vol. 1, No. 1, Fall, 11 – 38.

———. 1991a. "On the Two Contradictions of Capitalism." *Capitalism, Nature, Socialism*, Vol. 2, No. 3, 107 – 9.

———. 1991b. "Socialism and Ecology." *Capitalism, Nature, Socialism*, Vol. 2, No. 3, 1 – 12.

———. 1998. *Natural Causes: Essays in Ecological Marxism*. New York: Guilford.

O'Connor, Martin. 1994. "Codependency and Indeterminacy: A Critique of the Theory of Production." In *Is Capitalism Sustainable? Political Economy and the Politics of Ecology*, Martin O'Connor, editor, 53 – 75. New York: Guilford.

Ollman, Bertell. 1979. "Marx's Vision of Communism." In *Social and Sexual Revolution: Essays on Marx and Reich*, by Bertell Ollman, 48 – 98. Boston: South End Press.

———. 1993. *Dialectical Investigations*. New York: Routledge.

Orton, David. 1993. "Envirosocialism: Contradiction or Promise?" In *Green On Red: Evolving Ecological Socialism*, Jesse Vorst, Ross Dobson, and Ron Fletcher, editors, 189 – 203. Winnipeg: Fernwood Publishing in association with the Society for Socialist Studies.

Osborn, Fairfield. 1968. *Our Plundered Planet*. New York: Pyramid Books.

Ostrom, Elinor. 1990. *Governing the Commons: The Evolution of Institutions for Collective Action*. Cambridge, UK: Cambridge University Press.

Parsons, Howard L. 1977. *Marx and Engels on Ecology*. Westport, CT: Greenwood Press.

Passell, Peter. 1997. "Trading on the Pollution Exchange: Global Warming Plan Would Make Emissions a Commodity." *New York Times*, October 24, C1, C4.

Patel, Sujata. 1997. "Ecology and Development." *Economic and Political Weekly*, Vol. 32, No. 38, September 20, 2388 – 91.

Peet, Richard, and Michael Watts (editors). 1996. *Liberation Ecologies: Environment, Development, Social Movements*. London: Routledge.

Pepper, David. 1993. *Eco-Socialism: From Deep Ecology to Social Justice*. London: Routledge.

Perelman, Michael. 1987. Marx's Crises Theory: Scarcity, Labor, and Finance. New York: Praeger.

Phillips, Paul. 1993. "Red and Green: Economics, Property Rights, and the

Environment." In *Green On Red: Evolving Ecological Socialism*, Jesse Vorst, Ross Dobson, and Ron Fletcher, editors, 103 – 17. Winnipeg: Fernwood Publishing in association with the Society for Socialist Studies.

Rader, Melvin. 1979. *Marx's Interpretation of History*. New York: Oxford University Press.

Rosdolsky, Roman. 1977. *The Making of Marx's "Capital."* London: Pluto Press.

Rubin, Isaak Illich. 1972. *Essays on Marx's Theory of Value*. Detroit: Black & Red.

Saad-Filho, Alfredo. 1993. "Labor, Money, and 'Labor-Money': A Review of Marx's Critique of John Gray's Monetary Analysis." *History of Political Economy*, Vol. 25, No. 1, Spring, 65 – 84.

Sagoff, Mark. 1988. "Some Problems with Environmental Economics." 307 *Environmental Ethics*, Vol. 10, No. 1, Spring, 55 – 74.

Sandel, Michael J. 1997. "It's Immoral to Buy the Right to Pollute." *New York Times*, December 15, A19.

Schmidt, Alfred. 1971. *The Concept of Nature in Marx*. London: New Left Books.

Schnaiberg, Allan. 1980. *The Environment: From Surplus to Scarcity*. New York: Oxford University Press.

Schnaiberg, Allan, and Kenneth Alan Gould. 1994. *Environment and Society: The Enduring Conflict*. New York: St. Martin's Press.

Schor, Juliet B. 1992. *The Overworked American: The Unexpected Decline of Leisure*. New York: Basic Books.

Sherman, Howard J. 1970. "The Economics of Pure Communism." *Review of Radical Political Economics*, Vol. 2, No. 4, Winter, 39 – 50.

Singer, Daniel. 1993. "The Emperors Are Naked." *The Nation*, Vol. 257, No. 6, August 23, 208 – 10.

Skirbekk, Gunnar. 1994. "Marxism and Ecology." *Capitalism, Nature, Socialism*, Vol. 5, No. 4, December, 95 – 104.

Smith, Tony. 1990. *The Logic of Marx's Capital: Replies to Hegelian Criticisms*.

Albany: State University of New York Press.

———. 1997. "Marx's Theory of Social Forms and Lakatos's Methodology of Scientific Research Programs." *In New Investigations of Marx's Method*, Fred Moseley and Martha Campbell, editors, 176 – 97. Atlantic Highlands, NJ: Humanities Press.

Snyder, Gary. 1977. *The Old Ways*. San Francisco: City Lights Books.

Solow, Robert M. 1976. "Is the End of the World at Hand?" *In Great Debates in Economics*, Vol. 1, Richard T. Gill, editor, 172 – 80. Pacific Palisades, CA: Goodyear.

Steingraber, Sandra. 1997. *Living Downstream: An Ecologist Looks at Cancer and the Environment*. New York: Addison-Wesley.

Stevens, William K. 1997. "Experts Doubt Greenhouse Gas Can Be Curbed." *New York Times*, November 3, A1, A8.

Stirling, Andrew. 1993. "Environmental Valuation: How Much Is the Emperor Wearing?" *The Ecologist*, Vol. 23, No. 3, May/June, 97 – 103.

Sweezy, Paul M. 1943. "Professor Schumpeter's Theory of Innovation." *Review of Economic Statistics*, Vol. 25, No. 1, February, 93 – 96.

———. 1970. *The Theory of Capitalist Development*. New York: Monthly Review Press.

——. 1981. *Four Lectures on Marxism*. New York: Monthly Review Press.

Taylor, Dorceta E. 1996. "Environmental Justice: The Birth of a Movement." *Dollars and Sense*, No. 204, March/April, 22 – 23, 48 – 49.

Tokar, Brian. 1996. "Trading Away the Earth: Pollution Credits and the Perils of 'Free Market Environmentalism'." *Dollars and Sense*, No. 204, March/April, 24 – 29.

308 Tsuru, Shigeto. 1993. *Japan's Capitalism: Creative Defeat and Beyond*. New York: Cambridge University Press.

Usher, Peter. 1993. "Aboriginal Property Systems in Land and Resources: Lessons for Socialists." *In Green On Red: Evolving Ecological Socialism*, Jesse Vorst, Ross Dobson, and Ron Fletcher, editors, 93 – 102. Winnipeg: Fernwood

Publishing in association with the Society for Socialist Studies.

Veblen, Thorstein. 1961. *The Place of Science in Modern Civilization*. New York: Russell & Russell.

Vitousek, Peter M., Harold A. Mooney, Jane Lubchenco, and Jerry M. Melillo. 1997. "Human Domination of Earth's Ecosystems." *Science*, Vol. 277, No. 5325, July 25, 494 –99.

Waitzkin, Howard. 1983. *The Second Sickness: Contradictions of Capitalist Health Care*. New York: Free Press.

Walker, K. J. 1979. "Ecological Limits and Marxian Thought." *Politics*, Vol. 14, No. 1, May, 29 –46.

Wallis, Victor. 1993. "Socialism, Ecology, and Democracy." In*Socialism: Crisis and Renewal*, Chronis Polychroniou, editor, 143 –69. Westport, CT: Praeger.

Weeks, John. 1981. *Capital and Exploitation*. Princeton: Princeton University Press.

Weisskopf, Thomas E. 1991. "Marxian Crisis Theory and the Contradictions of Late Twentieth-Century Capitalism." *Rethinking Marxism*, Vol. 4, No. 4, Winter, 70 –93.

Wood, Ellen Meiksins, and John BellamyFoster (editors). 1997. In *Defense of History: Marxism and the Postmodern Agenda*. New York: Monthly Review Press.

Wright, Gwendolyn. 1983. "Environmental Pluralism and the Socialist Visions." In *Socialist Visions*, Steve Rosskamm Shalom, editor, 82 – 86. Boston: South End Press.

索　引